危险品运输路径优化
理论与方法

周　珍　车阿大　著

机械工业出版社

当今社会，运输安全一直是智能交通系统领域的热点研究问题之一。危险品运输路线规划因其具备高风险、高度复杂性的特征，从而带来了模式、组织和管理的变革要求。

本书通过利用"数学规划"这一方法，揭示危险品运输路径多目标、多层次优化的内涵，评价危险品的运输风险，从多个方面对危险品运输路径优化展开了深入探索。主要内容包括：运输网络中非时变和时变风险条件下危险品运输专用道优化问题、考虑环境风险的危险品运输路径多目标优化问题、单/多任务危险品多式联运路径多目标优化问题和考虑定额碳税政策的危险品多式联运路径双层优化问题等。本书系统、深入地对所研究的各种问题进行数学建模与特征分析，设计了相应的求解算法，并通过大规模数值仿真测试实验，验证了模型及算法的有效性。

本书既可作为管理科学、工商管理、工程管理及其他相关专业的硕士生、博士生开展理论研究的参考用书，也可作为交通运输管理与规划工作人员的决策指导用书。

图书在版编目（CIP）数据

危险品运输路径优化理论与方法 / 周珍，车阿大著.
北京 ： 机械工业出版社, 2025.3. -- ISBN 978-7-111
-77954-4

Ⅰ. U294.8

中国国家版本馆 CIP 数据核字第 2025KU2399 号

机械工业出版社（北京市百万庄大街 22 号　邮政编码 100037）
策划编辑：常爱艳　　　　　　责任编辑：常爱艳　李　乐
责任校对：张爱妮　宋　安　封面设计：鞠　杨
责任印制：张　博
固安县铭成印刷有限公司印刷
2025 年 6 月第 1 版第 1 次印刷
169mm×239mm・12.75 印张・1 插页・229 千字
标准书号：ISBN 978-7-111-77954-4
定价：59.80 元

电话服务　　　　　　　　　网络服务
客服电话：010-88361066　机 工 官 网：www.cmpbook.com
　　　　　010-88379833　机 工 官 博：weibo.com/cmp1952
　　　　　010-68326294　金 书 网：www.golden-book.com
封底无防伪标均为盗版　机工教育服务网：www.cmpedu.com

前　言

近年来，我国化工、冶金、制造等工业的迅速发展带动了危险品运输业的飞速发展。中国物流与采购联合会危化品物流分会的相关资料显示，当前化工企业是危险品运输业最主要的客户来源，约占总量的 90%以上，其中我国东南部危险品消费企业的危险品运输量占总量的 71%。同时相关研究也指出，国内约 95%以上的危险品需要在不同的城市之间进行运输。2022 年我国危险品年运输量已达 20.3 亿 t，预计未来危险品运输量还会进一步增加。

危险品是一类对人员、财产和生态具有潜在或实质性危害的物质材料。危险品的特殊性质决定了在其生产、储存、装卸以及运输过程中总伴随着极大的风险，事故时有发生。若发生事故，轻则造成财产损失，重则会对周围环境造成污染，甚至危及人员安全。高风险是危险品运输区分普通货物运输的标准。如何科学地组织危险品运输具有重大的研究意义。

目前已有的危险品运输方面的图书多从运输组织、管理和实施的角度概要介绍危险品运输规划的知识体系，尽管内容涵盖较为全面，但对运输路径优化理论涉猎不多。虽然部分著作对危险品运输优化理论的发展做出了巨大贡献，然而其研究内容主要集中在危险品运输车辆路径优化问题上，涉及相关危险品运输路径多目标优化、双层规划的较少。研究者需要从实践中提取科学问题，从不同角度构建新的组合优化模型，分析模型的结构特性，在此基础上设计高效的算法，并验证模型和算法的有效性。本书正是基于此开展了相关研究。本书针对危险品运输问题大规模、时变、多目标等特点，考虑专用道设置策略、多式联运方式、环境污染风险、碳排放政策等不同情境，在系统、深入地进行问题分析与数学建模的基础上，开发了有效的算法求解，力图在危险品运输管理优化领域，初步构建应用运筹学技术解决危险品运输问题的理论框架，解决诸如建模方法、算法设计及评价等问题。

本书作者长期从事复杂系统建模与优化、运筹与管理的研究，在危险品运输路径优化理论与方法方面有深厚的积累和深入的研究。本书总结了作者危险品运输路径优化方面的主要研究工作，创新之处包括以下六个方面。

（1）研究了非时变风险条件下危险品运输专用道优化问题。在现有的运输网络中最优地选择在哪些路段上设置专用道，并分别为每一个危险品运输任务设计满足时间和安全要求的专用道路径，以达到最小化专用道设置所造成的交通影响和最小化运输风险的目的。设计了 ε 约束法获得了原多目标优化问题的帕累托最优解，并利用模糊隶属度法帮助决策者从多个帕累托最优解中选择出一个首选解。

（2）针对非时变风险条件下危险品运输专用道优化问题，开发了一种分割求解法和割平面相结合的算法来求解 ε 问题。即根据该问题的特征，研究了预处理技术以减少其解空间；采用分割求解法求解 ε 问题，获得了其最优解；利用割平面法寻找 ε 问题的有效不等式，加快了分割求解法的收敛。

（3）研究了时变风险条件下危险品运输专用道优化问题。基于该问题的特征，开发了预处理技术以减少解空间，并在此基础上，应用 ε 约束法将该多目标混合整数规划问题转化为一系列单目标混合整数规划 ε 问题，提出了基于部分整数松弛策略和一个新的分割面生成技术的分割求解法求解该 ε 问题。

（4）研究了考虑环境风险的危险品运输路径多目标优化问题，深入分析了环境污染风险的特征，提出了考虑环境污染风险的危险品运输风险评价方法，建立了考虑环境风险的危险品运输路径多目标优化问题的数学模型，开发了基于问题运输时间约束特性的预处理技术以缩小解空间。在此基础上，提出改进的分割求解法求解该问题。

（5）研究了单/多任务危险品多式联运路径多目标优化问题。针对单任务危险品多式联运路径多目标优化问题，在对单任务危险品多式联运风险进行评价的基础上，以最小化多式联运风险和最小化多式联运成本为目标，建立了该问题的多目标整数规划模型。针对多任务危险品多式联运路径多目标优化问题，为了规避多任务问题可能造成的风险分布不均匀的情况，引入了运输弧段和运输站点的风险阈值来兼顾多任务联运风险空间分布的均衡性，构建了多任务危险品多式联运路径多目标优化问题的数学模型，提出了改进的 ε 约束法，求得问题所有的帕累托最优解。

（6）研究了考虑定额碳税政策的危险品多式联运路径双层优化问题。考虑到政府监管部门以及危险品运输企业之间的不同目标需求，构建了定额碳税政策下的危险品多式联运双层规划模型。同时，考虑到危险品多式联运发生事故概率的不确定性，将事故发生概率设置为不确定参数，通过不确定集合对其进行刻画，结合鲁棒优化理论，实现含不确定参数的双层模型向确定性双层模型的转化。基于转化后模型的特性，提出了两种不同的求解算法：精确算法和改进粒子群–遗传混合算法。

本书系统地遵循"提出问题、问题建模、算法设计、算法分析"的研究思路，综合运用运筹学、管理学、混合整数规划理论、多目标规划理论、双层规划理论、算法设计技术以及编程技术等多学科的方法开展研究。本书进一步丰富了危险品运输路径优化理论和方法，所提出的运筹优化理论、方法和技术等研究成果，不仅为复杂组合优化问题提供一种新的解决思路，还从运作层面上为危险品运输问题提供有效理论与技术支撑，为政府监管部门和危险品运输企业提供决策技术支撑。

在本书的撰写过程中，作者直接或间接地引用了国内外危险品运输路径优化建模及方法方面的多种文献和数据。前人相关的研究成果是组织开展本书研究工作的基础，在此向相关学者和出版机构表示真诚的感谢。本书的部分研究成果是在国家自然科学基金项目（编号 72271201，71601154）、国家社会科学基金项目（编号 24BGL109）、陕西省自然科学基金项目（编号 2017JQ7008）、西北工业大学精品学术著作培育项目等资助下取得的，西北工业大学管理学院的代翔宇和苏路领参与了相关课题的研究工作，在此一并表示感谢。

虽然书稿进行了反复修改，但由于作者水平有限，仍难免存在错漏之处，恳请各位专家和学者不吝指正。

作者
2024 年 12 月

目 录

第 1 章

绪论

2015 年 8 月 12 日 23 时 30 分左右,天津港一处集装箱码头发生爆炸事故,发生爆炸的是陆-海联运中待转运的集装箱内的危险易燃易爆物品,事故造成 165 人遇难,8 人失踪,798 人受伤住院治疗;304 幢建筑物、12428 辆商品汽车、7533 个集装箱受损。截至 2015 年 12 月 10 日,事故调查组依据《企业职工伤亡事故经济损失统计标准》(GB 6721—1986)等标准和规定统计,已核定直接经济损失 68.66 亿元人民币,其他损失尚需最终核定。通过这场灾难,如何有效地对危险品运输进行监管和控制,值得国内外学者思考。

1.1 研究背景

危险品是一类能对人、财产和环境造成潜在危害的物质或材料[1]。它具有物理、化学或生物特性,容易在生产、仓储和运输过程中引起燃烧、爆炸、中毒等灾难事故。一般包括易燃易爆品、有毒物品、危险化学品和放射性物品等。

随着工业的发展,危险品的产量逐年增加。以石油和化工产业为例,由于石化产业链不断延伸,危险化学品生产总量也日益增加,种类日渐繁多,涵盖氢气、天然气、液化石油气、氨气、一氧化碳、溴甲烷、汽油、乙醇、丙酮、红磷、萘、硫黄、镁等各种形态的高危化学品[2]。目前,我国化工产业处于急剧扩张时期,但区域发展极不平衡,以石油、天然气等为基础原料的化工产业集群大多都分布在西部,而其输出产品的销售地和下游深加工企业又多集中在东部沿海地带[2]。因此,通常情况下,大多数危险品并不直接在生产地点使用,而是需要经过长途运输销售给下游深加工企业。"产销分离"决定了危险品运输的紧俏,导致了在交通网络中每天有大量的危险品需要运输。据国家安全生产监督管理局安全科学技术研究中心发布的统计数据,在中国,95% 以上的有害物质需要在不同的城市之间运输[3]。据保守估计，每年至少有 2 亿 t 的有害物质需要运输，例如，液氨及液氯的年运输量分别为 0.8 万 t 和 1.7 万 t，其中的 82% 是通过公路运输的。有数据显示，2015 年全国仅公路上的危险品运输量约为 10 亿 t，且每年运输量增速达 10%，居全球第二位，主要是易燃易爆油品类，其次为剧毒氰化物类等高危物品，给运输沿线的居民和生态环境带来了巨大的风险[4]。除运输量增加以外，危险品运输的品种越来越多，风险特性越来越复杂，危险程度也越来越高[5]。据世界卫生组织统计，目前仅用于工农业的化工物质多达 60 万种，并且每年还要增加 3000 余种，在这些物质中，有明显或潜在危险的就达 3 万余种[5]。因此，大批量和多品种是危险品运输的一个特征。

由于危险品具有易燃、易爆、有毒、腐蚀性、放射性等性质，在生产、运输、储存、使用及废弃处理等环节有着高度危险性，危险品安全事故时有发生。其中，危险品运输以其潜在的高风险为大众所熟知。尽管危险品运输事故发生概率很小（一般情况下，在 $10^{-8} \sim 10^{-6}$ 次/km 的范围内[6]），运输过程中仍然是可能发生意外的。如果不对这些危险品运输进行监管和控制，一旦发生意外，危险品运输事故可能会导致非常严重的经济损失，并会对公众健康和人类赖以生存的环境产生长期的负面影响。如含有剧毒的危险品泄漏到运输路段沿线的水域中，就会污染水资源，随之会影响到该区域人们的生活和生产的正常进行；爆炸性危险品一旦发生事故，会对运输路线上隧道、桥梁造成严重危害，甚至可能使运输路线瞬间交通瘫痪并造成重大人员伤亡；放射性危险品更是对它所穿越的商业区、居民密集区、名胜古迹等具有严重的潜在危险[7]。由于道路结构的原因，许多运输要道要通过市区或人口聚集区。特别是在人口密度大，道路条件相对简陋的发展中国家，危险品事故可能会引起较大范围的人员伤亡和财产损失[4]。

在我国，由于危险品道路运输量大、通行车辆事故率高和部分运输企业安全管理水平落后，近年来危险化学品运输车辆侧翻、碰撞、泄漏和爆炸等事故时有发生。2011 年 4 月 26 日，浙江丽水一辆载有 15t 液氮的槽罐车因事故发生泄漏，翻在农田里。这导致面积达 3000 多平方米的农田里到处弥漫 1m 多高的白色浓雾，因为液氮快速汽化带走大量热量，局部农田温度低达零下 200 多摄氏度，事故导致 4 人被冻遇难，附近村庄 200 多人被疏散。2014 年 3 月 1 日，晋济高速公路山西晋城段岩后隧道发生一起特别重大道路交通危险化学品燃爆事故，导致甲醇泄漏爆炸并引发大火，事故共造成 40 人死亡、12 人受伤和 42 辆车被烧毁。2016 年 3 月 19 日，一辆装载易燃易爆物品的大货车在京港澳高速由南往北行驶至 1414km（汨罗市境内）时起火爆炸，事故导致 5 人死亡，27 人受伤，其中 1 人重伤。2020 年 6 月 13 日，位于台州温岭市的沈海高速公路温岭段温州方向温岭西出口下匝道发生一起液化石油气运输槽罐车重大爆炸事故，造成 20 人死亡，175 人住院治疗，其中重伤人员 24 人，直接经济损失 9477.815 万元。在欧洲国家，也有许多道路和铁路上的危险品运输事故发生。例如，1976 年 7 月 10 日，意大利塞维索市附近的伊克梅萨化工厂的 TBC（1,2,3,4－四氯苯）加碱水解反应釜突然发生爆炸，逸出中间体三氯苯酚，其中含有剧毒化学品二噁英，造成约 2t 化学品扩散到周围地区。这对附近土地造成严重污染，随后有大量动物死亡，居民也陆续发生各种病变。20 年后，通过对该地区人口死亡率和发病率进行研究，发现危险品运输事故的后果不仅是重大的，还影响深远[8]。此外，在危险品运输过程中，意外的危险品事故也可能发生在环境敏感地区，如自然保护区和世界遗产保护区或其附近。因此，有效地对危险品运输进行监管和控制，使人员伤亡、财产损失、环境污染等危害降到最低或者可以接受的范围内，对保障危险品运输安全具有重大意义。

1.2 研究意义

当今社会，运输安全一直是智能交通系统领域的热点研究问题之一[9-11]。许多研究者指出，根据历史事件，危险品运输时的潜在风险可能和储存危险品的固定设施处发生事故的风险一样巨大[12-13]。如果把危险品运输车辆看作一个点，它们在公路上行驶的过程相当于运输网络上存在许多的点在不断地移动。这些运输中的车辆会对其所经过路段沿线的人民生命财产安全以及周围生态环境构成巨大的威胁，因此可以将其看作多个动态的、移动的危险源。相对于固定风险源来说，潜在的事故发生的时间和地点难以预知，因此其管理难度剧增，安全形势越来越严峻。对于前者，同样需要给予必要的关注以达到控制并减少风险的目的。许多相关文献已指出，危险品运输最基本的目的是最小化运输风险。因此，如何降低危险品运输风险已成为交通运输安全领域一个重要的研究热点。

减少运输风险可以通过许多不同的方式来实现。例如，政府可以制定有关危险品运输的一些法律法规，并提供一些指导方针和规范要求。美国运输部危险品安全办公室明确规定了关于危险品的包装、标签和存放等注意事项，以及对承运人培训和对车辆维修的要求；欧盟各国一般都对危险品运输车辆设置了限速规定，即危险品运输车辆最高速度不得超过 90km/h；欧洲从事危险品运输的司机，必须接受相关基础课程的培训以及通过相应的考核；在德国，所有的危险品运输车辆都安装了行车记录仪和卫星定位系统，以便交通警察更好地进行检查监督，从而迫使司机们严格遵守法律相关规定，防止疲劳驾驶[14]。这些措施都能有效地预防危险品运输事故的发生，但是这仅仅是依靠立法，通过强制性措施减少事故发生的可能性，而不是利用优化方法，经过系统性、科学性的分析，来科学合理地确定危险品运输路径，从而达到减少危险品运输风险的目的。

虽然危险品运输事故后果非常严重，但是只要能设计安全有效的危险品运输路径，科学合理地决策危险品运输路线，很多危险品运输事故的危害可以降到最低。因此，危险品运输路径优化是近年来一个研究热点。通过对危险品运输路径优化问题进行深入研究，制定合理的路线，可为政府监管部门及危险品运输经营单位决策提供辅助。比如，在某一项危险品运输任务执行前，由专业人员对该项任务进行路径选择研究，可以提前分析出风险控制中的薄弱环节，并在运输过程中加以重视，从而可以减少事故发生的可能性，降低运输路段沿线的人员伤亡、财产损失、环境污染的风险。基于这种考虑，本书提出了利用运筹优化理论、方法和技术，对危险品运输路径优化进行研究，达到为选择危险品运输路线做出科学决策的目的。本书主要侧重于专用道设置策略在危险品运输方面的应用，提出一个新的危险品运输专用道优化问题，同时，研究了考虑环境风险的危险品运输路径多目标优化问题、单/多任务危险品多式联运路径多目标优化问题以及考虑定额碳税政策的危险品多式联运路径双层优化问题。本书力图在危险品运输管理优化领域，初步构建应用运筹学技术解决危险品运输问题的理论框架，解决诸如建模方法、算法设计及评价等问题。因此，本研究不仅具有重要的理论研究意义，还具有重要的应用价值。

1.3 本章小结

本书以危险品运输为对象，研究危险品运输路径优化问题。本章首先介绍了本书的研究背景，其次概述了危险品运输研究的理论价值和应用价值。

第 2 章

相关理论基础

2.1 图与网络的基本概念

图与网络是运筹学（Operations Research）中的一个经典和重要的分支，所研究的问题涉及经济管理、工业工程、交通运输、计算机科学与信息技术、通信与网络技术等诸多领域[139]。

图论中图是由点和边构成的，可以反映一些对象之间的关系。图 2-1 给出了一个图的示例，该图可由一个含有 11 个节点、22 条边的网络表示。

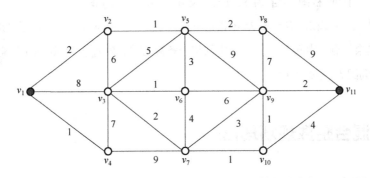

图 2-1　一个图的示例

无向图（简称图）[15]：没有方向，由点和边构成的图，记作 $G = (V, E)$，点是 V，边是 E。

图论的图与几何图、工程图不一样。一般情况下，图中点的相对位置及点间连线长短，对于反映对象之间的关系并不是重要的。

连接 v_{i1} 和 v_{ik} 的链[16]：在无向图 G 中，若存在一个点边的交错序列 $(v_{i1}, e_{i1}, v_{i2}, e_{i2}, \cdots, v_{ik}, e_{ik})$，其中 v_{ik} 属于 $V(G)$，e_{ik} 属于 $E(G)$。

连通图：对于一个无向图，若任何两个不同的点之间，至少存在一条链，则称该图是连通图。

无向赋权图[17]：对于无向图的每一条边(v_i, v_j)，若都有一个数（称为权重）c_{ij}对应，则称该图是无向赋权。实际中权重可以代表两点之间的距离、费用、利润、时间、容量等不同的含义。

顶点的度[18]：与顶点v关联的边的个数称为顶点v的度（degree），记作$d(v)$。如果与顶点v关联的边形成了环，则计两度。

度为零的点称为孤立点，度为1的点称为悬挂点。悬挂点的关联边称为悬挂边。度为奇数的点称为奇点（odd point），度为偶数的点称为偶点（even point）。

有向图[15]：由点和弧构成的图，记作$D=(V, A)$，其中V是图D的点集，A是图D的弧集。

无向图是一种特殊的有向图，无向图的边实际上等价于两条方向相反的弧。

连接v_{i1}和v_{ik}的路[16]：在有向图D中，若存在一个点边的交错序列$(v_{i1}, e_{i1}, v_{i2}, e_{i2}, \cdots, v_{ik}, e_{ik})$，其中$v_{ik}$属于$V(D)$，$e_{ik}$属于$A(D)$。

有向赋权图[17]：对于有向图的每一条弧(v_i, v_j)，若都有一个数（称为权重）c_{ij}对应，则称该图是有向赋权图。实际中权重的含义同无向赋权图的情况。

网络[15]：在赋权的有向图D中指定一点为发点（记为v_s），指定另一点为收点（记为v_t），其余的点为中间点，并把D中的每一条弧的赋权数c_{ij}称为弧(v_i, v_j)的容量，这样的赋权有向图D就称为网络。

2.2 混合整数规划理论

2.2.1 混合整数规划的定义

整数规划[15]是一类要求问题中的全部或一部分变量为非负整数的数学规划。从约束条件的构成来说，又可细分为线性、二次和非线性的整数规划。若未特别指出约束条件构成，即是指线性规划。

在线性规划问题中，有些最优解可能是分数或小数，但对于某些具体问题，常要求某些变量的解必须是整数，例如，机器的台数、工作的人数或装货的车数等。下面举一个经典的饮食问题。

超市里所卖的3种食品：玉米、牛奶和面包，其价格、所含的维生素A和能量的信息见表 2-1。现在的问题是买多少份的玉米、牛奶、面包，使得总价格最低，而维生素 A 的总摄取量不小于 500 但不大于 50000，能量的总摄取量不小于 2000 但不大于 2250。这个问题的数学描述如下：

$$\min 2X_{\text{corn}} + 5X_{\text{milk}} + 3X_{\text{bread}} \tag{2-1}$$

$$\text{s.t.}\begin{cases} 107X_{\text{corn}} + 500X_{\text{milk}} \leqslant 50000 & (2\text{-}2) \\ 107X_{\text{corn}} + 500X_{\text{milk}} \geqslant 500 & (2\text{-}3) \\ 72X_{\text{corn}} + 121X_{\text{milk}} + 65X_{\text{bread}} \leqslant 2250 & (2\text{-}4) \\ 72X_{\text{corn}} + 121X_{\text{milk}} + 65X_{\text{bread}} \geqslant 2000 & (2\text{-}5) \\ X_{\text{corn}}, X_{\text{milk}}, X_{\text{bread}} \geqslant 0 & (2\text{-}6) \end{cases}$$

表 2-1　食品信息表

食 品 名	价格（元）	维生素 A/μg	能量/kJ
玉米（corn）	2	107	72
牛奶（milk）	5	500	121
面包（bread）	3	0	65

如果在线性规划问题中有部分决策变量，如上面的 X_{corn} 要求必须是整数。为了满足整数的要求，初看起来似乎只要把已得的非整数解舍入化整就可以了。实际上化整后的数不一定是可行解和最优解，所以应该有特殊的方法来求解整数规划。在整数规划中，如果仅一部分变量限制为整数，则称为混合整数规划[15]。

整数规划的一种特殊情形是 0-1 规划，它的变量仅限于 0 或 1。例如，本书所研究的危险品运输专用道优化问题的决策变量之一即属于这种特殊的 0-1 变量。不同于线性规划问题，整数规划和 0-1 规划问题至今尚未找到一般的多项式解法，这类问题一般是 NP 难问题，算法复杂度随着变量的增加呈指数级增长（指数爆炸）。

2.2.2　混合整数规划的解法

常用的混合整数规划求解方法有以下三类[15]：

1. 分支定界法

分支定界法是目前求解混合整数规划模型最常用、最有效的算法，由 Land Doig 和 Dakin 等人在 20 世纪 60 年代初提出，其依据是混合整数规划的最优解不会优于与之相应的线性规划的最优解。

设有最大化的混合整数规划为问题 A，与它相应的线性规划为问题 B，问题 B 的最

优解不符合问题 A 的整数条件，其最优解必是问题 A 的最优解 z^* 的上界，记为 $\overline{Z}$。问题 A 的任意整数可行解是 z^* 的下界，记为 $\underline{Z}$。分支定界法将 B 的可行域分成子域，称子域为分支，逐步减小 $\overline{Z}$ 并增大 $\underline{Z}$，最终求得 z^*。

2. 割平面法

割平面法是 1958 年由 R. E. Gomory 提出的，因此又被称为 Gomory 的割平面法。

这个方法的基础仍然是用解线性规划的方法去解混合整数规划问题，先不考虑变量 x_i 是整数这一条件，但增加线性约束条件（几何用语，称为割平面）使得由原可行域中切割掉一部分，这部分只包含非整数解，但没有切割掉任何整数可行解。这个方法就是指出怎样找到合适的割平面（不见得一次就能找到），使切割后最终得到这样的可行域，它的一个有整数坐标的极点恰好是问题的最优解。

3. 隐枚举法

隐枚举法是用来解一种特殊的混合整数规划——0-1 规划的。

解 0-1 规划最容易想到的方法，和一般整数规划的情形一样，就是枚举法。即检查变量取值为 0 或 1 的每一种组合，比较目标函数值以求得最优解，这就需要检查变量取值的 2^n 个组合。对于变量个数较大的情形，这几乎是不可能的，因此常设计一些方法，只检查变量取值组合的一部分，就能求出问题的最优解。这样的方法称为隐枚举法（implicit enumeration method），分支定界法也是一种隐枚举法。

2.2.3 CPLEX 求解混合整数规划

混合整数规划的求解方法甚为复杂，计算量大的问题要求有大型电子计算机，有时计算量甚至超过计算机的能力。因此，在求解一些混合整数规划问题时，不得不借助一些软件。

ILOG CPLEX 是目前国际上流行的优化软件包，是由 IBM 公司开发的一款高性能的数学规划问题求解器，是一种基于单纯形法研制的可以快速、稳定地求解线性规划、混合整数规划、二次规划等一系列规划问题的高性能、健壮、灵活的优化软件。

CPLEX 的速度非常快，可以解决现实世界中许多大规模的问题，它能够处理有数百万个约束（constraint）和变量（variable）的问题，特别适合解大规模问题，而且一直刷新数学规划的最高性能纪录。其官方网址为 https://www.ibm.com/cn-zh/products/ilog-cplex-optimization-studio?utm_content=SRCWW&p1=Search&p4=43700074800244454&p5=

l&gclid=CPik04273YgDFYRWwgUdeWgj5g&gclsrc=ds。

其功能模块图如图 2-2 所示。

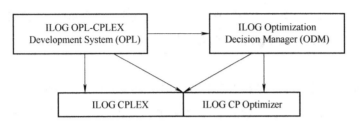

图 2-2　ILOG CPLEX 的功能模块图

运用 ILOG CPLEX，开发人员可以通过组件库从其他程序语言调用 ILOG CPLEX 算法，也能使用 OPL 建模，并从而通过 ODM 建立可视化界面。所有 ILOG CPLEX 算法都与最新的预处理紧密集成，不需要任何特殊用户干预，就能将较大规模的问题变成小规模的问题，缩短求解时间。每个优化器都有许多调整性能的选项，用户可以根据特定问题的需要，对性能进行相应的调整。

ILOG CPLEX 被广泛应用于物流行业、制造业、通信业、油田地面工程等，使得一些复杂的问题求解变得相对简单、高效。本书的其中一部分研究内容即是试图使用 CPLEX 优化软件来解决问题。

此外，在互联网上能访问到的解混合整数规划问题的软件还有 LINDO、FMP、MILP、MINTO、MPSIII、OML、OSL、WB、WHIZARD 和 XPRESSMP 等，这里不做一一介绍。

2.3　分割求解法

2.3.1　分割求解法的基本原理

Climer 和 Zhang[19]于 2006 年首次提出分割求解法（cut-and-solve method）用来解决组合优化问题，并证明了该方法对解决非对称旅行商问题非常有效。

分支定界法是最常见的一个用于解决组合优化问题的传统的精确算法。分支定界法的实质是一种"分而治之"的方法，即试图将原问题通过某种规则分解成多个小问题来解决。问题的分解可以用分支定界树来表示。当一个完整的分支定界树生成时，每一个可行解可以至少用一个叶节点来表示。如果可行解太多，搜索树将会太大而无法被完全搜索。分支定界法的效率很大程度上依赖于其修剪规则，即在保证问题最优性的条件下，删除一些节点。如果搜索树被修剪得足够小，问题则更容易求得最优解。

分支切割法是分支定界法的扩展，它增加了修剪节点的可能性。在搜索树的某些或全部层中，通过增添割平面使得节点所对应的子问题的松弛问题更紧，从而减少其解空间。

分割求解法不同于传统的树搜索方法，如分支定界法和分支切割法，因为它不存在分支步骤。也就是说，分割求解法是一个特殊的分支定界搜索策略，可以避免在深度优先分支定界时做出错误的选择。分割求解法有两方面的优势。一方面，由于缺少分支，不存在使搜索误入歧途的"错误"子树。另一方面，与分支定界法和分支切割法相比，分割求解法所占用的内存很小，几乎可以忽略不计。因此，对于那些应用深度优先或最佳优先搜索树的方法很难解决的问题，分割求解法是具有很大潜力的一个求解方法[19]。

对于最小化的整数规划问题（Integer Programming，IP），在分割求解搜索树上，每一层只有两个节点，分别对应于稀疏问题（sparse problem，SP）和剩余问题（remaining problem，RP）。SP 的解空间相对较小，可以在合理的时间内求得最优解。如果 SP 存在最优解的话，该解提供了原问题的一个上界，可用 UB 来表示。如果该上界的值足够小的话，那么，当前最优上界 UB_{min} 就应被更新。同时，可以通过求解 RP 的线性松弛问题得到原问题的一个下界 LB。显然，如果该下界大于或等于当前最优上界，那么 RP 中就没有比最优上界所对应的解更好的可行解。此时，原问题即找到了最优解。否则，当前的 RP 将通过在下一次迭代中添加分支约束被进一步分解为一个新的 SP 和 RP。重复上述过程，直到找到原问题的全局最优解。图 2-3 给出了分割求解法的基本步骤。

---

1. 将原问题定义为当前问题，求解当前问题的线性松弛问题
2. 产生一个分割面（piercing cut，PC）
3. 在被分割面切割的解空间中找到一个最优解，并得到上界 UB
4. 如果 UB<UB_{min}，更新 UB_{min}
5. 向剩余问题中添加分割面约束
6. 找到一个下界 LB
7. 当 LB≥UB_{min} 时，返回 UB_{min}
否则，将剩余问题定义为当前问题，重复步骤 2。

图 2-3　分割求解法的基本步骤

2.3.2　分割面、稀疏问题、剩余问题的定义

如上一节所述，分割面（PC）、稀疏问题（SP）、剩余问题（RP）在算法迭代过程中

具有举足轻重的作用。分割求解法的关键是如何将当前问题切割为剩余问题 RP 和稀疏问题 SP，分割面在这一过程中起着非常重要的作用。与分支切割法中的割平面不同，分割求解法中的切割面主要用于将问题的解从原来的解空间中分离出来，从而生成 RP 和 SP。Climer 和 Zhang 用分割面这一术语来指代这样一种切割面，它能将至少一个可行解从当前（非松弛的）问题的解空间中移除。

分割求解法的效率很大程度上取决于如何选择适当的分割面。如果被分割面切割出来的 SP 的解空间不够小，那么将很难在合理的时间内求出它的最优解；反之，SP 的解空间中可能没有更好的可行解，那么当前最优上界则不能在迭代过程中被更新。Climer 和 Zhang[19]给出了以下分割面的性质：

1）分割面应该移除 RP 的线性松弛问题的最优解，以防止该解在下一次迭代中被找到。

2）被分割面从 RP 的解空间中移除掉的子空间应足够小，以便 SP 可以相对容易地求得最优解。

3）分割面应该尽量将原问题的最优解移除出当前问题的解空间，直到在 SP 中找到原问题的最优解，算法终止。

4）为了保证算法的终止，每次被分割面移除掉的子空间应该至少包含一个原问题的可行解。

在文献[19]中，Climer 和 Zhang 提出了分割面生成技术。它涉及一个很重要的概念，即所谓的差额成本（reduced cost）。每个决策变量都对应一个差额成本值。变量的差额成本可以通过 RP 的线性松弛问题的最优解求得，它指的是变量的值增加 1 个单位时所引起目标函数值增加量的下界值。例如，给定变量 x，在某个线性规划问题的最优解中它的值为 0，同时假设它的差额成本是 5。当在另一个线性规划的最优解中，x 的值变为 1，即 x 的值增加了 1，那么目标函数值至少增加 5。他们定义了一个变量集合 U，U 中决策变量的差额成本值大于一个给定的值 λ。分割面则被定义为这样一个约束，即集合 U 中所有的决策变量之和大于或等于 1。因此，分割求解法的关键则转化为如何确定集合 U 中的变量。

令 $U_r(r \geq 1)$ 表示在第 r 次迭代中满足上述条件的变量集合。在整数规划问题中，所有的决策变量都是 0-1 整数变量，因此，集合 U_r 中的变量值之和要么等于 0，要么大于或等于 1。令 PC_r 表示第 r 次迭代的分割面，CP_r 表示第 r 次迭代的当前问题。PC_r 通过给当前问题 CP_r 添加一个 U_r 中所有变量值之和大于等于 1 的约束形成 RP_r；通过给 CP_r 添加一个 U_r 中所有变量值之和等于 0 的约束形成 SP_r。值得注意的是，找到 SP_r 的最优解，分割求解法才会终止，且该解被证明是原问题的最优解。那么，最优解中那些非零变量不可能在 U_r 中，因为 U_r 中的所有变量都在 SP_r 中设置为 0。由于差额成本大的决策变量在原问题最优解中为非零值的概率很小，U_r 可以定义为由差额成本大于给定参数 h_r 的决策变量所构成的集合。

2.4 ε 约束法

2.4.1 多目标优化问题

在优化问题中，如果某个方案只要求某一项目标达到最优，这是单目标优化问题。但是，在现实生活中，许多问题都是由相互影响、相互冲突的多个目标组成的。人们会经常遇到使多个目标在给定区域同时尽可能达到最佳的优化问题[20]。当一个优化问题的优化目标超过一个并需要同时处理时，它就成为多目标优化问题（multi-objective optimization problem，MOP）。

不失一般性地，多目标最小化问题的数学形式可以描述如下：

$$\min f(\pmb{x}) = (f_1(\pmb{x}), f_2(\pmb{x}), \cdots, f_m(\pmb{x}))^{\mathrm{T}} \qquad (2\text{-}7)$$

$$\text{s.t.} \begin{cases} g_j(\pmb{x}) \leqslant 0, j = 1, 2, \cdots, J & (2\text{-}8) \\ h_l(\pmb{x}) = 0, l = 1, 2, \cdots, L & (2\text{-}9) \end{cases}$$

式中，m 为目标函数的数目；J 为不等式约束的数目；L 为等式约束的数目；$\pmb{x}$ 为决策变量向量；$f(\pmb{x})$ 为目标向量。

如上所述，多目标优化问题需要同时满足多个目标。一般情况下，多目标优化问题的各个子目标之间是相互矛盾的，一个子目标的改善有可能会引起另一个或者另几个子目标的性能降低，常表现为具有多种可能相互（独立或）依赖、不可共量的特点[21]。多目标优化问题的理想目的是在可行解集中，确定一个特殊的解，它能使得所有目标函数得到最优值。因此，多目标优化问题可以简化为寻找一个 $\pmb{x}$，使得 $f(\pmb{x})$ 得到最优值的问题。在解决多目标优化问题时碰到的困难是，实际问题中极少存在这样的唯一最优解，也就是说，要同时使多个子目标一起达到最优值是不可能的，而只能在它们中间进行协调和折中处理，使各个子目标都尽可能地达到最优化。实际上，通常多目标优化问题只存在一组高质量的解，这一组解包括所有满足这样条件的决策向量：即某一目标变好能不以其他目标变差为代价。其与单目标优化问题的本质区别在于，它的解并非唯一，而是存在一组由众多帕累托（Pareto）最优解组成的满意解集合，集合中的各个元素称为帕累托最优解或非劣最优解。多目标优化问题最优解的概念不同于单目标优化问题，因此，以下将着重介绍帕累托最优概念[22]。

对于多目标最小化问题，令集合 $\Omega = \{ x | g_j(x) \le 0, j=1,2,\cdots,J$ 且 $h_l(x)=0, l=1,2,\cdots,L \}$ 表示可行解空间。集合 $Z = \{ f(x) | x \in \Omega \}$ 被称为可行目标空间。

定义 2-1　$x^* \in \Omega$ 被称为绝对最优解，若对于 $\forall x \in \Omega$ 及所有的 $i \in \{1,2,\cdots,m\}$，都有 $f_i(x^*) \le f_i(x)$ 成立。所有绝对最优解的集合被称为绝对最优解集，记作 I^*。

定义 2-2　$x^* \in \Omega$ 被称为弱帕累托最优解（或弱有效解），当且仅当不存在一个解 $x \in \Omega$，对所有的 $i \in \{1,2,\cdots,m\}$，使得 $f_i(x) < f_i(x^*)$。所有弱有效解的集合被称为弱有效解集，记作 WE。所有弱帕累托最优解在目标函数空间下的像被称为弱帕累托前沿。

定义 2-3　$x^* \in \Omega$ 被称为帕累托最优解（或有效解，非支配解），当且仅当不存在一个解 $x \in \Omega$，对所有的 $i \in \{1,2,\cdots,m\}$，使得 $f_i(x) \le f_i(x^*)$，且至少有一个严格不等式。所有帕累托最优解的集合被称为帕累托解集，记作 E。所有帕累托最优解在目标函数空间下的像被称为帕累托前沿。在帕累托前沿上的点被称为非支配点。

定理 2-1　绝对最优解必为有效解，即 $I^* \subseteq E$。

定理 2-2　有效解必为弱有效解，即 $E \subseteq WE$。

2.4.2　ε 约束法的基本原理

在过去的几十年中，研究者们提出了很多方法来求解多目标优化问题。在多目标优化问题中，处理多个目标的策略主要分为两大类：传统的多目标优化方法和帕累托优化算法。传统的多目标优化方法的基本思路是将多目标优化问题中的各分目标函数，经处理或数学变换，转化为一个单目标优化问题，然后采用单目标优化技术求解。帕累托优化算法在元启发式算法的种群进化过程中，利用帕累托占优概念来评估个体的质量，从而最终求得一组帕累托最优解。

最常见的传统多目标优化方法是加权法。加权法的实质是赋予每一个目标不同的权重系数，将所有的目标函数加和在一起，从而把原来的多目标优化问题转换为一个被标量化的单目标优化问题。这一方法的优点是相对容易实现，也可以与一些启发式或元启发式算法结合应用。但它存在以下几个缺点：第一，根据目标的重要性来确定适当的权重往往是一项十分困难的任务；第二，这种方法只能在凸型搜索解空间上找到帕累托最优解，对于非凸型搜索解空间则无效[23]，而且无法在帕累托前沿求出一组均匀的帕累托最优解。

帕累托优化算法的主要原理是利用帕累托占优的概念对元启发式算法进化种群中的个体进行分类，利用某种机制来计算合适的适应度值以提高种群的分散度。由于优化算法引入了种群的概念，每进行一次迭代能够同时获得多个帕累托最优解。但是，帕累托优化算法的性能很大限度上取决于如何选择适当的初始种群。此外，如何对算法进行合理的评估，仍存在困难。

为了规避加权法和帕累托优化算法存在的缺陷，本书将采用 ε 约束法来处理多目标优化问题。它是由 Haimes 等人首次提出的[24]。该方法的基本思想是只最优化其中的一个目标函数 n（通常是指优先权最高或者最主要的目标函数），通过在一定范围内的一组值 ε_i 来约束其他目标函数，其中 $i \in \{1, 2, \cdots, m\} \setminus \{n\}$。通过这种方式，多目标优化问题可以转化为一个单目标优化问题。给定一个适当的向量 $\boldsymbol{\varepsilon} = (\varepsilon_1, \cdots, \varepsilon_{n-1}, \varepsilon_{n+1}, \cdots, \varepsilon_m)$，可以产生帕累托前沿上的一个点。因此，可以通过改变向量 $\boldsymbol{\varepsilon}$ 来求出帕累托前沿上的其他点。

Miettinen[25]证明了以下两个定理：

定理 2-3　如果存在这样一个目标 n 和一个向量 $\boldsymbol{\varepsilon} = (\varepsilon_1, \cdots, \varepsilon_{n-1}, \varepsilon_{n+1}, \cdots, \varepsilon_m) \in \mathbf{R}^{m-1}$，使得 $\boldsymbol{x}^*$ 是以下问题的最优解：

$$\min f_n(\boldsymbol{x}) \tag{2-10}$$

$$\text{s.t.} \begin{cases} f_i(\boldsymbol{x}) \leqslant \varepsilon_i, \ \forall i \in \{1, 2, \cdots, m\} \setminus \{n\} \\ \boldsymbol{x} \in \Omega \end{cases} \tag{2-11}$$

那么，$\boldsymbol{x}^*$ 是原多目标问题的一个帕累托最优解。

定理 2-4　$\boldsymbol{x}^*$ 是一个绝对最优解，当且仅当对每个目标 n 而言，其中 $n = 1, 2, \cdots, m$，存在一个向量 $\boldsymbol{\varepsilon} = (\varepsilon_1, \cdots, \varepsilon_{n-1}, \varepsilon_{n+1}, \cdots, \varepsilon_m) \in \mathbf{R}^{m-1}$，使得 $f(\boldsymbol{x}^*)$ 是上述问题最优解所对应的唯一目标向量。

2.5　双层规划理论

2.5.1　双层规划一般模型

基于斯坦克尔伯格模型，Bracken 等人[140]首次给出双层规划的数学模型。与多目标优化问题的求解不同，双层规划通常根据上、下层模型之间存在的内在联系进行交互迭代求解。当一方做出决策后，另一方在对方决策的基础上进行自主决策，并给予对方反馈，然后双方会根据彼此的决策反馈对自己的决策进行优化调整，直到双方都不再对自己的决策做出调整，以当前决策为较优决策。

双层规划模型包含上、下层模型，虽然彼此拥有不同的目标函数以及约束条件，但是上层的模型会被下层变量影响，下层的变量也会被上层模型约束。上层规划的一般数学模型可表示为

$$\min F(x,y) \tag{2-12}$$
$$\text{s.t.} \begin{cases} G(x,y) \leqslant 0 & \text{(2-13)} \\ H(x,y) = 0 & \text{(2-14)} \end{cases}$$

式（2-12）表示上层模型的目标函数，式（2-13）、式（2-14）分别表示不等式约束条件及等式约束条件，x 是来自上层模型的决策变量，y 是来自下层模型的决策变量。同样，下层规划的一般数学模型可表示为

$$\min f(x,y) \tag{2-15}$$
$$\text{s.t.} \begin{cases} g(x,y) \leqslant 0 & \text{(2-16)} \\ h(x,y) = 0 & \text{(2-17)} \end{cases}$$

式（2-15）表示下层模型的目标函数，式（2-16）、式（2-17）分别表示不等式约束条件及等式约束条件，y 是下层模型的决策变量且被上层模型所约束。

2.5.2　双层规划求解算法

双层规划目前已被证明是一个 NP 难问题。因此，众多学者提出了一系列求解双层规划的方法，目前大致包括两类，一类是数学解析方法，主要是结合库恩-塔克条件（Karush-Kuhn-Tucker condtions，KKT 条件）实现双层问题的等价转化，通过求解与原双层规划模型相等价的单层规划问题，达到简易求解的目的，但该方法存在局限性，对模型的凹凸性存在要求；另一类是结合问题的特性，直接设计算法求解。下面将介绍三种常见的求解方法。

1. KKT 条件

KKT 条件是常用的双层规划求解方法之一，其核心思想是构造与双层模型等价且更容易求解的单层模型，通过转化后的单层模型达到求解的目的[141]。KKT 条件通过构造下层模型的拉格朗日函数，构建与下层模型所等价的最优化约束条件，以此转化的单层模型与原模型等价，所添加的约束条件亦保证了所求解的最优性质。

KKT 条件构建与下层模型等价的最优化约束条件的流程如下：

1）构造下层模型的拉格朗日函数。

2）计算下层模型中决策变量梯度，令其等于 0。

3）下层模型中，所有拉格朗日乘子和其对应约束的乘积等于 0。

4）下层模型中，不等式约束对应的拉格朗日乘子非负。

5）将原下层模型中所有约束以及 2）~4）所得的约束添加到上层模型中。

2．遗传算法

遗传算法是由美国教授 John Holland 提出的[142]，按照生物繁衍过程中的遗传进化行为而设计的算法，它以数学的方式，通过计算机模拟自然界遗传进化的行为进行仿真运算，从而实现更高效的求解。随着科学技术的进步，遗传算法已经广泛应用于物流规划、生产调度、机器学习、金融等领域。

通过遗传进化以及自然选择的思想，遗传算法可以在多代进化过程中找到最优的个体。它首先会生成一定数量的个体，以此来构建一个生物种群，每个个体都会带有一个属性，即适应度值，个体间可以通过适应度值这一标准来比较优劣并进行排序。通过选择、交叉和变异的方式，可以模拟生物体之间的遗传进化过程。在选择个体时，优先考虑那些表现出色的个体。经过遗传进化后所得个体组成新的子代，继续重复以上过程。通过模拟自然界中生物进化的过程，可以筛选出更适合自然环境的个体，并淘汰一些表现不良的个体，从而实现种群的动态全局搜索，最终获得最优的个体。图 2-4 展示了遗传算法的基本步骤。

3．粒子群算法

学者们在总结大量鸟群捕食行为后，提出了粒子群算法，这类算法因为受到了动物群体行为的启发，也被称为群智能算法。粒子群算法具有步骤简单、容易实现、参数少且寻优效率高等优点，目前已被广泛应用于通信、交通运输、电力系统、机器人以及运筹优化等领域。

粒子群算法通过群体中个体间的信息传递及共享，使得种群的运动从无序向着有序发展。算法中的每个粒子不

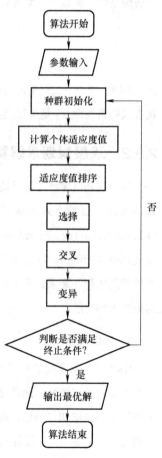

图 2-4　遗传算法的基本步骤

仅对应种群中的每个个体，还对应着问题解空间的一个解，个体会被赋予速度、位置属性，速度会影响粒子行进方向以及距离，而粒子的位置与适应度值有关，使粒子可以在解空间内进行搜索。当粒子处于搜索过程中时，会将各自的位置信息进行共享以及传递，通过信息比较，便能获取当前粒子群体的全局最优解。此后，粒子通过群体共享的全局最优解，对速度进行调整，当粒子都基本围绕在最优解附近时，便可获得最优解。通常情况下，问题的目标函数决定了适应度值。图 2-5 展示了粒子群算法的基本步骤。

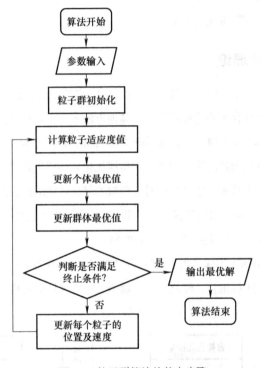

图 2-5　粒子群算法的基本步骤

2.6　不确定性理论及鲁棒优化理论

2.6.1　不确定性理论及模型

由于现实问题复杂度的持续增长，其不确定性也在扩大。目前，不确定性研究已经被应用于众多方面，例如，运输路径优化、客机航线规划、工业生产调度等问题。然而，实际生活中，由于参数数据在统计和采集过程中经常丢失，以及不可抗力因素（如天气等）对问题模型的干扰，导致模型与实际情况相悖，问题模型参数不确定。

含不确定性参数的数学模型一般可表达为

$$\min f(x,\xi)$$
$$\text{s.t.} \quad h(x,\xi) \leqslant 0, \ \forall \xi \in U \qquad (2\text{-}18)$$

式中，$f(x,\xi)$ 为模型的目标函数；$h(x,\xi)$ 为模型的等式及不等式约束；x 为模型的决策变量；ξ 为模型中所含的不确定参数；U 为其所属集合。

针对不确定性优化问题的求解，众多学者陆续提出了一系列求解方法，常见的包括模糊规划、鲁棒优化、随机规划以及灵敏度分析等。

2.6.2　鲁棒优化理论

鲁棒优化是一类基于鲁棒控制理论的建模方法，它旨在用于求解不确定性优化难题，可以有效地避免常规优化方法的局限性。与其他方法不同，鲁棒优化更加注重系统的稳健性和可靠性。在模型（2-18）中，当不确定参数属于有界闭集时，此模型就变成了处理该集合内所有不确定参数的优化问题，即鲁棒优化。不同于其他求解方法，鲁棒优化不需要确定参数的概率分布，它同等地看待参数的每个可能取值，因此，当面对最糟糕的情况时，鲁棒优化也可以求得最保守的结果。鲁棒优化技术已被广泛应用于自然科学、工程、经济等多个领域，并受到国内外学者的重视。

图 2-6 展示了鲁棒优化理论用于求解不确定性问题的基本流程。从此流程可知，首先应选取不确定参数所属集合，建立与原问题所对应的鲁棒对等模型，然后通过有关理论转化为易求解的鲁棒对等问题，再进行求解。

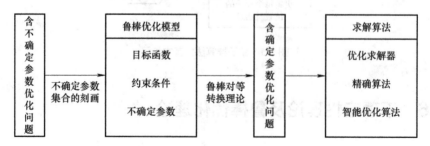

图 2-6　鲁棒优化理论用于求解不确定性问题的基本流程

1. 不确定参数集合选择

选择合适的不确定参数集合对于优化模型至关重要，因为它会直接影响模型的求解结果。集合越简单越宽泛时，模型复杂度越低，由此所求得的最优解也会越保守，越容易偏离实际情况；反之，当集合越精细时，模型复杂度越高。所以，如何选取最合适的不确定参数集合，保持模型的保守性以及复杂度的平衡，一直是学者们关注的焦点。本书将通过盒式不确定集（即区间集）对不确定参数进行描述刻画，其定义如下：

$$U_\infty = \{\xi \mid \|\xi\|_\infty \le \varphi\} = \{\xi \mid |\xi_j| \le \varphi, \forall j \in J_0\} \qquad (2\text{-}19)$$

式中，ξ 为不确定参数；U_∞ 为其所属集合；φ 为不确定程度。

根据以上定义，建立对应的鲁棒优化模型。然后根据问题性质，需要对鲁棒对等转换理论进行选择，并利用其进行鲁棒优化模型的对等转换，而鲁棒对等转换理论的选择也将直接影响后续的求解效率。

2．Bertsimas-Sim 鲁棒对等转换理论

考虑如下的线性优化问题：

$$\max \quad \boldsymbol{cx} \qquad (2\text{-}20)$$

$$\text{s.t.} \begin{cases} \boldsymbol{Ax} \le \boldsymbol{b} & (2\text{-}21) \\ \boldsymbol{l} \le \boldsymbol{x} \le \boldsymbol{u} & (2\text{-}22) \end{cases}$$

如果目标函数中包含不确定参数，即 c 中存在不确定参数，Bertsimas 和 Sim[143]提出了一种鲁棒对等转换理论，可以将这类含不确定参数的优化问题等价转化为如下的鲁棒对等模型：

$$\max \quad \boldsymbol{cx} + \max_{\{S_0 \mid S_0 \subseteq J_0, |S_0| \le \Gamma_0\}} \left\{ \sum_{j \in S_0} d_j |x_j| \right\} \qquad (2\text{-}23)$$

$$\text{s.t.} \begin{cases} \boldsymbol{Ax} \le \boldsymbol{b} & (2\text{-}24) \\ \boldsymbol{l} \le \boldsymbol{x} \le \boldsymbol{u} & (2\text{-}25) \end{cases}$$

式（2-23）中，$J_0 = \{j \mid d_j > 0\}$，$|J_0|$ 为 c 中不确定参数的数量；d_j 为不确定参数与其标准参数值的偏差；Γ_0 为取值在区间 $[0, |J_0|]$ 上的数，表示允许变化的不确定参数的个数，用于控制整体参数变动的不确定程度。

2.7　本章小结

本章主要介绍了图和网络的基本概念，介绍了混合整数规划理论、分割求解法和 ε 约束法的基本原理、双层规划理论、不确定性理论、鲁棒优化理论，以上理论将支持本书后续的建模与求解工作的展开。

第 3 章

文献综述

本章分别给出了危险品运输优化和专用道设置优化的文献综述。首先，介绍了几个相关的危险品运输问题以及其数学模型。通过分析这些问题的特点，分别阐述了本书所提出的危险品运输专用道优化问题与它们的不同之处。其次，对专用道设置优化问题进行了综述，介绍了一些专用道设置策略在现实生活中的应用，并总结了专用道设置优化问题的研究现状。最后，对发表于 1993—2023 年间的 1242 篇相关文献进行了计量分析。

3.1 危险品运输问题文献综述

一般来说，危险品运输问题研究可以分为四个方面[6]：

（1）危险品运输风险衡量。

（2）危险品运输路径优化问题。

（3）危险品运输网络设计问题。

（4）危险品设施选址与路径优化问题。

上述研究从不同的视角来解决危险品运输问题，与本书所研究问题密切相关。

3.1.1 危险品运输风险衡量综述

众所周知，风险是危险品运输问题区别于其他物品运输问题的最重要因素。对于危险品运输问题来说，风险是危险品可能引起的意外事件对暴露受体所造成损害的可能性以及严重程度的一个度量[6,26]。暴露受体可能是邻近的人、环境或者财产。意外事件是指由事故造成的危险品泄漏。具体地说，危险品泄漏所造成的不良后果可能有对人类健康的影响（包括人员死亡、受伤或者由于暴露在危险品污染中所造成的长期伤害）、财产损失、清理成本、产品损失、疏散事故发生地附近人口的成本，受影响路段的交通中断以及环境影响（比如土壤污染或者对动植物健康的影响）[6]。为了便于比较和计算这些影响所造成的总损失成本，所有的影响都应该转换成统一的度量单位[6]。

风险衡量是指识别、分析和估计风险大小并判断风险是否为社会接受的过程，也被称为风险评价。风险衡量可分为定性分析和定量分析。在风险衡量中，对于可能发生的事故情况进行识别及其后果进行估计是必要的。定性风险衡量常用于估计事故发生概率及其所造成后果的可靠数据缺失的情况。目前国外尚很少有文献讨论危险品运的定性风险分析，而国内则有许多文献研究了该问题。尚鸿雁等人[27]选取人的不安全行为、危险品及其装载设备的不安全状态、环境的脆弱性和不安全状态三个方面的因素作为研究对象，分析它们之间的风险构成关系及其相互作用方式，并把作为主要事故原因的人在管理环节上造成的疏漏列为主要评价因素，构建了基于模糊层次分析法的"人—物—环"危险品运输风险预警评价指标体系和模糊综合评价模型以及空间三维框架模型，对不同程度的风险状态进行分级预警。高清平[28]针对风险数值分析等方法无法识别构成风险的主要因素和次要因素，无法获得因素重要度以及不能揭示风险因素与风险之间的因果关系等问题，提出了基于粗糙集理论的危险品运输风险分析方法。柴勤芳等人[29]建立了综合船舶碰撞危险度和船舶所载危险品危险度的综合危险度指标体系，并以此为基础建立了基于危险度分析的危险品运输三维仿真模型。张建莉等人[30]则运用灰色评价理论中的灰类白化权函数聚类方法对危险品运输企业安全管理水平进行定性分析和定量分析相结合的综合分析评价。

定量风险分析（quantitative risk assessment，QRA）是对某一运输任务发生事故概率和／或后果进行表达的系统方法，它是一种技术复杂、综合性强、应用范围广的危险衡量方法。定量风险衡量通常包括以下三个步骤[6]：①识别有害物质，即识别环境中潜在的污染物释放源及其类型和量；②事故发生概率分析；③事故后果模型化和风险估算。通过这种手段，可以对运输任务的风险进行量化分析。如 Erkut 和 Verter[31]所述，危险品运输过程风险影响因素多，随机性和不确定性大，定量风险衡量比较复杂，至今没有统一的风险评估模型。通常在定量风险分析中，把风险定义为危险品运输事故发生概率和事故后果的乘积[3]。

国内外文献中已有各种风险评估模型。Mumpower[32]给出风险分析的定量衡量指标——个人风险和社会风险。个人风险定义为在一定时间内（一般为一年）在某一特定位置长期生活的未采取任何防护措施的人员遭受特定危害的期望频率，此特定危害通常是指死亡；社会风险是指严重度不低于某个值的某种事故或者某组事故在一定时间（一般为一年）的期望发生概率或者频率，用于描述事故发生的概率与事故造成的人员受伤或者死亡人数的相互关系。Glickman[33]认为，如果充分利用现有信息，风险衡量的结果可以更加可靠，尤其是对于相对风险来说。他们在平均以及最坏的假设前提下，使用电子制表表格计算法来估计两条不同运输路径的风险，然后利用贝叶斯模型对高速公路易燃性液态化学物品运输进行了风险衡量，对所得结果进行不确定性分析，来辅助决策者在考虑到相关风险具有固有不可测性的情况下，对两条路径进行选择。Pet-Armacost 等人[34]使用未知参数的蒙特卡洛灵敏度分析法来确定高速公路运输联氨时是否需要使用救济装置，并利用故障树和事件树联合分析法对联氨运输风险进行了分析，为关键参数未知的危险品运输问题提供了决策支持。

Verter 和 Kara[35]为多产品、多起讫点的危险品运输风险衡量问题提出了基于多边形的受影响人口空间分布模型，结合地理信息系统（Geographical Information System，GIS），开发了一个大规模风险衡量机制，为政府监管部门衡量所选择的承运路线的影响提供了方法和依据。Hanna 等人[36]最早为气态危险品运输提出高斯烟羽模型（Gaussian plume model，GPM），并且使用 8 类现场试验数据评估了 15 个危险气态运输模型。Erku 和 Verter[31]则认为危险品运输问题是一个很重要的战略和战术决策问题，为给定单起讫点的危险品运输路径优化问题建立了风险衡量模型。他们认为不同的风险衡量模型通常会选择不同的最优危险品运输路径，因而，研究者和实践者都应该特别关注危险品运输风险衡量时所采用的模型。

Liu 等人[37]充分考虑了火车长度、出轨速度、事故原因及罐车在火车内布局等因素，提出了一个概率模型以衡量火车出轨时发生危险品泄漏的罐车数量的概率分布。研究指出，环境能影响多车厢危险品泄漏的发生概率。Siddiqui 和 Verma[38]提出期望结果法来衡量原油海上运输发生泄漏的风险，并利用文献中四个著名的泄漏-成本模型，研究分析了现实中的案例。计算分析表明，运输路径越短，风险越小。Saat 等人[39]利用 GIS 技术，提出了衡量危险品铁路运输事故的环境影响模型，并对沿北美铁路网络不同泄漏情况下环境暴露概率进行衡量。

在国内研究现状方面，陈开朝[40]认为危险品运输风险衡量模型是危险品运输风险衡量的基础，他们试图建立一个综合的而非单一标准的衡量模型，利用近似算法，综合 TR（traditional risk）和 CR（conditional risk）两种模型，形成了危险品运输风险综合衡量模型，并用现实生活中危险品运输网络的运行情况证明所提出模型的有效性。郭晓林等人[41]认为路径风险度量是进行有害物品运输路径选择的基础，针对文献中均没有考虑到决策者具有不同的风险态度及对路径风险衡量结果存在影响这一情形，建立了决策者风险等效曲线，并通过风险等效曲线将不同时期的风险换算成同一时期的风险值，以此计算出总的路径风险，并将其作为路径选择的依据。李继兵和李军[42]在高斯模型的基础上，将危险品泄漏后果的概率函数法与人口风险描述方法相结合，并根据运输中对风险标准的不同要求，结合实际运输过程中可供选择的不同线路的实际情况，得到一次运输中选择不同线路时所产生的相异风险值，从而为危险品运输中如何通过最小化运输过程中的人口风险来选择线路提供依据。杨秀妍[43]以某段高速公路工程为实例，运用概率估算法预测了运营期危险品运输污染风险发生的概率，对危险品运输环境风险做出了评价分析，并在此基础上提出了具体的防范、应急与减缓措施。魏航和李军[44]认为在危险品运输中，路径周围的人口密度会随着时间的变化而发生变化，从而影响运输过程人口风险。他针对时变条件下危险品运输人口风险进行了分析，建立了估计人口风险的模型，获得了危险品运输中的最小人口风险以及最佳出发时间。贺政纲和宋金玉[45]按照风险衡量步骤，研究了时变网络下居民风险，根据运输事故率和事故后果，建立了时变条件下基于传统风险衡量的居民风险衡量模型，有效降低了危险废弃物运输给沿途居民带来的风险。研究结果表明，不同出发时段和合理的出发时间等因素可以有效降低运输过程的风险，达到安全运输的目的。

　　风险衡量旨在为危险品运输问题提供风险分析方法论。通过定量风险分析，可在进行风险管理决策时衡量风险的发生概率和后果，从而制订出相应的应急计划，寻求降低运输重大危害风险的合理方法。对于实践者来说，找到有效的方法来管理、减少危险品运输风险是十分有用的。一般来说，危险品运输风险衡量是以概率统计和模糊系统等研究不确定现象的理论为基础，以危险品运输专业知识为支撑，以风险分析和风险管理为主要研究内容，对在危险品运输过程中发生事故的可能性和严重性进行度量，从而达到以降低风险、间接创造效益为目标的综合性研究[4]。它并不属于运筹学的研究范畴，因为大多数有关风险衡量的研究并未涉及运筹学建模技术，也并未利用运筹优化等科学方法进行路径决策，但是，危险品运输问题的风险分析可以为运筹学领域以及其他相关领域的研究者在危险品运输问题建模与分析方面提供有用的理论基础。

3.1.2 危险品运输路径优化问题综述

从 20 世纪 70 年代开始，危险品运输路径优化问题引起了许多运筹学研究者的关注，取得了丰硕的研究成果。危险品路径优化问题需要在给定的起讫点（origin-destination pair，OD pair）之间，为每一个运输任务从其多个备选路径中选择一条最优路径，使得总风险最小。危险品运输路径优化问题可以分为局部路径优化和全局路径优化两类问题。在局部路径优化问题中，运输任务之间是互相独立的，决策者只需要为每一个运输任务选择一条路径[6]。全局路径优化问题是一个多起点和多终点的"多对多"的路径选择问题[6]，它涉及多个不同的利益相关者。

对于每一个运输任务来说，局部路径优化问题是为单一危险品、单起讫点问题选择运输路径。由于这些运输决策通常是在微观层面制定的，并没有考虑整个运输网络中的某些路段很可能会被过多地选择用于危险品运输任务的路径。这会直接增加这些路段上的事故发生概率，从而引起运输风险在空间分布上的不均匀。虽然大多数的运输企业都会在决策时考虑运输风险，但是他们主要关注的仍然是运输成本。相反，在全局路径优化问题中，政府监管部门在决策时，必须将网络中所有的运输任务都考虑在内。除了总风险对公众和环境的影响外，政府监管部门可能还需要考虑风险在空间分布的均衡性。基于这个原因，全局路径优化问题通常涉及多种危险品、多起讫点决策。

在本小节中，路径优化问题指的是局部路径优化问题，并对其进行详细的综述。在下一节中，将对经典的全局路径优化问题——危险品网络设计问题进行综述。

1. 经典危险品运输路径优化问题概述

（局部）路径优化问题旨在给定危险品及其运输方式和运输车辆类型，为给定起讫点的危险品运输任务选择一条（或者多条）运输路径。Iakovou[46]研究了一个经典的危险品运输路径优化问题，该问题涉及了多危险品流、多起讫点、多式联运问题，旨在运输网络中确定哪段路径以哪种运输工具运送某种危险品，保证在满足运输工具和路段的运载能力限制的基础上，将不同种类产品运送到需求地点，使得总运输风险和总运输成本最小。该问题数学模型描述如下。已知一个运输网络 $G = (N, A)$，其中 N 是节点的集合，A 是弧的集合。每条弧的属性包括长度、运输成本率、风险成本和容量。为了便于理解该问题，首先定义下列符号：

$W = \{1, 2, \cdots, |W|\}$：危险品种类集合；

$O = \{o_1, o_2, \cdots, o_{|W|}\} \in N$：运输任务起点集合；

$D = \{d_1, d_2, \cdots, d_{|W|}\} \in N$：运输任务终点集合；

X_{ij}^w：从节点 i 运输到节点 j 的危险品 w 的数量；

c_{ij}^w：从节点 i 到节点 j 运输单位体积危险品 w 的运输成本；

R_{ij}^w：从节点 i 到节点 j 运输单位体积危险品 w 的期望风险成本；

s_{jw}：节点 j 对危险品 w 的需求量；

U_{ij}：弧 (i, j) 的容量。

在此基础上，该危险品运输路径优化问题的数学模型可表示为

$$\min f_1 = \sum_{(i,j) \in A} \sum_{w \in W} c_{ij}^w X_{ij}^w \qquad (3\text{-}1)$$

$$\min f_2 = \sum_{(i,j) \in A} \sum_{w \in W} R_{ij}^w X_{ij}^w \qquad (3\text{-}2)$$

$$\text{s.t.} \begin{cases} \sum_{t:(i,j) \in A} X_{ij}^w - \sum_{t:(j,i) \in A} X_{ji}^w = \begin{cases} s_{jw}, & j \in O, \forall w \in W \\ 0, & j \in N \setminus O, D, \forall w \in W \\ -s_{jw}, & j \in D, \forall w \in W \end{cases} \qquad (3\text{-}3) \\[2ex] \sum_{w \in W} X_{ij}^w \leqslant U_{ij}, \ \forall (i, j) \in A \qquad (3\text{-}4) \\[1ex] X_{ij}^w \geqslant 0, \ \forall (i, j) \in A, \ \forall w \in W \qquad (3\text{-}5) \end{cases}$$

目标函数（3-1）和目标函数（3-2）分别表示最小化运输成本和运输风险。约束（3-3）表示每种危险品在各节点上的流平衡，约束（3-4）保证了危险品在弧 (i, j) 上的总流量不超过其相应的容量，约束（3-5）表示危险品 w 在弧 (i, j) 上的流量大于或等于 0。

本书所研究的危险品运输专用道优化问题不同于上述危险品运输路径优化问题。虽然两者都涉及了多起讫点路径决策，都以在给定的起讫点间寻找帕累托最优路径集为目标，但是该危险品运输路径优化问题还涉及了多危险品流问题（multi-commodity flow problem），而本书所研究的问题则并未考虑流问题。此外，在经典的危险品运输路径优化问题中，装载危险品的车辆与运输网络中的其他车辆共享所有的车道，但本书所研究的危险品运输问题通过专用道设置策略来达到降低运输风险的目的。除了最小化运输风险这一最基本的目标外，本书所研究的问题还有一个与专用道设置策略紧密相关的目标，即最小化专用道设置对正常交通的影响。

2. 危险品运输路径优化问题研究现状

根据危险品运输路径优化问题的特点（诸如目标函数的数量、运输网络性质等），危险品运输路径优化问题可以分为单目标、多目标问题，非时变、时变问题。如前所述，

危险品运输路径优化问题长期以来都是相关监管机构和运营企业需要重点关注的决策问题之一。但是，由于危险品运输的特殊性，国内外关于它的专门研究相对较少，大多是将一般的运输路径优化问题直接应用到危险品运输问题上[4]。整体来说，文献中危险品运输路径优化问题的研究大致经历了由单目标向双目标、多目标，静态的路径优化向动态的路径优化发展的历程。

给定一个起讫点的单目标路径优化问题可以视为经典的最短路径问题。常见的标号法（如 Djikstra 算法）可以用来求解此问题。Kara 等人[47]对 Djikstra 算法进行了改进，即所谓的阻抗调整节点标号最短路径算法（the impedance-adjusting node labeling shortest path algorithm），以找到道路事故发生概率最小化的路径。该算法根据路段属性（link attribute，比如行驶时间、容量、队列长度等[48]）来更新节点标号，其计算复杂度与 Djikstra 算法相同。Kessler[49]提出了以最小化总风险为单一目标的危险品运输路径优化问题，与以往关注于单点对单点的研究不同，他研究了多对多的路径优化问题。随后，Batta 和 Chiu[50]仍然研究了单目标、单点对单点的路径优化问题，但他们不再简单地将事故发生概率和事故后果作为风险的度量指标，而是将危险品运输风险分为两部分，一部分是运输路段上的风险，另一部分是运输节点处的风险，并提出以最小化路段长度和人口密度的加权作为路径优化的目标。Kang 等人[51]提出了一个 VaR（value-at-risk）模型以产生基于特殊风险信任层下的危险品运输路径，其目的是确定一条最小化风险大于一组给定阈值的可行的路径。在对 VaR 模型性质进行分析的基础上，提出精确算法求解单起讫点危险品运输路径优化问题。Kang 等人[52]提出了一种将求解单起讫点危险品运输路径优化问题的方法和拉格朗日松弛相结合的有效算法，并利用实际生活中的案例验证了该算法。

国内学者也对危险品运输路径优化问题进行了许多研究。毛华等人[53]提出了一种基于深度优先的最小生成树改进算法，以寻找最小风险最低费用的路径。实例表明，该算法复杂性低，占用空间小。刘兰芬等人[54]利用交通流理论研究了城市危险品运输路径优化问题。首先利用传统风险管理理论对路段发生事故的风险及发生事故后的交通损失进行分析，提出了路段风险度的定义；利用 Dial 算法对路段的损失程度进行计算，从而得到各路段的风险度，建立了风险度最小的危险品运输路径优化模型；然后利用传统标号算法设计了该模型的求解方法；最后通过算例分析了路段交通量与其风险度的关系。

有部分学者对多目标优化问题进行了研究。Robbins[55]以每吨危险品的平均运输距离和每吨危险品的平均影响人数作为路径优化的标准，建立了多目标优化模型，并利用帕累托最优化方法来求解。Huang 等人[56]研究了八个路径选择标准的多目标最短路径问题，分别应用优化软件 Lindo 和标号修正法求出问题的近似帕累托最优路径。他们还利用了GIS 系统来辅助路径决策。Verma[57]研究了多起讫点危险品铁路运输路径双目标优化问题，其目标函数为最小化运输风险与最小化运输成本和铁路公司的固定运营成本，建立了多目标整数规划模型并使用商品化优化软件 CPLEX 进行了求解。Verma 等人[58]首次研究了基于铁路货车联运的危险品运输路径优化问题，其目标函数为最小化总运输成本（包括进站拖运成本、轨道运输成本、出站拖运成本和与不同类型货运列车相关的固定费用）和最小化总公众暴露风险，建立了问题的双目标混合整数规划模型，提出了基于 Dijkstra算法和禁忌搜索算法相结合的优化算法来求解所研究的问题，并在合理时间内获得了问题的帕累托最优解。Nema 和 Gupta[59]研究了区域型危险品运输路径多目标优化问题，其目标函数为最小化总的危险品管理成本（危险品处理设施建立、运营成本和运输成本等），最小化总的危险品处理风险和运输风险以及最小化成本函数和风险函数之和，并提出了改进的多目标混合整数规划方法。为了降低问题的复杂性，他们采用目标函数加权法将所研究的多目标路径优化问题转换为单目标问题来求解。

国内学者也对多目标危险品运输路径优化问题进行了许多研究。种鹏云等人[60]提出了基于连通可靠性的危险品运输路径优化方法，解决了危险品运输路径选择的不确定性问题，建立了最小化运输风险、运输时间和运输成本的多目标优化模型，并采用改进的带精英策略的非支配排序遗传算法进行求解，最后，通过对实际算例进行验证，得到一组帕累托最优解，证明了模型和算法的有效性。姬利娟等人[61]首先根据复杂网络的级联失效特性，构建危险品运输网络的级联失效模型，提出用路段重要度来度量某条路段上发生危险品事故后引起网络其他路段失效的规模。以最小化运输风险和最小化路径总重要度为目标，建立危险品运输路径多目标优化模型，并利用标号法进行求解。黄丽霞和帅斌[62]研究了多式联运危险品运输路径优化问题，以最小化运输和转运过程中的总成本和总风险为目标，考虑了多批货物送达时间要求等约束条件，构建了双目标线性规划模型。并设计了基于集成路径搜索算法和非支配排序规则的帕累托多目标优化算法，有效地获得了实际算例的一组有效非劣解。

表 3-1 从风险衡量、目标函数、多目标处理方法、求解算法等方面，总结了危险品运输路径优化问题的研究文献。

表 3-1 危险品运输路径优化问题的研究文献

作　者	风险衡量	目标函数	多目标处理方法	求解算法
Robbins[55]	人口暴露数	每吨危险品的平均运输距离和平均影响人数	帕累托优化算法	
Huang 等人[56]	传统风险衡量法	最小化风险等八个目标		标号修正法
Verma[57]	传统风险衡量法	最小化风险和成本	加权法	CPLEX 优化包
Verma 等人[58]	传统风险衡量法	最小化成本和风险	加权法	基于交货期的方法
Nema 和 Gupta[59]	传统风险衡量法	最小化成本和风险	加权法	
种鹏云等人[60]	传统风险衡量法	最小化运输风险、运输时间和运输成本	遗传算法	
姬利娟等人[61]	传统风险衡量法	最小化运输风险和最小化路径总重要度		标号法
黄丽霞和帅斌[62]	传统风险衡量法	最小化总成本和总风险	基于集成路径搜索算法和帕累托优化算法	

　　在大多数危险品运输路径优化研究中，通常假设风险为非时变性，但是这种假设无法反映运输风险的动态属性。实际上，运输状况与风险因素（如危险品事故发生概率、沿事故发生路段附近人口暴露数等）通常会随着时间的变化而发生改变。例如，对于一辆运输危险品的卡车来说，它所经过路段上的风险取决于人口密度，而人口密度受高峰时段与非高峰时段、不同时刻的天气状况等影响。可以说，时变风险是危险品运输的一个重要特点。时变风险条件下的危险品运输问题可以分为确定性时变问题和随机性时变问题两大类。

　　在确定性时变问题中，所有的路段属性值被假定为已知，并且部分或全部路段属性值会随着时间的变化而变化。Nozick 等人[63]研究了确定性时变风险条件下危险品运输路径与调度问题，但他们的方法不能保证生成所有的帕累托最优路径。Jia 等人[64]建立了确定性时变风险条件下危险品运输函数问题的数学模型，其目标为函数最小化运输风险。该模型保证了任意时刻危险品运输任务之间的最小距离。他们将该问题转化为一系列单车辆的时变最短路径问题，并提出了一种迭代的启发式算法。Ziliaskopoulos 和 Mahmassani[65]研究了给定出发时间和一个起讫点的最短行驶时间路径优化问题，并通过基于贝尔曼（Bellman）最优化原理的搜索策略找到问题的最优路径。

在随机性时变问题中,部分或全部路段属性值被视为具有一定分布函数的随机变量,如文献[66,67]中的行驶时间和运输风险被假定为随机变量。Erhan 和 Osman[66]研究了一类危险品运输路径规划与调度相结合的问题，在该问题中，事故发生概率、人口暴露数以及行驶时间都是时变性质的随机变量。该模型的目标函数是在限制运输任务总行驶时间的条件下最小化风险。Meng 等人[67]研究了一个类似的多目标问题，该问题可以被转换为受三种类型时间约束的时变多目标最短路径问题，并提出了一个动态规划方法来解决该问题。文献[66,67]中所用的两种方法都是伪多项式算法。Chang 等人[68]提出了一种有效的算法，可以在随机时变网络中找到一条同时满足多个路径选择标准的路径。在他们的研究中，行驶时间、运输风险和其他的路段属性值都被考虑为随机变量。但该算法的性能对某些参数较敏感，且计算量随着支配路径数量的增加而增加。Mahmoudabadi 和 Seyedhosseini[69]提出了考虑应急情况时动态风险和动态损失严重性的基于混沌理论的交互式方法来确定运输危险品燃料的最佳路径，以达到同时最小化运输风险和行驶时间的目的，并通过基准案例验证了该方法的有效性。敏感性分析表明，尽管损失严重性的混沌变量取决于初始状态，但是应用该交互式方法可以帮助决策者选择一个最可靠的路径。

3.1.3　危险品运输网络设计问题综述

随着近些年来计算机技术的快速发展，网络设计问题的研究也得以快速发展。网络设计问题广泛应用于交通和电信网络中，Moriok[70]首次提出了定量的交通网络设计问题。但危险品运输网络设计与之有很大差别。危险品运输网络设计的主要目的是在现有的运输网络中确定应该在哪些弧（即对应路段）上运输危险品，在哪些弧上禁止运输危险品，以使得总运输危险和运输距离等目标最优。危险品运输网络设计问题是一个典型的全局路径优化问题。

1. 经典危险品运输网络设计问题概述

Kara 和 Verter[71]首先给出了危险品运输网络设计问题的定义，即在一个给定现有运输网络中，确定禁止运输危险品的路段以达到最小化运输风险的目的。Bianco 等人[72]提出了以下典型的危险品运输网络设计问题。该问题考虑了危险品运输两层决策，建立了双层规划模型。上层决策者最小化整个网络中路段风险最大值，以实现风险公平；下层决策者确定在其管辖的子网络中运输任务的路径，使得子网络的总风险最小。该问题数学模型描述如下:已知无向的运输网络 $G =(N, E)$，其中 N 是点集，E 是边集。假设边 $\langle i, j \rangle \in E$

是双向的，$A = \{(i,j),(j,i): \langle i,j \rangle \in E\}$ 则为（有向）弧集，其中$(i,j) \in A$ 表示在边 $\langle i,j \rangle$ 上的方向是从点 i 指向点 j。W 表示危险品运输任务集。每个危险品运输任务对应其起讫点 (o_w, d_w) 和流量 f_w。假设 R_{ij}^w、X_{ij}^w 和 z_{ij} 分别表示运输任务 w 在弧(i,j)上的单位风险、运输任务 w 在弧(i,j)上的流量和弧(i,j)的容量。该问题的双层规划模型表示如下：

主问题 P_1：

$$\lambda^* = \min_z \lambda \tag{3-6}$$

$$\text{s.t.} \begin{cases} \sum_{w \in W}(R_{ij}^w X_{ij}'^w + R_{ji}^w X_{ji}'^w) \leqslant \lambda, \ \forall \langle i,j \rangle \in E & (3\text{-}7) \\ z_{ij} \geqslant 0, \ \forall (i,j) \in A & (3\text{-}8) \end{cases}$$

其中，$X' = \{X_{ij}^w\}$，决定了下层规划所对应的次问题 P_2 的求解。

次问题 P_2：

$$R_{\text{tot}}^*(y) = \min_X \sum_{w \in W} \sum_{(i,j) \in E} R_{ij}^w X_{ij}^w \tag{3-9}$$

$$\text{s.t.} \begin{cases} \sum_{j:(i,j) \in E} X_{ij}^w - \sum_{j:(j,i) \in E} X_{ji}^w = \begin{cases} f^w, i = o_w, \forall w \in W \\ 0, \forall i \in N \setminus \{o_w, d_w\}, \forall w \in W \\ -f^w, i = d_w, \forall w \in W \end{cases} & (3\text{-}10) \\ \sum_{w \in W} X_{ij}^w \leqslant z_{ij}, \ \forall (i,j) \in A & (3\text{-}11) \\ X_{ij}^w \geqslant 0, \ \forall (i,j) \in A, \forall w \in W & (3\text{-}12) \end{cases}$$

上层规划涉及主问题 P_1。在主问题中，政府选择最小化最大个人风险路径作为运输网络的子集。约束（3-7）表示在每条边上的总风险不能超过 λ，其中 $\sum_{w \in W}(R_{ij}^w X_{ij}'^w + R_{ji}^w X_{ji}'^w)$ 表示通过边$<i,j>$的所有运输任务造成的总风险；约束（3-8）是对变量 z_{ij} 的非负约束。主问题 P_1 保证了风险在运输网络上的公平分配。

下层规划涉及次问题 P_2。在次问题 P_2 中，给定主决策者所要求的每条边的容量阈值 z_{ij}，运输企业在子网络上选择运输风险最小的路径。约束（3-10）为流平衡方程。约束（3-11）保证了弧(i,j)上的总流量不超过其容量阈值。约束（3-12）为对变量 X_{ij}^w 的非负约束。

该危险品运输网络设计问题研究与本书问题研究的目的之一都在于为危险品运输选择路线，使得运输风险最小。本书所研究的问题一方面涉及政府监管部门对专用道的设计、管理，另一方面与危险品运输运营企业也存在利益上的关系，因此，它与危险品运输网络设计问题的相同之处在于两者都可以看作危险品运输全局路径优化问题。但是，危险品运输网络设计问题通常被构建为双层规划模型。在该类数学模型中，上层决策者只通过自己的决策去指导下层决策者，并不直接干涉下层的决策；而下层决策者只把上层的决策作为参数，在其可能范围内自由决策。

2．危险品运输网络设计问题研究现状

与危险品运输路径优化问题相比，研究者对危险品运输网络设计问题的关注相对较少[71-75]。如前文所述，Kara 和 Verter[71]首次给出了危险品运输网络设计问题的定义，并为该问题建立了一个双层规划模型，政府监管部门在现有网络中选择最小风险路线，以构成原网络的一个子网络，危险品运输企业再在该子网络中选择最小成本的路径。通过一些特殊的变换，该双层规划模型转化为一个单层的混合整数规划模型，并利用商业优化软件包 CPLEX 求解该混合整数规划模型。Erkut 和 Gzara[73]研究了与文献[71]相似的双层、双目标危险品运输网络设计问题，并开发了一种启发式算法，而不同于文献[71]通过线性松弛将双层规划问题转换为单层问题。Erkut 和 Alp[74]把最小化风险的危险品网络设计问题转化为 Steiner 树选择问题，并利用该树的拓扑结构，通过禁止运输企业选择路径的方法，把原问题扩展为一个最小化成本和最小化风险的双目标问题，再采用加权法将多目标问题转化为单目标问题。但是这一方法往往导致求得的危险品运输路线过于曲折且运输成本高昂。为了避免这个缺陷，他们先在 Steiner 树中添加一些边形成一个扩展树，然后提出了一个贪婪启发式算法，实现了在扩展的 Steiner 树中找到最小化风险增长量的最短路径。Verter 和 Kara[75]提出了一个基于路径的危险品运输网络设计模型，该模型可以构造每一任务备选的路径集合。通过分析模型的特性，剔除不能在最小化运输成本和运输风险之间达到最优折中的路径。从以上分析可以得出，研究者们大多建立了危险品运输网络设计问题的双层规划模型，然后通过合适的方式将双层模型转换为单层模型。

在国内研究现状方面，储庆中等人[76]则建立了一个兼顾政府与运输企业双方不同利益目标的双层规划模型。结合网络设计问题的要求，研究了危险品运输网络双层规划问题的遗传算法，并运用实例证明所提出算法能产生稳定的最优解。宋杰珍等人[77]分析了危险品运输网络设计的一般过程及其双重约束特征，在此基础上兼顾政府与运输者双方不同的利益目标，建立了一个双层规划模型，借用 KKT 条件将双层模型转化为单层的0-1整数规划模型。王刊良和徐寅峰[78]针对危险品运输网络中检查站设置问题，建立了评价检查站系统效率的模型，该模型将最小化漏检危险品车辆的运输成本作为优化目标，使得大多数有害危险品车辆尽可能早地接受检查，并提出了一种启发式算法来求解此模型。开妍霞和王海燕[79]研究了综合考虑事故所造成的损失最小和运输成本最小的情况下，危险品运输网络中运输方式和运输路径的优化方法，并通过仿真例子验证了模型的实际效果。研究发现，与单一运输方式相比，多式联运在一定程度上可以降低危险品运输过程中的社会总期望损失和运输成本。

3.1.4 危险品设施选址与路径优化问题综述

1. 危险品设施选址与路径优化问题概述

危险品设施选址与路径优化问题是确定设施最优数量、容量和选址地点，以及从设施配送危险品至消费者的最优路径集。在该问题中，需要考虑两类风险：运输风险和设施地风险。Current 和 Ratick[80]研究了危险品设施选址与路径优化问题，论述如下。设网络 $G = (N, A)$，节点集合 N 含有 n 个节点，弧的集合 A 含有 m 个有向弧 (i, j)，每条弧对应着两个非负权重 a_{ij} 和 c_{ij}。为便于描述问题，定义以下参数：

X_{ij}：从节点 i 运输到节点 j 的危险品数量；

Y_j：设施在节点 j 选址为 1，否则为 0；

w_i：节点 i 产生的危险品总数量；

a_{ij}：弧 (i, j) 在单位路段内存在的总人数；

a_j：设施地 j 附近的人口密度因子；

c_{ij}：从节点 i 到节点 j 运输单位体积危险品的运输成本；

f_j：在节点 j 建立一个设施的固定成本；

h_j：在节点 j 运营一个设施的可变成本；

k_j：在节点 j 设施的最大容量；

F：可能建立的设施的集合；

S：危险品源集合。

Current 等建立的危险品设施选址与路径优化问题的数学模型如下：

$$\min \sum_i \sum_j a_{ij} X_{ij} \tag{3-13}$$

$$\min \sum_{j \in F} a_i \left(\sum_i X_{ij} \right) \tag{3-14}$$

$$\min M \tag{3-15}$$

$$\min P \tag{3-16}$$

$$\min \ \sum_i \sum_j c_{ij} X_{ij} + \sum_j \left(f_i Y_j + h_j \sum_i X_{ij} \right) \tag{3-17}$$

$$\text{s.t.} \sum_j X_{ij} = w_i, \ \forall i \in S \tag{3-18}$$

$$\sum_i X_{ij} \leqslant k_j Y_j, \ \forall j \in F \qquad (3\text{-}19)$$

$$\sum_i X_{il} - \sum_j X_{lj} = 0, \ \forall l \notin S \ \text{或} \ F \qquad (3\text{-}20)$$

$$\sum_i X_{ij} \leqslant M, \ \forall j \notin S \ \text{或} \ F \qquad (3\text{-}21)$$

$$\sum_i X_{ij} \leqslant P, \ \forall j \in F \qquad (3\text{-}22)$$

$$X_{ij} \geqslant 0, \ \forall (i,j) \in A \qquad (3\text{-}23)$$

$$Y_j \in \{0,1\}, \ \forall j \in F \qquad (3\text{-}24)$$

在上述模型中,目标函数(3-13)和目标函数(3-14)分别为最小化总运输风险和最小化总设施地风险。目标函数(3-15)和目标函数(3-16)分别为最小化个体所承受的最大运输风险和最小化个体所承受的最大设施地风险。目标函数(3-17)为最小化运输总成本。约束(3-18)确保所有的危险品能够被运输到各个目的地;约束(3-19)定义了危险品只能被运输到现有设施地且运往该设施地的危险品数量不能超过其最大容量 k_j;约束(3-20)表示如果一个节点不能处理任何危险品,那么运往该处的所有危险品必须被运出;约束(3-21)定义了网络中任意节点的最大运输量;约束(3-22)表示个体在设施地承受的最大暴露数 P;约束(3-23)表示所有运输量为大于零的数;约束(3-24)定义了 0-1 变量 Y_j。

危险品设施选址和路径优化问题与本书所研究的问题有明显的不同特征,主要体现在:①前者含有设施选址问题,需要决定设施的地理位置,在考虑风险因素时,不仅要考虑危险品配送时的运输风险,还要考虑固定设施地风险。②后者则在危险品运输问题中引入了专用道设置策略,通过在现有的运输网络中设置专用道来达到降低危险品事故发生概率的目的。

2. 危险品设施选址与路径优化问题研究现状

List 和 Mirchandani[81]研究了危险品处理设施选址与运输路径优化问题,采用传统方法来衡量风险,并综合考虑了最小化风险、成本和风险公平等多个目标;第一,为所研究的问题建立了通用型的多目标数学规划模型,即适用于不同类型危险品的运输及处理设施选址问题;第二,为降低问题的求解复杂性,采用加权法将所研究多目标优化问题转换为单目标优化问题进行求解。Shobrys[82]采用分解方法将路径优化问题从选址问题中分离出来,研究了最小化运输成本和运输风险的设施选址与路径选择问题,开发了基于 p-中值问题的算法,该算法可以在每个运输起点和候选的存储站点之间求出一系列的帕累托最优路径。Alumur 和 Kara[83]研究了危险废弃物设施选址与路径优化问题,其目标函数是最小化总成本和运输风险。他们建立了一个混合整数规划模型，并采用大规模的实例对模型进行了验证。

除上述工作以外，Revelle 等人[84]开发了一种选址–路径结合的离散模型，以达到最小化运输成本和感知风险的目的。他们采用了加权法处理多目标，并提出了最短路径法和 0-1 数学规划法相结合的算法求解该问题。Giannikos[85]为离散的选址与路径优化问题建立了一个含有四个目标函数的数学规划模型，提出了一个目标规划方法与惩罚函数相结合的算法，获得了问题的满意解。Current 和 Ratick[80]、Jacobs 和 Warmerdam[86]分别对危险废弃物运输、存储以及处理的设施选址和路径优化问题进行了研究，并建立了问题的数学模型。

Ardjmand 等人[87]应用遗传算法求解了一类危险品设施选址与路径问题，考虑了最小化危险品设施日常运作成本和运作风险、在危险品设施和消费者间运输货物的成本和风险，并对两者进行加权，计算结果显示该遗传算法在寻找高质量的非支配解和运行时间方面上的鲁棒性。Wei 等人[88]研究了公信度下危险品设施选址与路径优化问题，该问题旨在假定运输成本和受影响人数都是模糊变量的情况下，在运输风险和运输成本之间取得最佳平衡。根据公信度理论，提出一个机会约束规划模型，并设计了基于模糊仿真的遗传算法求解该模型，实验结果表明所提出算法的有效性。Berglund 和 Kwon[89]研究了鲁棒设施选址与路径优化问题，给定运输网络和危险品运输起点集合，确定出危险品处理地的位置，以达到最小化总成本、固定设施成本、运输成本和风险的目的；提出了一个精确的枚举法，实验证明该方法可以求解中小规模的问题，对于大规模问题，利用遗传算法求解。

表 3-2 从风险衡量、目标函数、多目标处理方法以及求解算法等方面，总结了危险品设施选址与路径优化问题的研究文献。

表 3-2　危险品设施选址与路径优化问题的研究文献

作　者	风险衡量	目标函数	多目标处理方法	求解算法
Current 和 Ratick[80]	人口暴露数	最小化五个目标①	加权法	
List 和 Mirchandani[81]	传统风险衡量法	最小化风险、风险公平和成本	加权法	
Shobrys[82]	人口暴露数	最小化成本和风险	加权法	p-中值问题
Alumur 和 Kara[83]	人口暴露数	最小化成本和风险	加权法	混合整数规划法

（续）

作　者	风险衡量	目标函数	多目标处理方法	求解算法
Revelle 等人[84]	人口暴露数	最小化成本和风险	加权法	p-中值问题
Giannikos[85]	人口暴露数	最小化四个目标②	加权法	目标规划法
Jacobs 和 Warmerdam[86]	人口暴露数	最小化成本和风险	加权法	
Ardjmand 等人[87]	人口暴露数	最小化四个目标③	加权法	遗传算法
Wei 等人[88]	人口暴露数	最小化风险和成本	加权法	遗传算法
Berglund 和 Kwon[89]	人口暴露数	最小化四个目标④	加权法	枚举法和遗传算法

注：① 五个目标为最小化运输风险、最小化固定设施风险、最小化个人所承受的最大运输风险、最小化个人所承受的最大固定设施风险和最小化包含运输成本、固定设施建设成本、固定设施日常运作成本在内的总成本。
② 四个目标为最小化运输风险、最小化运输成本、最小化最大个人风险和最小化固定设施运作所造成的最大负效用。
③ 四个目标为最小化固定设施日常运作成本和运作风险，最小化危险品运输成本和运输风险。
④ 四个目标为最小化总成本、最小化固定设施成本、最小化运输成本和最小化运输风险。

3.1.5　其他危险品运输问题综述

在文献中，还有一些其他与危险品运输相关的经典问题，如 k-最短路径问题、车辆路径与调度问题。表 3-3 从风险衡量、问题类型、目标函数、多目标处理方法以及求解算法等方面，总结了相关问题的研究文献。

表 3-3　其他危险品运输问题的研究文献

作　者	风险衡量	问题类型	目标函数	多目标处理方法	求解算法
Dadkar 等人[90]	传统风险衡量法	k-最短路径问题	最小化风险和行驶时间	加权法	混合整数规划法
Androutsopoulos 和 Zografos[91]	传统风险衡量法	k-最短路径问题	最小化时变风险和行驶时间	帕累托优化算法	禁忌搜索算法
Zografos 和 Androutsopoulos[92]	风险是一个参数	车辆路径与调度问题	最小化成本和风险	加权法	启发式算法
Pradhananga 等人[93]	传统风险衡量法	车辆路径与调度问题	最小化车辆数、行驶时间和风险	帕累托优化算法	蚁群算法
Ghatee 等人[94]	风险是一个参数	模糊最小成本流问题	最小化风险和模糊成本流	帕累托优化算法	

Dadkar 等人[90]为危险品运输路径优化问题提出了有效的 k-最短路径算法。该算法可以为大规模的随机和动态运输网络找出 k 个最短路径运输方案。此外，所提出的算法能够在寻找不同运输路径的同时满足地理多样性（即运输路线的差异）和计算性能之间的有效平衡。Androutsopoulos 和 Zografos[91]也对 k-最短路径问题进行了研究，使用了禁忌搜索算法来最小化风险和行驶时间，但与 Dadkar 等人的研究不同，他们所研究的问题中风险具有时变性。上述研究都采用传统的方法对风险进行衡量，但对于多目标问题的处理方法有所不同，前者采用的是加权法，而后者则使用帕累托优化算法。

Zografos 和 Androutsopoulos[92]研究了具有时间窗口约束的双目标车辆路径优化问题。首先，建立了问题的多目标混合整数规划模型；其次，通过使用目标函数加权法，将所研究的多目标优化问题转换为一系列单目标优化问题进行求解；最后，提出了基于参数标号法的启发式算法来求解转换后的单目标问题。实验结果表明，所提出算法可以有效获得问题的帕累托最优解集。此外，Pradhananga 等人[93]研究了一个最小化车辆数、行驶时间和风险的问题，提出了一种基于多目标整数规划的改进方法，并用蚁群算法对问题进行求解。Ghatee 等人[94]研究了具有模糊成本的最小成本流危险品运输路径多目标优化问题。通过引入字典序列法确定各个目标函数的优先级，提出了 P-连续最短路径算法和 P-网络单纯形算法对多目标路径优化问题进行求解。

Zografos 和 Davis[95]研究了考虑风险公平的危险品运输路径优化问题，并建立了问题的数学模型。该模型的四个目标分别是最小化人员伤亡风险、总行驶时间、特殊聚集情形下人群风险和财产损失风险。在他们的研究中，风险公平性的概念第一次被用作危险品运输问题的目标之一，要求将人员风险平均分配到各个路段。应用了优先目标规划法（pre-emptive goal programming）求解了该问题。Kang 等人[52]利用 VaR 的概念研究了多起讫点多危险品种类的危险品运输路径优化问题，并求得在满足风险公平约束条件下最小化全局 VaR 的路径。

Liu 等人[96]开发了一个负二项回归模型来分析火车出轨可能性的问题，应用了帕累托最优技术确定了在给定资源水平下的最低风险，建立了多目标优化模型确定最佳投资量。帅斌和黄丽霞[97]通过系统地分析国内外危险品运输风险衡量模型及方法，对单一运输模式以及多式联运危险品运输风险衡量问题的有关研究进行了梳理，在运用算例分析各个模型的特点之后，得出了危险品铁路运输和联运模式风险低于道路运输风险；条件风险价值（CVaR）模型可以灵活地运用于危险品运输决策中等结论。

从本节可以得出以下结论，①最常见的运输风险衡量方法是传统的风险衡量方法，即危险品事故发生概率与人口暴露数的乘积。传统风险衡量由于计算实用性、可操作性，被广泛地应用于危险品运输问题的风险分析中。而为了更方便地衡量运输风险，一些研究甚至直接用人口暴露数替代风险。②由于危险品运输问题的属性，多目标优化问题得到了广泛的研究；文献中研究的问题大多数是多目标优化问题，常见的目标包括最小化运输风险、运输成本以及总行驶时间。③由于加权法操作简单，加权法常被用于处理多目标危险品运输问题，近些年出现了一些帕累托优化算法求解危险品运输问题的研究，而其他算法如 ε 约束法在文献中仍然很少被报道。④除了少数文献研究了时变风险、行驶时间条件下的 k-最短路径问题，大多文献研究的是非时变问题。⑤虽然现有文献对一些危险品运输问题进行了广泛的研究，但是通过专用道设置策略解决危险品运输问题的研究在文献中尚未见被报道。本书将分别研究非时变和时变风险条件下危险品运输问题专用道优化问题。下一节中，将给出专用道设置优化的文献综述。

3.2　专用道设置优化文献综述

随着经济和社会的快速发展，城镇化进程逐步加快、城镇化水平日益提高。随之，城市人口数与机动车保有量急剧增长，车辆增长的速度远远超过道路和交通设施的增长速度，人车矛盾和车路矛盾日益突出。因此，交通拥挤成了一个严重的问题，并且越来越受到政府和公众的关注。公共交通或一些特殊情况下交通运行状况可以通过一些经济的、灵活的交通管理策略来改进。例如，将某些路段上的车道专门预留给某些特殊任务。这种方法通常被称为专用道设置策略。专用道设置即是指限制路段上的某一个或几个车道的使用，只允许特殊的车辆（在特定的时间内）使用这些车道。本节首先概述专用道设置策略的应用场合，如公交专用道与快速公交系统、高乘载车辆专用道以及一些特殊的大型活动专用车道；然后对专用道设置问题的研究进行了文献综述。

3.2.1　专用道应用综述

1. 公交专用道与快速公交系统

世界上第一条公交专用道于 1939 年出现在美国芝加哥市[101-102]。1963 年，德国汉堡市建立了欧洲的第一条公共汽车车道[103]。此后，许多欧洲城市开始建立公交专用道来缓解城市日渐严重的交通拥挤问题。1997 年，北京市长安街上第一条公交专用道投入使用，这也开启了公交专用道策略在中国的应用。目前，越来越多的国家运用了公交专用道策略。如在巴西、泰国与日本，公交专用道策略发展十分迅速，并且受到公众的广泛认可；在中国，也有许多的城市正在实施公交专用道策略，如北京、昆明、西安、济南、成都等。

相关研究表明，设置公交专用道对提高公交车的运行速度起到了积极的影响，它使公交车的运行速度增长 10%～30%，可达 20～35km/h[98]。Choi 和 Choi[99]指出，在韩国实施公交车专用道策略后，一方面公交车的运行时间大大减少；另一方面大约有 12%的私家车族选择乘坐公共交通工具，同时交通事故发生率得以降低。然而，传统的公交专用道策略（通常指 exclusive bus lane，XBL）可能会对正常交通产生负面影响。比如，在高峰时段，由于公交专用道的专有性、排他性，普通车道可能会更加拥挤，从而导致普通车道上的车辆车速下降。为了减少这种负面影响，提出了动态专用车道（DBL）系统。在该系统中，公交专用道只允许在某些时间段使用。与 XBL 一样，DBL 对减少公交车的运行时间有积极影响，对其他车辆会产生负面影响，即造成其他车辆运行时间的增加。但是，在改善公共交通运营和降低对非公交车辆负面影响方面，DBL 比 XBL更有效。

快速公交系统（bus rapid transit，BRT）是基于公交专用道策略的一种新型且实用的乘客输送交通模式。它是一种介于快速轨道交通与常规公交之间的新型公共客运系统，是一种大运量交通方式。具体来说，BRT 是利用现代化公交技术配合智能交通和运营管理（集成调度系统），开辟公交专用道路和建造新式公交车站，实现轨道交通模式的运营服务，达到轻轨服务水准的一种独特的城市客运系统。BRT 系统通常包括专业的设计、服务与基础设施。它的一个主要特色是 BRT 系统中的公交专用道有助于行驶速度的加快，并能确保公交车不因交通拥挤而延误到达时间。因此，BRT 也时常被称为"地面上的地铁"。BRT 起源于巴西的库里蒂巴市。BRT 系统的应用具有灵活性，它不仅可以在拥有数十万人口的小城市运行，还可以在特大城市中运行。现如今，BRT 可以在世界各地的许多城市看到。图 3-1 与图 3-2 分别展示了某城市的公交专用道与 BRT车道。

2. 高乘载车辆专用道

高乘载车辆（high occupancy vehicle，HOV）是指乘载有多个乘客的车辆，包括"拼车"使用的汽车、中型客运车和公交巴士等。高乘载车辆车道（HOV lane）即是在高峰时段为乘载有一名司机及一名以上乘客的车辆专门设置的车道。有时，HOV 车道上的车辆可以免费通过收费桥梁或路段。HOV 车道在 20 世纪 60 年代末诞生于北美，并在 70 年代后期迅速发展[100-101]。在此期间，纽约、洛杉矶、西雅图、旧金山、华盛顿以及檀香山等城市普遍设置了 HOV 车道。在 20 世纪 80 年代中期，HOV 车道得到了广泛的认可。如今，HOV 车道不仅被广泛地应用于北美的四十多个城市中，还有世界各地许多国家，比如澳大利亚、英国、西班牙、荷兰和奥地利[102-103]。图 3-3 展示了加拿大某城市的 HOV 车道。

a) 公交专用道（XBL）　　　　　　　　b) 动态公交专用道（DBL）

图 3-1　某城市的公交专用道

图 3-2　某城市的 BRT 车道

　　HOV 车道是一种供大容量车辆行驶的车道，有利于利用更少的车辆运送更多的乘客。因此，设置 HOV 车道被认为是一种高效的交通管理措施，有助于提高道路使用效率，缓解交通拥挤，促进交通节能减排。HOV 车道主要被应用于在高峰时段拥堵情况十分严重、亟须减少行驶时间的路段上。更多关于 HOV 车道的信息可以参见文献[104]。

a)   b)

图 3-3   某城市的 HOV 车道

3．大型特殊活动专用车道

在现代社会中，许多大型特殊活动，如奥运会、世博会，频繁地在世界各地的许多城市举行。例如，仅仅在 2009 年，上海共举行了 30 个世界级和 40 个国家级的体育赛事，以及 176 个大型展览会[105]。这些活动有一个共同的特点，即是在活动期间，会有很多人进入主办城市，这将在很短的时间内给城市的交通带来巨大的压力。这些大型特殊活动的组织者意识到了这种情况，于是开始采取各种各样的措施来缓解交通压力。其中一个有效的方法就是在现有的路段上专门为大型活动的参与者设置临时专用车道。

专用道设置策略在大型活动中的应用已经有了成功的案例，比如 2000 年的悉尼奥运会[106]、2004 年的雅典奥运会[107]、2008 年的北京奥运会、第 16 届广州亚运会[108]。奥运专用车道是指只为那些在比赛和训练场馆、奥运家庭住宅、媒体酒店、机场、主新闻中心、广播和电视中心以及奥运会其他服务设施之间运行的车辆设置的特殊车道。图 3-4a 展示了 2008 年北京奥运会时期设置的一条奥运专用车道，图 3-4b 中标记了城市交通网络中的公交专用车道。

a) 一条奥运专用车道   b) 北京市交通运输网中的公交专用车道

图 3-4   北京市城市交通网络专用道设置示意图

3.2.2 专用道设置优化问题研究现状

如上一节所述，专用道设置策略已经在实际生活中得到广泛应用。作为一个值得关注的交通管理策略，专用道设置优化问题在文献中得到了一定的研究。在本小节中，将对专用道设置优化问题的研究进展进行综述。

对专用道设置所造成的交通影响的研究是智能交通系统中一个备受关注的研究方向。Li 和 Ju[109]提出了一个多状态动态交通分配（the multimode dynamic traffic assignment，DTA）模型，用来分析公交专用道设置对交通的影响。研究发现，设置公交专用车道后，公交车队列的总长度变为零，且相比于选择私家车出行的人，选择公共交通出行的乘客的平均花费大大减小，从而导致了越来越多的人将原本选择私家车的出行方式改为乘坐公交车。Chen 等人[110]提出了一种微观交通仿真方法来分析在城市快速通道上设置公交专用道对正常交通容量的影响。他们研究了北京市三种典型的公交专用道结构，包括下-上车匝道在路中的公交车道、上-下车匝道在路边的公交车道、下-上车匝道在路边的公交车道。研究发现，在不同的公交专用道结构中，交织路段的长度和朝向对正常交通的容量有不同的影响。Arasan 和 Vedagiri[111]建立了一个微观仿真模型，分析了公交专用道对异构交通流量的影响。这种影响是以普通车道上车辆速度的减少来度量的。设置公交车专用道后，公交车的平均速度可高达 65km/h；在交通流容量范围内，公交车的行驶时间减少约 70%，其他私家车辆的行驶时间则增加 3%～8%。Yang 和 Wang[112]采用微观交通仿真方法研究了 XBL 和 DBL 对公交车与其他车辆在行驶时间和交通冲突两方面的影响。仿真结果表明，XBL 和 DBL 都对公交车运营有积极的影响，即降低了公交车的行驶时间；对其他普通车辆都有消极影响，增加了其他车辆行驶时间。但是，在改善公交车运营方面，DBL 比 XBL 的效果更好一些，在限制对其他车辆造成的消极影响（如交通冲突风险）方面效果更好一些。Martin 等人[113]在一项为期两年的研究中评价了盐湖城 I-15 号高速公路上高乘载车辆专用道设置的影响。据该项研究，在下午的高峰时段，高乘载车辆专用道只需要使用 44%的车辆，可乘载与普通车道相同数量的乘客。研究结果也表明，高乘载车辆专用道上的平均车辆使用率提高了 17%；在上午和下午的高峰时段，高乘载车辆专用道可以使车辆的行驶时间分别减少 13%和 30%。

专用道网络设计问题是专用道设置优化问题的另一个重要研究方向。从宏观层面来看，专用道网络设计问题是一个从不同利益相关者角度考虑的全局路径优化问题。例如，在公交车专用道网络设计问题中，利益相关者包括政府交通管理部门、私家车主和公交车乘客。因此，专用道网络设计问题通常被考虑为一个双层问题。Chen 等人[114]建立了一个公交车专用道布局双层规划模型。该模型中，上层问题的目标是最小化总行驶时间、公交车专用道总长度和总换乘时间；下层问题建立了容量约束条件下的交通分配模型，它描述了公交车专用道的客流分配情况。Mesbah 等人[115]研究了公交车专用道网络设计问题，即在现有的网络中，确定哪些路段上的车道被设置为公交专用道，并为该问题建立了一个双层规划模型。其中，上层模型从管理者的角度来考虑，其目标是最小化公交车专用道设置的影响；下层模型则从乘客的角度来考虑，它由方式划分模型、交通分配模型和换乘分配模型组成。最后，该双层模型通过割平面法来求解。随后，Mesbah 等人[116]提出了遗传算法来解决上述问题，该算法更适用于大规模网络问题。Wu 和 Lam[117]则为多模式运输网络下的高乘载车辆专用道布局问题提出了一个双层规划模型。其上层模型的目标是最小化多模式交通系统的总成本，而在下层模型中，建立了多模式随机交通分配模型。该模型由两种启发式算法来解决。

近年来，有文献研究了一类新的专用道设置优化问题。该类专用道设置优化问题的本质，是在现有的运输网络中，在运输任务总行驶时间的约束条件下，确定哪些路段上的车道作为专用道，以最小化专用道设置所造成的负面影响。由此，从管理者的角度来看，该问题可以被认为是一个全局路径优化问题。Wu 等人[108]首先提出了应用于 2010 年第 16 届广州亚运会的专用道设置优化问题。他们为该问题建立了整数规划模型，并提出了启发式算法求得问题的近似最优解。吴鹏等人[118]针对此类问题，在给出了改进的混合整数规划模型的基础上，提出了基于问题特性的变长度染色体混沌遗传算法，包括变长度染色体编码、混沌个体初始化、交叉操作、变异操作和不可行解的惩罚、修复策略等。最后，以经典算例和随机生成算例对算法有效性进行了验证。Fang 等人[119]为应用于自动货运卡车的专用道设置优化问题建立了整数规划模型，证明了该问题是 NP 难题，并提出了能求出问题最优解的分割求解法。他们随后又将该问题扩展到有通行能力约束的专用道设置优化问题[120]。随后，Fang 等人[121]研究了时变行驶时间条件下的专用道设置优化问题，并建立了该问题的混合整数非线性规划模型，在将该模型转化为混合整数线性规划模型后，证明该问题是 NP 难题，提出了改进的分割求解法来解决这个问题，并证明了所提出算法的有效性。然而，他们的研究工作并没有考虑到运输风险这一因素。

从以上相关文献的分析可以看出，首先，研究者高度关注专用道设置影响研究，包括专用道的性能、对人们交通行为的影响、专用车辆在专用道的行驶时间以及普通车辆

在普通车道上的行驶时间。其最常见的研究方法是基于经验数据和交通模拟器上的仿真
实验。这些研究工作可以在决策者考虑专用道设置策略时，为其提供足够的技术支持。
其次，有少数研究者已经从不同角度研究了专用道网络设计问题。从不同的利益相关者
的角度来考虑，专用道设置优化问题通常被建模为多层、多目标的数学模型。最后，专
用道设置策略已经有很多应用，但是，几乎没有研究者关注通过专用道设置这一策略来
解决危险品运输问题。针对这一新的研究方向，本书将专用道设置策略与危险品运输问
题相结合，研究多目标危险品运输专用道优化问题。

3.3　相关文献的计量分析

　　数据来源为 Web of Science 核心合集，以"危险品运输"为主题，选取时间段 1993—
2023 年，文献类型选取 Article，每篇文献要求包含标题、作者、摘要、关键词、机构及
来源等必要信息，由此进行检索共得到 1242 篇有效文献。

3.3.1　描述性统计分析

1．趋势分析

　　不同年份所发表的危险品运输相关文献的数量反映了当年该研究领域的活跃程度。
图 3-5 展示了过去 30 年中危险品运输相关文献发表数量的变化，总体上呈现出波动上升
的趋势。由图可知，1993—2006 年每年文献发表数量在 20 篇上下波动，较为稳定，
2007 年文献发表数量趋近于 0，随后 2009—2020 年文献发表数量逐年增加，尤其是在
2017 年后，文献发表数量环比大幅度增加，但文献发表数量在 2020 年达到峰值后，近两
年的文献发表数量有所回落。总体趋势指出，近十年来文献发表数量大幅增加，表明近
年来危险品运输研究逐渐活跃，也引起了更多学者的重视，虽然近两年发表数量有所回
落，但从文献发表数量的绝对值来看，仍存在较大的研究空间。

2．作者分析

　　普赖斯定律是由普莱斯所提出的，用于衡量各个学科领域文献作者的分布规律。该
规律指出，在同一主题中，半数的论文为一群具有高生产能力的作者所撰写，这一作者
集合的数量约等于全部作者总数的平方[144]。根据普赖斯定律，可得如下计算公式：

$$M = 0.749 \times \sqrt{N}$$

式中，M 为核心作者的产量阈值；N 为发文量最多的作者的发文数量。

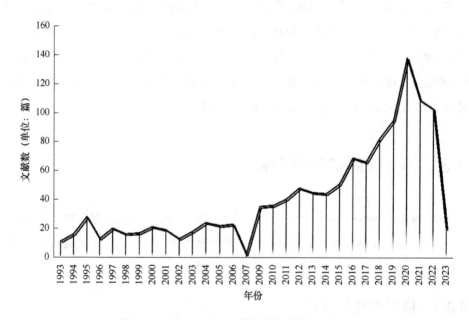

图 3-5　1993—2023 年文献发表数量变化趋势图

通过普赖斯定律，可以对危险品运输领域的作者群体进行测算。表 3-4 展示了发文数量最多的部分作者，由此可知，发文数量最多的作者为 Christopher P. L. Barkan、Liu Xiang 以及 Manish Verma，他们的文献发表数量均为 21 篇。根据普赖斯定律，即 N 已知且等于 21，则可以计算得到 M 的值约为 3.43，那么发文量在 4 篇及 4 篇以上的作者就可以看作核心作者。由于篇幅原因，在此并不展示所有的核心作者及其发文数量，通过统计计算，核心作者数量为 143 人，由这些核心作者所发表的文献数量总计为 845 篇，占 1242 篇有效文献的 68%，已经达到普赖斯定律设定的核心作者发文量应为总文献的 50% 这一标准，进一步说明危险品运输领域的核心作者群已经形成。

表 3-4　作者发表文献数量统计

作　者	发文数量（篇）	作　者	发文数量（篇）
BARKAN C P L	21	KWON C	19
LIU X	21	LI X	17
VERMA M	21	BATTA R	14

（续）

作 者	发文数量（篇）	作 者	发文数量（篇）
KE G Y	13	LANDUCCI G	8
VERTER V	13	WANG J	8
CASAL J	12	BUBBICO R	7
SAAT M R	11	CHANGHYUN KWON	7
COZZANI V	10	DICK CT	7
ZHANG L	10	ERKUT E	7
BONVICINI S	9	KARWAN MH	7
MA C X	9	LIN CY	7

3. 来源刊物分析

表 3-5 展示了文献发表数量最多十家刊物名称，其中 JOURNAL OF LOSS PREVENTION IN THE PROCESS INDUSTRIES、JOURNAL OF HAZARDOUS MATERIALS、TRANSPORTATION RESEARCH RECORD 为文献发表数量最多的三家刊物，其文献发表数量分别为 63 篇、62 篇、53 篇，排名第四及之后的刊物发表文献数量较前三名的差距明显。此外，对文献发表的刊物及其发表数量进行了统计分析，文献发表数量在 10 篇及以上的刊物为 22 家，总计发表了 476 篇文献，约占有效文献总数的 38.3%；文献发表数量在 5 篇及以上的刊物为 51 家，总计发表了 651 篇文献，约占有效文献总数的 52.4%。

表 3-5 刊物发表文献数量统计

来源刊物名称	数量（篇）
JOURNAL OF LOSS PREVENTION IN THE PROCESS INDUSTRIES	63
JOURNAL OF HAZARDOUS MATERIALS	62
TRANSPORTATION RESEARCH RECORD	53
EUROPEAN JOURNAL OF OPERATIONAL RESEARCH	27
JOURNAL OF CLEANER PRODUCTION	25
SUSTAINABILITY	22
TRANSPORTATION RESEARCH PART E LOGISTICS AND TRANSPORTATION REVIEW	20
PROCESS SAFETY AND ENVIRONMENTAL PROTECTION	19
TRANSPORTATION SCIENCE	19
RELIABILITY ENGINEERING SYSTEM SAFETY	17

3.3.2 共现分析

1. 作者共现分析

以下内容基于信息可视化软件 CiteSpace 5.7.R1，绘制相应的知识图谱并进行分析。图 3-6 所示为作者共现知识图谱，图中呈现了众多作者的名字，每个作者名字字体的大小及粗细程度反映了其重要程度。图中每个作者名字对应一个圆形节点，圆形节点的大小反映了作者共现频数，节点越大则表明该作者的共现频率越高。图中某些作者之间存在连线相连，表示作者间的合作关系，连线的颜色表明了其合作时间所属时间段。

图 3-6　作者共现知识图谱

共现频次最高的 5 位作者分别为 CHRISTOPHER P. L. BARKAN、MANISH VERMA、CHANGHYUN KWON、XIANG LIU 以及 GINGER Y. KE，频次分别为 20、20、18、15 和 12。以上这几位作者中，CHRISTOPHER P. L. BARKAN 和 XIANG LIU 在近十年间有合作、MANISH VERMA 和 GINGER Y. KE 则在近五年间存在合作。

2. 机构共现分析

同样基于信息可视化软件 CiteSpace 5.7.R1，绘制相应的知识图谱并进行分析。从图 3-7 中可知，共现频次最高的 5 家机构分别为 UNIV ILLINOIS、MEM UNIV、NEWFOUNDLAND、MCMASTER UNIV、MCGILL UNIV，均为国外的知名大学，其频次分别为 32、20、16、16 和 15。图 3-7 中所呈现出的不同机构间的合作关系，相比作者间的合作关系，则更加复杂。

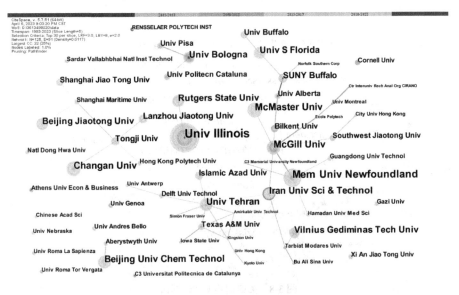

图 3-7　机构共现知识图谱

3．关键词共现分析

基于信息可视化软件 CiteSpace 5.7.R1，绘制关键词共现知识图谱，如图 3-8 所示。图 3-8 中呈现了关键词共现频率最高的十个关键词，依次是 hazardous material、model、transportation、risk、hazardous materials transportation、network、optimization、risk analysis、algorithm、accident，频数分别为 255、175、146、128、106、100、79、76、68、64。中介中心性最高的关键词为 transportation，系数为 0.3。以上关键词的共现次数高，也表明以上关键词包含了当前领域的研究热点。图 3-8 中也展示了不同关键词的共现联系，其中最近的研究中多包含了 cost 和 optimization、cost 和 algorithm、optimization 和 solve、hazardous materials transportation 和 risk assessment 等，反映出近期研究中包含了危险品运输的成本优化、风险度量、建模与算法求解等方面。

基于信息可视化软件 CiteSpace 5.7.R1，绘制关键词时区知识图谱，如图 3-9 所示。关键词时区反映了不同时间段的研究热点，通过分析可以了解研究趋势的演变。从图 3-9 可知，危险品运输的早期研究中关注比较多的是运输模型的建立，此后开始逐渐重视危险品运输过程中存在的风险，并对危险品运输风险进行分析以及衡量，这种转变的出现可能是由于危险品运输事故造成了极其严重的损失和不良的社会影响，从而引起了学者们的重视。

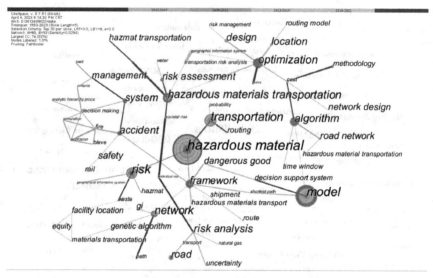

图 3-8　关键词共现知识图谱

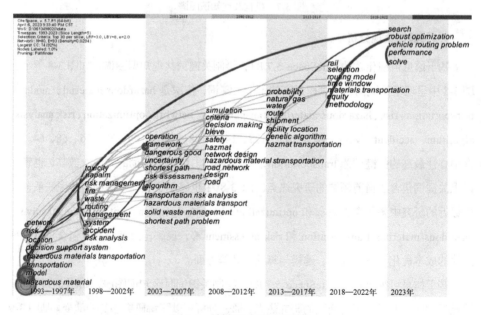

图 3-9　关键词时区知识图谱

表 3-6 呈现了关键词出现频数最多的十个关键词，依次是 hazardous material、model、transportation、risk、hazardous materials transportation、network、optimization、risk analysis、 algorithm、system，频数依次是 142、98、94、81、71、64、48、41、39、29。中介中心性最高的关键词为 transportation，系数为 0.3。随着危险品运输流程的标准化，近几年的研究热点开始集中在成本优化、模型求解、算法设计等方面，而 2023 年的文献关键词出现了鲁棒，也表明了当前研究开始考虑了不确定性因素在危险品运输过程的影响。

表 3-6　关键词频数前十统计表

序号	频数	中介中心性	年份	关　键　词	序号	频数	中介中心性	年份	关　键　词
1	142	0.06	1994	hazardous material	6	64	0.14	1997	network
2	98	0.17	1997	model	7	48	0.08	2006	optimization
3	94	0.3	1994	transportation	8	41	0.14	2007	risk analysis
4	81	0.13	1997	risk	9	39	0.05	2007	algorithm
5	71	0.14	2005	hazardous materials transportation	10	29	0.13	1999	system

3.3.3　知识图谱分析

1. 文献共被引

文献共被引分析了论文中的某个参考文献也被其他论文作为参考文献的情况，同时文献共被引的次数也可以作为判断某篇文献是否具有一定影响力的依据。文献共被引分析可以在海量的被引参考文献信息中高效便捷地定位出研究领域重要的知识基础，即核心经典文献，并可对文献之间的关联性和发展脉络进行分析和挖掘[149]。文献共被引的次数越高，说明该文献的影响力越强、参考价值越高。所以通过文献共被引分析，可以快速识别危险品运输领域研究中参考价值高和影响力强的文献，还可以推断该领域的研究趋势以及热点。

图 3-10 中的每个方形节点大小代表文献共被引频次，节点越大则说明这篇文献的共被引频次越高。文献名字的字体大小也代表其重要程度的不同，由图 3-10 可见，Erkut E 1998-1、Erkut E 2007-2 以及 Kara By 2004 这三篇文献在危险品运输领域研究中被引频次以及重要程度都最高。

2. 作者共被引

每个领域中的作者作为该领域中各种文献产出的重要人物，对一个领域中的研究有着极大的推动作用。作者共被引分析方法通过分析不同作者发表的文献同时被其他论文作者引用的频次，从而确定作者之间研究兴趣的距离[146]。作者共被引分析可以发现危险品运输领域研究中那些具有影响力、高产出的作者，他们的文献具有很高的参考价值。

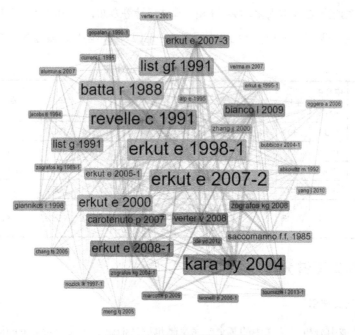

图 3-10　文献共被引网络图谱

在图 3-11 中节点最大、字体最大的作者为 Erkut E，即作者 Erkut E 共被引的频数最高。这与在图 3-10 文献共被引网络图谱所展现的结果也相符合，比如该作者的 Erkut E 1998-1、Erkut E 2007-2 就是在危险品运输领域研究中被引频次以及重要程度最高的几篇文献之一。

3. 来源共被引

由来源共被引网络图谱（见图 3-12）可知，机构共被引频次最高的 5 家机构依次为 J HAZARD MATER、TRANSPORT SCI、EUR J OPER RES、COMPUT OPER RES、OPER RES，频次依次为 210、204、199、181、178。以上 5 个期刊都是领域内非常优秀的期刊，其中引用次数最多的 J HAZARD MATER，以及 TRANSPORT SCI、EUR J OPER RES 都是领域的顶级期刊。

4. 文献历史共被引

通过对文献的历史引文进行分析，可以快速识别出危险品运输领域研究中的重

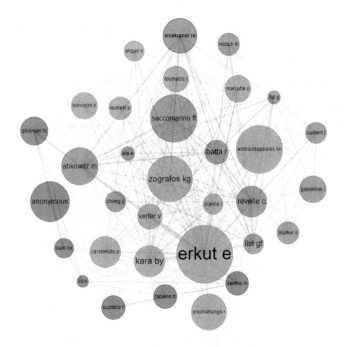

图 3-11　作者共被引网络图谱

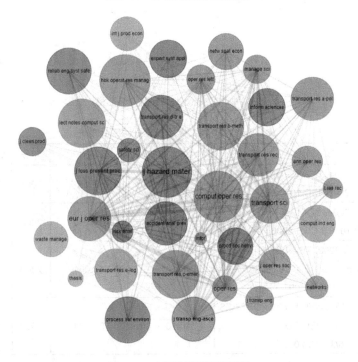

图 3-12　来源共被引网络图谱

要文献。图 3-13 列出了引文次数位于前 18 位的关键引文，其中包括了两项统计指标：一项指标是 LCS（local citation score），指的是在当前数据库中的文献被引次数；另一项指标是 GCS（global citation score），指的是在 WOS 整个数据库中该文献被引的总次数。根据表 3-7，"KARA BY, 2004, TRANSPORT SCI DOI 10.1287/TRSC.1030.0065" 这篇文献的 LCS 和 GCS 指数分别为 75 和 154，均为最高值。该文献在危险品运输领域研究中被引用次数较多，影响力较高。

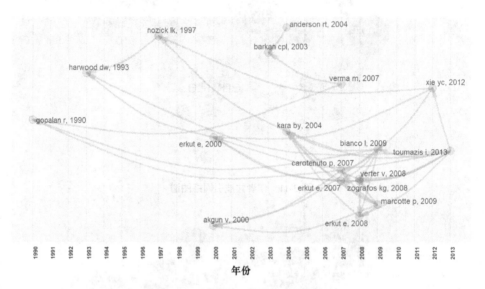

图 3-13　文献历史共被引网络图谱

表 3-7　前 20 篇文献历史被引网络引文表

文　　献	DOI	年份	LCS	GCS
KARA BY, 2004, TRANSPORT SCI DOI 10.1287/TRSC.1030.0065	10.1287/trsc.1030.0065	2004	75	154
ERKUT E, 2008, COMPUT OPER RES DOI 10.1016/J.COR.2006.10.022	10.1016/j.cor.2006.10.022	2008	53	111
BIANCO L, 2009, TRANSPORT RES C-EMER DOI 10.1016/J.TRC.2008.10.001	10.1016/j.trc.2008.10.001	2009	42	110
ZOGRAFOS KG, 2008, TRANSPORT RES C-EMER DOI 10.1016/J.TRC.2008.01.004	10.1016/j.trc.2008.01.004	2008	34	102

（续）

文　献	DOI	年份	LCS	GCS
ERKUT E, 2000, TRANSPORT SCI DOI 10.1287/TRSC.34.2.165.12303	10.1287/trsc.34.2.165.12303	2000	51	96
AKGUN V, 2000, EUR J OPER RES DOI 10.1016/S0377-2217(99)00214-3	10.1016/S0377-2217(99)00214-3	2000	25	95
ERKUT E, 2007, COMPUT OPER RES DOI 10.1016/J.COR.2005.06.007	10.1016/j.cor.2005.06.007	2007	41	77
CAROTENUTO P, 2007, COMPUT OPER RES DOI 10.1016/J.COR.2005.06.003	10.1016/j.cor.2005.06.003	2007	37	76
VILCHEZ JA, 1995, J LOSS PREVENT PROC DOI 10.1016/0950-4230(95)00006-M	10.1016/0950-4230(95)00006-M	1995	24	75
VERTER V, 2008, MANAGE SCI DOI 10.1287/MNSC.1070.0763	10.1287/mnsc.1070.0763	2008	40	72
LEONELLI P, 2000, J HAZARD MATER DOI 10.1016/S0304-3894(99)00084-9	10.1016/S0304-3894(99)00084-9	2000	32	71
VERMA M, 2007, COMPUT OPER RES DOI 10.1016/J.COR.2005.06.013	10.1016/j.cor.2005.06.013	2007	24	68
GOPALAN R, 1990, OPER RES DOI 10.1287/OPRE.38.6.961	10.1287/opre.38.6.961	1990	25	66
XIE YC, 2012, J HAZARD MATER DOI 10.1016/J.JHAZMAT.2012.05.028	10.1016/j.jhazmat.2012.05.028	2012	23	60
BARKAN CPL, 2003, TRANSPORT RES REC DOI 10.3141/1825-09	10.3141/1825-09	2003	23	58
ANDERSON RT, 2004, TRANSPORT RES REC DOI 10.3141/1863-12	10.3141/1863-12	2004	24	54
MARCOTTE P, 2009, TRANSPORT SCI DOI 10.1287/TRSC.1080.0236	10.1287/trsc.1080.0236	2009	28	50
NOZICK LK, 1997, TRANSPORT SCI DOI 10.1287/TRSC.31.3.200	10.1287/trsc.31.3.200	1997	28	48
HARWOOD DW, 1993, J TRANSP ENG-ASCE DOI 10.1061/(ASCE)0733-947X(1993)119:2(189)	10.1061/(ASCE)0733-	1993	24	46
TOUMAZIS I, 2013, TRANSPORT RES C-EMER DOI 10.1016/J.TRC.2013.09.006	10.1016/j.trc.2013.09.006	2013	23	45

3.3.4　计量分析总结

近 30 年来危险品运输领域内的年文献发表数量，总体处于稳定增长的趋势。虽然在近两年，文献发表数量有小幅下降，但文献发表数量绝对值仍然偏少，研究还有待进一步挖掘和拓展。危险品运输领域内核心作者的文献发表数量较多，核心作者群已经形成。

过去 30 年间，危险品运输领域的研究热点包括危险品运输模型建立、风险分析及度量、目标优化、算法设计等方面，而从高频关键词出现的时区来看，近几年的危险品运输研究是在此前研究基础上的拓展，如时间窗、路径选择、算法等。尤其值得注意的是，鲁棒优化是 2023 年新增的关键词，表明更多的学者针对危险品运输的不确定性展开了研究。因此，未来的研究热点既可能是从当前研究中衍生，也可能会随着科学的发展或者技术的突破而出现。

3.4　本章小结

本章首先介绍了各类危险品运输问题的数学模型，通过分析其特点，阐述了相关问题与本书所研究问题的区别，并对其进行了文献综述。其次介绍了专用道设置策略，详细描述了该策略的不同应用，并分析了专用道设置影响以及专用道网络设计问题的研究现状。最后给出了相关文献的计量分析。

第 4 章

非时变风险条件下 HMTLR 问题的模型与优化方法

4.1 引言

如前所述，随着工业化的发展，危险品的生产量和运输量与日俱增，每天有大量的危险品需要通过交通网络进行运输，对人类安全健康和自然人文环境的危害正在逐步扩大和加深，随之而来的危险品运输安全问题也因此成为社会各方关注的热点。虽然绝大多数危险品都可以被安全地运送到目的地[6]，但在运输途中仍然可能发生危险品事故。一旦发生危险品运输事故，其后果极为严重，不仅会带来交通灾害，更重要的是还可能产生巨大人员伤亡、经济损失以及环境破坏等严重后果。在这样的社会背景下，危险品运输问题已被广泛地研究。

很多相关文献已指出，危险品运输问题的基本目标是最小化运输风险，这是由其问题本身性质决定的。众所周知，在运输网络中，不同的危险品运输路线会有不同的风险要素，如危险品事故发生概率和事故发生地附近受影响的人口和环境所承受的不良后果。科学的路径决策对危险品运输管理非常重要。设计更加安全的危险品运输路径，是减少事故发生概率、减轻灾害发生的有效措施之一。科学合理地规划危险品运输路径可减少事故发生概率，优化运输风险与运输效率冲突问题，为政府监管部门与危险品运输企业提供安全管理的基本决策依据。

在过去的几十年中，各种危险品运输的运筹学模型都集中在如何降低运输风险上，并且已经有相当数量的研究成果发表（详情请参见文献[6]）。如第 2 章所述，根据运输网络的性质，危险品运输问题可以分为非时变问题和时变问题。与文献中研究的大多数危险品运输问题相同，本章首先研究非时变风险条件下危险品运输专用道优化问题，其中运输风险被假定为不随时间变化的参数。

如第 3 章所述，与危险品运输专用道优化问题密切相关的问题包括危险品运输路径优化问题、网络设计问题、设施选址和路径优化问题等。危险品运输路径优化问题涉及多个利益相关者，如政府监管部门和运输企业，不同的利益相关者可能有不同的关注点。例如，政府监管部门通常会更倾向于找到考虑公共安全和公众健康情况下风险尽可能小的路线，而运输企业通常尽量选择可以减少运输成本和行驶时间的路线。因此，危险品运输路径优化问题可以被认为是一个典型的涉及多个利益相关者的多目标优化问题。

如第 3.2 节所述，文献中的所有数学模型中，危险品运输任务与其他运输任务共享选择的路段。本章引入基于专用道设置策略的危险品运输模式。专用道设置策略的本质就是在现有的运输网络中，在某些路段（某些时段内）设置专用车道，且只允许特殊的运输任务通过这些车道。在专用道上运输危险品可以减少风险，但是，专用道设置会使正常交通状况恶化。因此，在规划危险品运输专用道时，政府须考虑最小化专用道设置对正常交通造成的负面影响。值得指出的是，已经有一些有关专用道优化问题的数学模型[107,118,121]，但是文献中的模型并没有考虑运输风险因素。本章则研究了考虑非时变风险的多目标危险品运输专用道优化问题。

首先，本章为非时变风险条件下危险品运输专用道优化问题（hazardous material transportation via lane reseveration，HMTLR）建立一个多目标整数规划模型。其次，采用 ε 约束法来求解该模型，获得问题的多个帕累托最优解，并利用模糊隶属度法从中选择一个首选解。最后，分别应用基于真实网络拓扑的基准算例和随机算例对所提出的算法进行测试。

4.2 问题建模

4.2.1 问题描述

令 $G = (N, A)$ 表示一个双向的危险品运输网络，它由一系列节点和弧组成，其中 N 是节点集合，A 是连接节点的弧线集合。弧(i, j)代表一个从节点 i 到节点 j 的路段。$|W|$种危险品需要从起始地 $o_w \in O$ 运到其相应的目的地 $d_w \in D$，其中 O、D 分别是运输任务起点、终点集合，$w \in \{1, 2, \cdots, |W|\}$。

　　本章所研究的问题是在运输网络中确定哪些路段上设置专用道,并为每一个运输任务选择专用道运输路径,以保证每一个运输任务必须在给定的期限完成,所有经过同一路段的运输任务所造成的风险不能超过该路段的风险阈值。如果一条路段上的某一个车道被设置为专用道,其他车道则被称为普通车道,如图 4-1 所示。通过专用道运输危险品可以减少交通事故发生的概率。然而,由于专用道的排他性,只有特殊的运输任务才能使用专用道,那么专用道肯定会影响正常交通。本章所研究的问题的目标即是最小化专用道设置对正常交通的负面影响,为决策者提供有用的决策支持。风险是危险品运输问题区别于其他运输问题的重要因素。在问题建模前,需要首先界定运输风险。

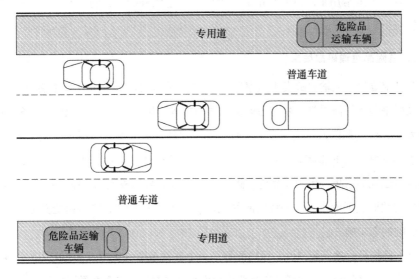

图 4-1　专用道设置示意图

4.2.2　风险衡量

　　如前所述,风险衡量可分为定性分析和定量分析。定量风险衡量的要素包含概率与后果。为了获取这些数据,风险评价员应该收集有关事故发生频率的历史数据以及较准确的危险品泄漏后果。因此,与定性风险衡量不同的是,定量风险衡量可以获取精确的风险结果。本书的主要目的是建立所研究问题的数学模型并提出解决方法,因此,本书以定量分析为研究重点。本小节主要涉及如何对危险品运输进行风险衡量,首先讨论如何对一条弧上的风险进行衡量,然后由此扩展到如何对整个路径的风险进行衡量。

文献[31]中指出，研究者尚未对危险品运输问题中的风险模型达成共识。在危险品运输风险建模时，研究者可以使用不同的方法来衡量运输风险。正如前文所述，在定量风险衡量中，通常将风险定义为危险品运输事故发生概率及后果的乘积。

1. 危险品运输事故发生概率

危险品运输事故发生的概率与很多因素有关，包括相关人员的专业素养、技术水平以及应急反应能力等人为因素，由天气原因引起的降水、结冰、低能见度以及自然灾害等环境因素，运输对象自身的特性，消防、交通管理以及医疗设施等应急救援因素等。以上因素常用于对危险品事故发生概率的定性分析上，而本书需要定量数据进行计算分析。

2. 危险品运输事故后果

在确定危险品运输事故发生概率后，应对危险品运输事故后果进行衡量。危险品运输事故后果包括经济损失、生态污染及人员伤亡等。虽然危险品事故会导致多种后果，但是大多数研究都以人员受伤或死亡数来衡量事故后果，而且还假定危险区域中的每一个个体受到相同的影响，在危险区域外的人则完全不受影响。因此，可以认为危险品事故所造成的后果与事故发生地邻近区域中的人口数量成比例。在事故邻近区域中，人口暴露数取决于发生事故的危险品的性质以及人口密度[31]，它是指受到危险品运输事故影响的人口数。

对于危险品运输问题来说，风险衡量是一个非常重要的任务。本书采用传统的风险衡量方法，即将危险品运输风险定义为事故发生概率乘以人口暴露数。

危险品在路段(i, j)上的运输风险定义为

$$R_{ij} = p_{ij}c_{ij} \tag{4-1}$$

式中，p_{ij}为在路段(i, j)上危险品运输事故发生概率；c_{ij}为沿着路段(i, j)的危险区域内的人口暴露数。

危险品在路径P上的运输风险则定义为[31]

$$R_P = \sum_{(i, j) \in P} p_{ij}c_{ij} \tag{4-2}$$

与大多数危险品运输问题研究文献一样，本章将事故发生概率及其后果视为参数。

4.2.3　数学模型

为了便于建立问题的数学模型，提出如下假设：

1）某个路段上危险品事故的发生概率和沿该路段的人口暴露数是常数，且不随时间变化。

2）潜在的危险品事故是相互独立发生的。

3）一个路段应至少有两个车道，以便于选择其中的一个车道作为专用道；否则，专用道设置对正常交通产生的影响将会很大。

4）危险品只能通过专用道运输。即如果在某个路段上至少有一个危险品运输任务通过，那么，在该路段上必须设置专用道。

为了叙述方便，定义如下集合和参数：

$W = \{1, 2, \cdots, |W|\}$：危险品类型（运输任务）集合；

$O = \{o_1, o_2, \cdots, o_{|W|}\} \in N$：运输任务起点集合；

$D = \{d_1, d_2, \cdots, d_{|W|}\} \in N$：运输任务终点集合；

T_{ij}：弧 (i, j) 上的专用道上的运输时间；

τ_{ij}：弧 (i, j) 上的普通车道上的运输时间，其中 $\tau_{ij} \geqslant T_{ij}$；

C_{ij}：弧 (i, j) 上的专用道设置对正常交通的影响；

M_{ij}：弧 (i, j) 上的车道总数量；

S_w：运输任务 w 的完成时间期限；

Q_{ij}：弧 (i, j) 上事故发生概率的阈值；

P_{ij}^w：危险品 w 在弧 (i, j) 上的专用道上的事故发生概率；

π_{ij}^w：危险品 w 在弧 (i, j) 上的普通车道上的事故发生概率，其中 $\pi_{ij}^w \geqslant P_{ij}^w$；

E_{ij}：沿着弧 (i, j) 的人口暴露数。

问题的决策变量为

$$x_{ij}^w = \begin{cases} 1, & \text{若运输任务 } w \text{ 经过弧 } (i, j) \text{ 上的专用道} \\ 0, & \text{反之} \end{cases}$$

$$y_{ij} = \begin{cases} 1, & \text{若弧 } (i, j) \text{ 上设置专用道} \\ 0, & \text{反之} \end{cases}$$

非时变风险条件下危险品运输专用道优化问题可被建模为以下多目标整数规划模型：

问题 P：

$$\min \ f_1 = \sum_{(i,j)\in A} C_{ij} y_{ij} \tag{4-3}$$

$$\min \ f_2 = \sum_{W} \sum_{(i,j)\in A} E_{ij} P_{ij}^w x_{ij}^w \tag{4-4}$$

$$\text{s.t.} \begin{cases} \sum_{j:(o_w,j)\in A} x_{o_w j}^w = 1, \ \forall w \in W, o_w \in O & (4\text{-}5) \\[2mm] \sum_{i:(i,d_w)\in A} x_{id_w}^w = 1, \ \forall w \in W, d_w \in D & (4\text{-}6) \\[2mm] \sum_{j:(i,j)\in A} x_{ij}^w = \sum_{j:(i,j)\in A} x_{ji}^w, \ \forall w \in W, \forall i \neq o_w, d_w & (4\text{-}7) \\[2mm] x_{ij}^w \leqslant y_{ij}, \ \forall (i,j) \in A, \forall w \in W & (4\text{-}8) \\[2mm] \sum_{(i,j)} T_{ij} x_{ij}^w \leqslant S_w, \ \forall w \in W & (4\text{-}9) \\[2mm] \sum_{w \in W} P_{ij}^w x_{ij}^w \leqslant Q_{ij}, \ \forall (i,j) \in A & (4\text{-}10) \\[2mm] x_{ij}^w \in \{0,1\}, \ \forall (i,j) \in A & (4\text{-}11) \\[2mm] y_{ij} \in \{0,1\}, \ \forall (i,j) \in A & (4\text{-}12) \end{cases}$$

目标函数（4-3）是最小化运输网络中所有专用道设置对正常交通的总影响。由于交通系统的复杂性，目前研究者尚未对专用道设置对正常交通的影响模型达成共识。但是它与由专用道设置策略引起的普通车道上车辆行驶时间的增加有密切联系。专用道设置对正常交通的负面影响主要表现在它使正常交通更拥挤，其最直观的反映指标是普通车道上车辆速度的降低。可以认为，它与普通车道上车辆的行驶时间成正比，与弧 (i,j) 上的车道总数量成反比。因此，可令 $C_{ij} = \dfrac{\tau_{ij}}{M_{ij}-1}$ [108]。另外，上述公式的合理性可以通过以

下仿真实验验证。根据文献[122]的研究，在巴黎 A1 高速公路上的 3 个车道中选取 1 个设置为专用车道后，普通车道上车辆的行驶时间大约增加 53%。该数据与文献[119]中利用上述公式进行的计算实验所获得的结果（50%）非常接近。若弧 (i,j) 上不设置专用车道，则 $C_{ij} = 0$。目标函数（4-4）是最小化总运输风险。如第 4.2.2 小节所述，运输风险的衡量由事故发生概率和人口暴露数的乘积确定。

约束（4-5）表示任意运输任务 w 从起始地 o_w 能且只能从一条弧出发。相应地，约束（4-6）表示任意运输任务 w 能且只能通过一条弧到达目的地 d_w。约束（4-7）则保证了在节点 i 处的流平衡，即表示如果运输任务 w 通过专用道到达节点 i，那么它也必须通过专用道从节点 i 离开；否则运输任务 w 不经过节点 i，其中，$\forall i \neq o_w, d_w$。约束（4-5）～约束（4-7）保证了任意一个运输任务 w 从起始地 o_w 到目的地 d_w 存在一条路径。约束（4-8）表示当且仅当在弧 (i,j) 上设置专用道时，弧 (i,j) 上才能有运输任务通过。约束（4-9）保证了完成运输任务 w 所花费的总行驶时间不会超过其完成时间期限 S_w。公众

对危险品运输的敏感性不仅在于对公共危险的看法，还在于公平问题的考虑。因此，为确保风险在空间分布的均匀性，考虑约束（4-10），它表示所有通过弧(i, j)的运输任务造成的风险不能超过其风险阈值。约束（4-11）和约束（4-12）为决策变量的 0-1 整数约束。

4.3　求解算法

本节提出了一个 ε 约束法和模糊隶属度法相结合的算法求解非时变风险条件下危险品运输专用道优化问题。首先利用 ε 约束法将该多目标问题转化为单目标 ε 问题，并运用优化软件包 CPLEX 求解 ε 问题。通过 ε 约束法求得问题的帕累托最优解后，再利用模糊隶属度法从多个帕累托最优解中选取一个首选解。

4.3.1　ε 约束法的设计

通过 ε 约束法，本章所建立的多目标整数规划模型可以转化成一系列单目标整数规划模型，这些单目标问题可以应用商品化优化软件包如 CPLEX 来求解。

1. 定义 ε 问题

如第 4.2.3 小节所述，非时变风险条件下危险品运输专用道优化问题的数学模型有两个目标函数 f_1 和 f_2。目标函数 f_1 表示专用道设置对正常交通的影响，而目标函数 f_2 表示运输风险，它们通常互相矛盾并冲突。只有在某一路段上有车道被设置为专用车道，危险品运输任务才可以通过该路段。本书将目标函数 f_1 看作主目标函数。基于这种考虑，非时变风险条件下危险品运输专用道多目标优化模型可转化为以下单目标优化模型：

问题 P(ε)：

$$\min \sum_{(i,j)\in A} C_{ij} y_{ij}$$

$$\text{s.t.} \begin{cases} \sum_W \sum_{(i,j)\in A} E_{ij} P_{ij}^w x_{ij}^w \leqslant \varepsilon \\ \sum_{j:(o_w,j)\in A} x_{o_w j}^w = 1, \ \forall w\in W, o_w \in O \\ \sum_{i:(i,d_w)\in A} x_{id_w}^w = 1, \ \forall w\in W, d_w \in D \\ \sum_{j:(i,j)\in A} x_{ij}^w = \sum_{j:(i,j)\in A} x_{ji}^w, \ \forall w\in W, \forall i\neq o_w, d_w \\ x_{ij}^w \leqslant y_{ij}, \ \forall (i,j)\in A, \forall w\in W \\ \sum_{(i,j)\in A} T_{ij} x_{ij}^w \leqslant S_w, \ \forall w\in W \end{cases} \quad (4\text{-}13)$$

$$\text{s.t.} \begin{cases} \sum_{w \in W} P_{ij}^w x_{ij}^w \leqslant Q_{ij}, \ \forall (i,j) \in A \\ x_{ij}^w \in \{0,1\}, \ \forall (i,j) \in A \\ y_{ij} \in \{0,1\}, \ \forall (i,j) \in A \end{cases}$$

式中，ε 为目标函数 f_2 的一个上界。

定理 4-1 问题 $P(\varepsilon)$ 是 NP 难题。

证明：如果所有的运输任务的起始地相同并且每个运输任务的完成时间期限、每个弧的风险阈值和目标函数 f_2 的上限都足够大，那么单目标整数规划问题 $P(\varepsilon)$ 可以归化为有向网的 Steiner 树问题[123]。Steiner 树问题是一个 NP 难题[124]，因此，该单目标问题也是一个 NP 难题。

备注：给定一个有向网(N, A)和子集 N_r，其中，终点 $d_w \in N_r$ 和根节点（虚拟的所有任务共同的起点）$o \in N \backslash N_r$，那么有向网的 Steiner 树问题就是寻找从起点 o 到所有终点 d_w 满足这样条件的路径集：路径中所有弧的总长度应尽可能地小。

为了求解问题 $P(\varepsilon)$，需要首先确定 ε 的值，它与目标函数 f_2 的上下界（lower and upper bounds）有关。以下论述如何求解目标函数 f_2 的下界、上界。

2. 目标函数 f_2 的下界

对于最小化问题，f_1 和 f_2 的单目标最优目标值即是其下界。设 f_1 和 f_2 的最优目标值分别为 f_1^I 和 f_2^I，可以分别通过求解以下单目标优化问题 P_1 和 P_2 得到。

问题 P_1：

$$\min \sum_{(i,j) \in A} C_{ij} y_{ij}$$

$$\text{s.t.} \begin{cases} \sum_{j:(o_w,j) \in A} x_{o_w j}^w = 1, \ \forall w \in W, o_w \in O \\ \sum_{i:(i,d_w) \in A} x_{id_w}^w = 1, \ \forall w \in W, d_w \in D \\ \sum_{j:(i,j) \in A} x_{ij}^w = \sum_{j:(i,j) \in A} x_{ji}^w, \ \forall w \in W, \forall i \neq o_w, d_w \\ x_{ij}^w \leqslant y_{ij}, \ \forall (i,j) \in A, \forall w \in W \\ \sum_{(i,j) \in A} T_{ij} x_{ij}^w \leqslant S_w, \ \forall w \in W \\ \sum_{w \in W} P_{ij}^w x_{ij}^w \leqslant Q_{ij}, \ \forall (i,j) \in A \\ x_{ij}^w \in \{0,1\}, \ \forall (i,j) \in A \\ y_{ij} \in \{0,1\}, \ \forall (i,j) \in A \end{cases}$$

问题 P_1 仅在原问题 P 的解空间内最小化目标函数 f_1，显然，求解 P_1，得到的最优值 f_1^I 是目标函数 f_1 的最小值。假设问题 P_1 的最优解为$(y_{ij}^{*1} , x_{ij}^{w*1})$，$f_1^\text{I} = f_1(y_{ij}^{*1})$。

问题 $\mathbf{P}_2$：

$$\min \sum_{W} \sum_{(i,j)\in A} E_{ij} P_{ij}^{w} x_{ij}^{w}$$

$$\text{s.t.} \begin{cases} \sum_{j:(o_w,j)\in A} x_{o_wj}^{w} = 1, \ \forall w\in W, o_w \in O \\ \sum_{i:(i,d_w)\in A} x_{id_w}^{w} = 1, \ \forall w\in W, d_w \in D \\ \sum_{j:(i,j)\in A} x_{ij}^{w} = \sum_{j:(i,j)\in A} x_{ji}^{w}, \ \forall w\in W, \forall i\neq o_w, d_w \\ x_{ij}^{w} \leqslant y_{ij}, \ \forall (i,j)\in A, \forall w\in W \\ \sum_{(i,j)\in A} T_{ij} x_{ij}^{w} \leqslant S_w, \ \forall w\in W \\ \sum_{w\in W} P_{ij}^{w} x_{ij}^{w} \leqslant Q_{ij}, \ \forall (i,j)\in A \\ x_{ij}^{w} \in \{0,1\}, \ \forall (i,j)\in A \\ y_{ij} \in \{0,1\}, \ \forall (i,j)\in A \end{cases}$$

问题 $\mathbf{P}_2$ 仅在原问题 $\mathbf{P}$ 的解空间内最小化目标函数 f_2，类似地，求解 $\mathbf{P}_2$，得到的最优值 f_2^{I} 是目标函数 f_2 的最小值。假设问题 $\mathbf{P}_2$ 的最优解为 $(y_{ij}^{*2}, x_{ij}^{w*2})$，$f_2^{\mathrm{I}} = f_2(x_{ij}^{w*2})$。

令目标空间的水平轴和垂直轴分别代表 f_2 和 f_1 的函数值，由 f_2 和 f_1 的最优目标值组成的目标向量 $(f_2^{\mathrm{I}}, f_1^{\mathrm{I}})$ 则被称为理想点目标向量（ideal objective vector）。它对应于目标空间中某一个点，被称为理想点（ideal point），如图 4-2 所示。如果该理想目标向量是可行的，则意味着找到了多目标优化模型的绝对最优解。一般来说，由于目标之间存在着某种冲突，这种

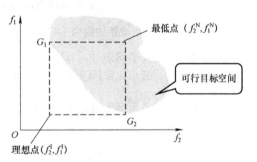

图 4-2　理想点和最低点

情况是极少出现的。但是，理想点可作为多目标问题目标空间的一个参考点，它给出了每个目标函数的下界。

3. 目标函数 f_2 的上界

最低点目标向量（nadir objective vector）代表整个帕累托解集中每个目标函数的上界。其计算步骤如下。

f_1 和 f_2 的上界可以分别通过求解以下单目标优化问题 $\mathbf{P}_3$ 和 $\mathbf{P}_4$ 得到。

令 f_2 等于 f_2^{I}，分别形成新的约束（4-14）。约束（4-14）和约束（4-5）～约束（4-12）以及目标函数 f_1 构成了问题 $\mathbf{P}_3$。如图 4-2 所示，在原问题的目标空间内，当

$\sum\limits_{W}\sum\limits_{(i,j)\in A}E_{ij}P_{ij}^{w}x_{ij}^{w}=f_2^{\mathrm{I}}$ 时，最小化目标函数 f_1，即求解问题 $\mathbf{P_3}$，记 $\mathbf{P_3}$ 的最优值为 f_1^{N}。它表示在目标函数 f_2 最优时，目标函数 f_1 最小值是 f_1^{N}。

问题 $\mathbf{P_3}$：

$$\min \sum_{(i,j)\in A}C_{ij}y_{ij}$$

$$\text{s.t.}\begin{cases}\sum\limits_{W}\sum\limits_{(i,j)\in A}E_{ij}P_{ij}^{w}x_{ij}^{w}=f_2^{\mathrm{I}} & (4\text{-}14)\\ \sum\limits_{j:(o_w,j)\in A}x_{o_wj}^{w}=1,\ \forall w\in W,o_w\in O\\ \sum\limits_{i:(i,d_w)\in A}x_{id_w}^{w}=1,\ \forall w\in W,d_w\in D\\ \sum\limits_{j:(i,j)\in A}x_{ij}^{w}=\sum\limits_{j:(i,j)\in A}x_{ji}^{w},\ \forall w\in W,\forall i\ne o_w,d_w\\ x_{ij}^{w}\le y_{ij},\ \forall(i,j)\in A,\forall w\in W\\ \sum\limits_{(i,j)\in A}T_{ij}x_{ij}^{w}\le S_w,\ \forall w\in W\\ \sum\limits_{w\in W}P_{ij}^{w}x_{ij}^{w}\le Q_{ij},\ \forall(i,j)\in A\\ x_{ij}^{w}\in\{0,1\},\ \forall(i,j)\in A\\ y_{ij}\in\{0,1\},\ \forall(i,j)\in A\end{cases}$$

令 f_1 等于 f_1^{I}，形成新的约束（4-15）。约束（4-15）和约束（4-5）～约束（4-12）以及目标函数 f_2 构成了问题 $\mathbf{P_4}$。同理，如图 4-2 所示，在原问题的目标空间内，当 $\sum\limits_{(i,j)\in A}C_{ij}y_{ij}=f_1^{\mathrm{I}}$ 时，最小化目标函数 f_2，即求解问题 $\mathbf{P_4}$，记 $\mathbf{P_4}$ 的最优值为 f_2^{N}。它表示在目标函数 f_2 最优时，目标函数 f_2 最小的值是 f_2^{N}。

问题 $\mathbf{P_4}$：

$$\min \sum_{W}\sum_{(i,j)\in A}E_{ij}P_{ij}^{w}x_{ij}^{w}$$

$$\text{s.t.}\begin{cases}\sum\limits_{(i,j)\in A}C_{ij}y_{ij}=f_1^{\mathrm{I}} & (4\text{-}15)\\ \sum\limits_{j:(o_w,j)\in A}x_{o_wj}^{w}=1,\ \forall w\in W,o_w\in O\\ \sum\limits_{i:(i,d_w)\in A}x_{id_w}^{w}=1,\ \forall w\in W,d_w\in D\\ \sum\limits_{j:(i,j)\in A}x_{ij}^{w}=\sum\limits_{j:(i,j)\in A}x_{ji}^{w},\ \forall w\in W,\forall i\ne o_w,d_w\\ x_{ij}^{w}\le y_{ij},\ \forall(i,j)\in A,\forall w\in W\\ \sum\limits_{(i,j)\in A}T_{ij}x_{ij}^{w}\le S_w,\ \forall w\in W\\ \sum\limits_{w\in W}P_{ij}^{w}x_{ij}^{w}\le Q_{ij},\ \forall(i,j)\in A\\ x_{ij}^{w}\in\{0,1\},\ \forall(i,j)\in A\\ y_{ij}\in\{0,1\},\ \forall(i,j)\in A\end{cases}$$

问题 P_3 和 P_4 的最优值分别表示为 f_1^N 和 f_2^N。显然，$f_1^I < f_1^N$ 且 $f_2^I < f_2^N$。点(f_2^N, f_1^N) 被称为最低点，如图 4-2 所示。

设求解问题 P_3 和 P_4，得到的最优解的目标向量分别是 $\boldsymbol{u}_1 = (f_2^I, f_1^N)$ 和 $\boldsymbol{u}_2 = (f_2^N, f_1^I)$，对应着图 4-2 中的点 G_1 和 G_2。由于 f_2^I 是目标空间中目标函数 f_2 的最小值，根据帕累托最优解的定义可知，$\boldsymbol{u}_1 = (f_2^I, f_1^N)$ 是原问题的一个帕累托最优解。同理，$\boldsymbol{u}_2 = (f_2^N, f_1^I)$，也是原问题的一个帕累托最优解。由图 4-2 可知，帕累托最优解集中可由 $[f_2^I, f_2^N]$ 定界。ε 可在此区间任意取值，每一个 ε 对应一个单目标优化模型 $P(\varepsilon)$。

4. ε 值的确定

为了确定 ε 值，首先需要确定目标函数 f_2 的范围 range_2。已知目标函数 f_2 的值由 $[f_2^I, f_2^N]$ 定界，range_2 则可定义为

$$\text{range}_2 = f_2^N - f_2^I \tag{4-16}$$

式中，f_2^I 和 f_2^N 通过求解问题 P_2 和 P_4 获得。

已知目标函数 f_2 的范围 range_2，可利用 $S+1$ 个点（被称为等距格点），将 range_2 分成 S 个相等的区间。每一个等距格点，对应着一个 f_2 的值。根据这些格点，约束（4-13）中的 ε 值可由以下式子设定：

$$\varepsilon^s = f_2^N - \frac{\text{range}_2}{S} \times s, \quad s = 0, 1, \cdots, S \tag{4-17}$$

重复求解带不同 ε 值的问题 $P(\varepsilon)$，最终可获得 $S+1$ 个帕累托最优解。

5. 算法流程

本章所采用的 ε 约束法的流程如图 4-3 所示。

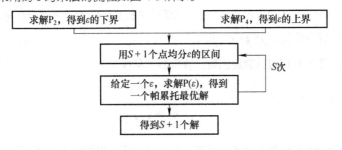

图 4-3　ε 约束法的流程

求解问题 P 的 ε 约束法的基本步骤是：①将原问题多目标整数规划问题转化为单目标问题 $P(\varepsilon)$；②为了求解 $P(\varepsilon)$，需要分别求解另两个单目标整数规划问题 P_2 和 P_4，得到 ε 的下界和上界，从而得到目标函数 f_2 的范围；③利用 $S+1$ 个点均分 ε 的区间；④每一

个 ε，对应着一个单目标问题 $P(\varepsilon)$，每求解一个 $P(\varepsilon)$，得到一个帕累托最优解；⑤重复 S 次，得到 $S+1$ 个解。

4.3.2 选择首选解

在得到 $S+1$ 个帕累托最优解后，决策者可能会希望从多个解中选择一个首选解，同时需要了解其优劣程度。常见的选择首选解的方法有 k-均值聚类法（k-mean clustering procedure）、加权法（the weighted-sum approach）和模糊隶属度法（the fuzzy-logic-based approach）等。聚类分析可以将数据进行分组，每组中的个体具有相似性[125]。作为最常见的聚类技术，k-均值聚类法可应用于在缺少目标函数优先权的情况下选择首选解[126]。值得注意的是，该方法选择的是一组解而不是单一解；此外，它通常与一些优化算法如遗传算法结合使用。在给定优先权向量的情况下，决策者可以使用加权法选择首选解。但是，该方法只能提供解的绝对加权值，而不能度量首选解的优劣程度。而模糊隶属度法[127]不仅能为多目标问题提供一个首选解，还可以表明其优劣程度。因此，本章采用模糊隶属度法帮助决策者从多个帕累托最优解中选择一个首选解。

假定有 m 个目标的多目标优化问题存在 $S+1$ 个帕累托最优解，其隶属函数（membership function，$\delta_i(f_i^s)$）表示第 i 个目标函数在第 s 个解中的优劣程度。假定该多目标问题是最小化问题，其隶属函数由下列式子定义：

$$\delta_i(f_i^s)=\begin{cases}1, & f_i^s\leqslant f_i^{\mathrm{I}}\\ \dfrac{f_i^{\mathrm{N}}-f_i^s}{f_i^{\mathrm{N}}-f_i^{\mathrm{I}}}, & f_i^{\mathrm{I}}<f_i^s<f_i^{\mathrm{N}},\ 1\leqslant i\leqslant m,\ 1\leqslant s\leqslant S+1\\ 0, & f_i^s\geqslant f_i^{\mathrm{N}}\end{cases} \quad (4\text{-}18)$$

式中，f_i^{I} 为目标函数 f_i 的下界；f_i^{N} 为目标函数 f_i 的上界；f_i^s 为第 i 个目标函数在第 s 个帕累托最优解中的值，$f_i^s\in[f_i^{\mathrm{I}},f_i^{\mathrm{N}}]$。

解 s 的隶属度 δ^s 可根据隶属函数计算得到，具体如下：

$$\delta^s=\frac{\sum_{i=1}^{m}\delta_i(f_i^s)}{\sum_{s=1}^{S+1}\sum_{i=1}^{m}\delta_i(f_i^s)} \quad (4\text{-}19)$$

最大 δ^s 值所对应的解被选为首选解。如果决策者可以提供专用道设置对正常交通的影响和运输安全的优先权向量，则可以通过引入权重因子来计算 δ^s 的值，即

$$\delta^s=\frac{\sum_{i=1}^{m}\omega_i\delta_i(f_i^s)}{\sum_{i=1}^{m}\omega_i} \quad (4\text{-}20)$$

式中，ω_i 为第 i 个目标函数的权重，它可以是任意正实数。

权重因子 ω_i 由决策者根据他/她的偏好决定。本章采用式（4-20）来计算非时变风险条件下危险品运输专用道优化问题的解的隶属度。

4.4　算法验证

本节通过基于真实网络拓扑的基准算例和 425 个（85 组×5 个/组）随机算例来评价所提出的算法的性能。在程序实现上，本节采用 C 语言作为程序开发工具，并在 C 编程环境下调用 CPLEX Solver（版本 12.5）来求解单目标整数规划模型，即 P(ε)。CPLEX 在默认的参数设置条件下运行。所有的计算实验都在 4.00 GB 内存、3.1GHz 主频的惠普个人计算机上进行，其操作系统为 Windows 7。

为了检验设置专用道是否有利于危险品运输，将设置专用道后的运输风险和平均运输时间与未设置专用道的情况进行了比较。为了实现这一目的，还需要求解一个新的在未设置专用道情况下的危险品运输问题，记为 P_{new}。该问题的目标函数是最小化运输风险。这意味着要为在未设置专用道情况下的每个运输任务找到一条风险最小的路径。对未设置专用道情况下的危险品运输问题 P_{new} 进行建模时，首先要将决策变量 x_{ij}^w 重新定义为当且仅当运输任务 w 通过弧(i, j)时，$x_{ij}^w =1$；反之，$x_{ij}^w =0$。其次要将约束（4-5）～约束（4-7）、约束（4-9）～约束（4-11）中 P_{ij}^w 和 T_{ij} 分别替代为 π_{ij}^w 和 τ_{ij}。在问题 P_{new} 中，未设置专用道情况下每个路段所对应的危险品事故发生概率和行驶时间高于设置专用道的情况。由于运输任务完成时间期限约束（4-9）和风险阈值约束（4-10），这个问题有可能没有可行解。因此，在问题 P_{new} 中，应松弛这两个约束，以保证其可以获得可行解。

令 $Risk_r$ 和 $Duration_r$ 分别代表问题 P_2 的最优解所对应的运输风险和运输任务的平均行驶时间。令 $Risk_{nr}$ 和 $Duration_{nr}$ 分别代表问题 P_{new} 的最优解所对应的运输风险和运输任务的平均行驶时间。为了检验设置专用道是否有利于危险品运输，计算比率 $Risk_r/Risk_{nr}$ 和 $Duration_r/Duration_{nr}$。它们反映了设置专用道前后，运输风险和运输任务的平均行驶时间是如何变化的以及变化程度。另外，还应检验设置专用道后普通车道上车辆行驶时间的增加程度。令 GR 表示行驶时间的增长率，即普通车道上车辆总行驶时间的增长量除以实施专用道设置策略前普通车道上车辆总行驶时间，也就是说，

$$GR = \frac{\sum_W \sum_{(i,j)\in A} C_{ij} x_{ij}^w}{\sum_W \sum_{(i,j)\in A} \tau_{ij} x_{ij}^w}$$

4.4.1　基准算例测试

本小节首先对基于真实网络拓扑的基准算例进行测试，该网络拓扑结构来源于文献[74]中意大利拉韦纳市的交通网络。该算例根据 Waxman[128]提出的网络拓扑生成器生成，有 105 个节点和 134 条弧。假设有 12 个运输任务，其起讫点随机产生。本书根据节点之间的欧几里得距离来生成 τ_{ij},T_{ij},π_{ij}^w,p_{ij}^w 和 S_w 等参数。令 $U(a,b)$表示参数 a 和 b 之间的均匀分布，其中 $a<b$。T_{ij} 的值根据 $T_{ij}=\tau_{ij}\times U(0.5,0.8)$ 生成，Q_{ij} 的值则根据 $Q_{ij}=\sum_{w=1}^{W} p_{ij}^w \times U(0.4,0.6)$ 生成。参数 S 设置为 20，计算时间表示获得 $S+1$ 个帕累托最优解和一个首选解的总运行时间。

本章所提出的算法在 53.305s 内求得该问题 21 个帕累托最优解。设置危险品运输专用道后，运输风险和行驶时间分别可以减少 73.8%和 12.5%，普通车道上车辆行驶时间仅增加 11.9%。由于部分解对应着相同的目标向量，求解该算例共得出 15 个不同的目标向量。图 4-4 表示该算例目标向量所对应的点在目标空间上的分布，其中纵坐标和横坐标分别代表目标函数 f_1 和 f_2 的值。从该图可以看出，这些点均匀分散于帕累托前沿。根据本章所提出的模糊隶属度法，决策者选择了其中一个点作为问题的首选解，如图 4-4 所示。

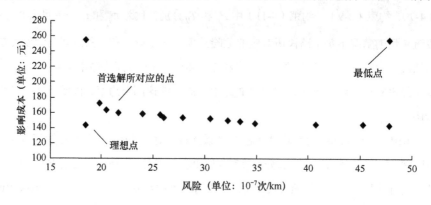

图 4-4　基准算例的解所对应的点

4.4.2　随机算例测试

为了进一步验证算法的有效性，本小节将通过随机算例进行测试和评价所提出的算法。随机算例按照如下方式生成。运输网络 $G(N, A)$ 是根据由 Waxman[128] 提出的随机网络拓扑生成器生成。在随机算例中，节点在平面 $[0,100] \times [0,100]$ 上随机生成且在该平面上均匀分布；弧根据以下概率函数生成：$p_{(i,j)} = \beta \exp \dfrac{-d(i, j)}{\alpha L}$，其中 $d(i, j)$ 和 L 分别表示节点 i 和 j 之间的欧几里得距离和最大距离，且 $0 < \alpha, \beta \leq 1$。运输任务的起点和终点从节点集中随机产生。

令 $\tau_{ij} = d(i, j)$，$T_{ij} = \tau_{ij} \times U(0.5, 0.8)$。运输任务完成时间期限 S_w 设置为 $\mathrm{dis}(o_w, d_w) \times U(1, \sqrt{2})$[119]，其中 $\mathrm{dis}(o_w, d_w)$ 是在全部由专用道组成的运输网络中从 o_w 到 d_w 的最短行驶时间。同理，考虑到文献[129]中提到的车道数、运输危险品货车配置、人口密度和道路条件对事故发生概率的影响，令 $\pi_{ij}^w = d(i, j) \times U(8, 20)$；$P_{ij}^w = \pi_{ij}^w \times U(0.2, 0.3)$，其量纲是 10^{-7}；$Q_{ij} = \sum_{w=1}^{W} p_{ij}^w \times U(0.4, 0.6)$。$E_{ij}$ 由 $U(10, 80)$ 生成，其量纲是 10^4。最后，M_{ij} 由 $U(2, 5)$ 生成[129]。

网络 G 的节点平均度被定义为 $\mathrm{Deg} = 2|A|/|N|$[130-131]，其中，$|N|$ 和 $|A|$ 分别是 G 的节点数和弧的个数。节点平均度表示与该节点相邻连接的弧的个数的平均数，它能侧面反映网络的密度。每组随机算例包括 5 个算例，计算结果表中的每一项结果指的是 5 个算例的平均值。

为简单起见，首先分析两个目标函数权重相等时的计算结果。设 $\omega_1 = \omega_2 = 0.5$ 时，为情形 1。表 4-1 给出了节点平均度为 4 时情形 1 中随机算例的计算结果。从表 4-1 可以看出，随着节点数和运输任务数的增加，总计算时间（CPU 时间，以 s 计）会平稳地增加，但它不会随着首选解的隶属度的增加而增加。给定运输任务数，节点数越大，所耗费的计算时间则越多。例如，第 31~35 组算例中，随着节点数从 70 增加到 110，计算时间快速增加，如图 4-5 所示。同样，给定节点数，运输任务数越多，所耗费的计算时间亦越多。例如，第 5、9、13、27、31 组算例的计算时间逐渐增长。将 CPU 时间限制在 3h 内，含有 110 个节点、440 条弧和 30 个运输任务的第 35 组算例是 CPLEX 能求解的最大算例之一，而每组算例的首选解隶属度几乎都稳定在 0.8 和 0.9 之间。从表 4-1 可以看出，$\mathrm{Risk}_r/\mathrm{Risk}_{nr}$ 和 $\mathrm{Duration}_r/\mathrm{Duration}_{nr}$ 的范围分别为从 0.247 到 0.283 和从 0.685 至 1.335，而 GR 的范围为从 0.120 到 0.137，也即，设置专用道可以使运输风险减少 71.7% 到 75.1%，而专用道设置后的平均运输时间小于或几乎等于专用道设置前的时间；另外，专用道设置策略所造成的普通车道上车辆总行驶时间的增加量不超过 34%。这表明专用道设置策略可以以一个合理的代价为危险品运输带来相对大的益处，即大幅度地降低了运输风险。

表 4-1 Deg=4 时情形 1 随机算例的计算结果

组序	$|N|$	$|W|$	首选解的隶属度	总计算时间/s	$Risk_r/Risk_{nr}$	$Duration_r/Duration_{nr}$	GR
1	30	10	0.822	14.527	0.253	0.841	0.134
2	40	10	0.827	20.463	0.263	0.886	0.127
3	50	10	0.780	22.761	0.247	0.685	0.134
4	60	10	0.839	29.688	0.252	0.709	0.134
5	70	10	0.838	47.155	0.270	0.800	0.126
6	40	15	0.875	31.430	0.248	0.923	0.132
7	50	15	0.868	58.578	0.280	1.017	0.136
8	60	15	0.862	104.721	0.271	0.971	0.128
9	70	15	0.888	142.079	0.258	1.040	0.129
10	80	15	0.865	159.863	0.263	0.900	0.127
11	50	20	0.850	93.207	0.267	0.882	0.134
12	60	20	0.872	158.480	0.258	1.000	0.130
13	70	20	0.874	212.329	0.259	0.987	0.137
14	80	20	0.862	317.590	0.261	0.956	0.133
15	90	20	0.874	750.118	0.250	1.119	0.126
16	100	20	0.867	785.301	0.275	1.124	0.124
17	110	20	0.868	587.669	0.261	1.006	0.127
18	120	20	0.825	3464.027	0.259	0.976	0.127
19	130	20	0.854	3188.770	0.254	1.055	0.123
20	140	20	0.867	9263.910	0.265	1.067	0.129
21	150	20	0.870	14159.337	0.251	0.964	0.120
22	160	20	0.860	10303.592	0.260	0.951	0.124
23	170	20	0.856	23491.573	0.265	1.054	0.119
24	180	20	0.878	43714.004	0.251	1.088	0.136
25	190	20	0.861	21964.948	0.259	1.062	0.121
26	60	25	0.863	285.351	0.269	1.057	0.136
27	70	25	0.889	714.119	0.280	1.065	0.133
28	80	25	0.847	748.568	0.274	1.054	0.130
29	90	25	0.882	1498.118	0.250	1.119	0.126
30	100	25	0.868	4518.394	0.283	1.155	0.126
31	70	30	0.871	1033.827	0.270	1.050	0.135
32	80	30	0.889	1556.263	0.262	1.104	0.131
33	90	30	0.881	3214.654	0.260	1.198	0.130
34	100	30	0.894	10639.205	0.270	1.335	0.127
35	110	30	0.885	30164.856	0.270	1.174	0.121

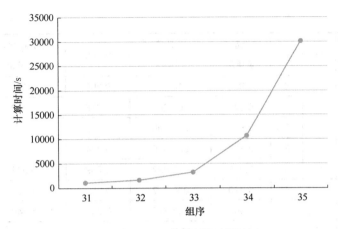

图 4-5　第 31～35 组算例的计算时间

由表 4-2 可知，给定节点数和运输任务数，总计算时间随着节点平均度的增加而增加。例如，当节点平均度 N 从 5 增加到 9，第 51～55 组算例的计算时间也随之增加，如图 4-6 所示。值得注意的是，算例规模越大，其计算时间随节点平均度的增加也越快。例如，对于同样有 50 个节点、5 个运输任务的第 40 组算例和第 36 组算例，节点平均度为 9 的第 40 组算例的计算时间仅仅是节点平均度为 5 的第 36 组算例的 1.683 倍；但是，对于同样有 90 个节点、25 个运输任务的第 60 组算例和第 56 组算例，节点平均度为 9 的第 60 组算例的计算时间是节点平均度为 5 的第 56 组算例的 17.759 倍。

表 4-2　不同 Deg 值时情形 1 随机算例的计算结果

组序	$|N|$	$|W|$	Deg	首选解的隶属度	总计算时间/s	$Risk_r/Risk_{nr}$	$Duration_r/$ $Duration_{nr}$	GR
36			5	0.855	13.069	0.266	0.711	0.126
37			6	0.768	15.253	0.267	0.618	0.131
38	50	5	7	0.774	16.561	0.257	0.659	0.126
39			8	0.742	18.600	0.286	0.642	0.128
40			9	0.765	21.995	0.282	0.643	0.121
41			5	0.836	47.444	0.266	0.719	0.127
42			6	0.817	51.377	0.259	0.714	0.120
43	60	10	7	0.816	55.393	0.273	0.662	0.117
44			8	0.808	71.565	0.254	0.660	0.126
45			9	0.860	146.428	0.257	0.821	0.119

（续）

组序	$|N|$	$|W|$	Deg	首选解的隶属度	总计算时间/s	$\text{Risk}_r/\text{Risk}_{nr}$	$\text{Duration}_r/\text{Duration}_{nr}$	GR
46			5	0.852	114.028	0.255	0.962	0.120
47			6	0.846	200.269	0.258	0.943	0.120
48	70	15	7	0.843	310.696	0.265	0.867	0.122
49			8	0.870	350.886	0.274	0.895	0.120
50			9	0.858	418.692	0.269	0.943	0.118
51			5	0.870	360.217	0.259	1.005	0.127
52			6	0.862	646.714	0.254	1.340	0.120
53	80	20	7	0.850	1137.061	0.260	0.965	0.122
54			8	0.838	1487.926	0.300	0.953	0.120
55			9	0.865	2853.311	0.327	1.332	0.117
56			5	0.886	2835.420	0.281	1.217	0.123
57			6	0.868	12828.213	0.290	1.203	0.127
58	90	25	7	0.864	8310.987	0.270	1.173	0.149
59			8	0.872	9033.214	0.290	1.095	0.111
60			9	0.863	50355.016	0.318	1.064	0.118

由表 4-3 可以分析，给定节点数、运输任务数和节点平均度，首选解的隶属度和解的平均隶属度随着网格点数的变化情况。平均隶属度定义为所有解的隶属度之和除以解的总数。从表 4-3 可以看到，首选解的隶属度不一定随着网格点数的增加而增加，但是解的平均隶属度会增加。

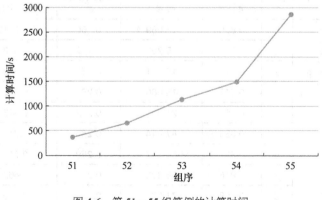

图 4-6　第 51～55 组算例的计算时间

表 4-3　不同 S 值时情形 1 随机算例的计算结果

组序	$|N|$	$|W|$	Deg	S	首选解的隶属度	解的平均隶属度
61				10	0.813	0.682
62				15	0.813	0.691
63	50	8	7	20	0.824	0.701
64				25	0.815	0.695
65				30	0.814	0.697
66				10	0.863	0.744
67				15	0.861	0.746
68	75	12	6	20	0.869	0.751
69				25	0.868	0.754
70				30	0.868	0.754
71				10	0.857	0.705
72				15	0.855	0.716
73	100	16	5	20	0.859	0.719
74				25	0.858	0.723
75				30	0.860	0.724
76				10	0.863	0.722
77				15	0.864	0.727
78	125	20	4	20	0.866	0.733
79				25	0.866	0.734
80				30	0.866	0.734

　　为了研究目标函数权重变化对算法性能的影响，考虑另外两种情形，分别称为情形 2 和情形 3。这两种情形中，主要目标函数的权重因子都大于另一个目标函数。情形 2 中，设 $\omega_1 = 0.7$、$\omega_2 = 0.3$；情形 3 中，设 $\omega_1 = 0.9$、$\omega_2 = 0.1$。注意，情形 1 中两个目标函数的权重相等，即 $\omega_1 = \omega_2 = 0.5$。表 4-4 主要分析了给定节点数、运输任务数和节点平均度，目标函数权重变化对首选解的隶属度和解的平均隶属度的影响。表 4-4 中，情形 2 中首选解的隶属度和解的平均隶属度都比情形 1 的高，类似地，情形 3 中首选解的隶属度和解的平均隶属度也都比情形 2 的高。如上所述，隶属度表示首选解的优劣程度。因此，显然，首选解的优劣程度随着主要目标函数权重的增加而增加。

表 4-4　情形 1～情形 3 随机算例的计算结果

组序	|N|	|W|	Deg	情形	首选解的隶属度	解的平均隶属度
81	40	5	9	1	0.842	0.713
				2	0.842	0.773
				3	0.913	0.833
82	50	10	8	1	0.856	0.762
				2	0.864	0.806
				3	0.943	0.906
83	60	15	7	1	0.864	0.722
				2	0.878	0.803
				3	0.928	0.875
84	70	20	6	1	0.883	0.736
				2	0.885	0.815
				3	0.943	0.906
85	80	25	5	1	0.873	0.732
				2	0.886	0.812
				3	0.936	0.885

4.5　本章小结

本章研究了非时变风险条件下危险品运输专用道优化问题。首先，为该问题建立了多目标整数规划模型，以最小化专用道设置对正常交通的影响和运输风险。其次，提出了 ε 约束法和模糊隶属度法相结合的算法来求解该模型。计算结果表明，该算法能够在合理的时间内求解该多目标优化问题，不仅能找到问题有效的帕累托最优解，还能帮助决策者获得一个首选解。计算结果还表明，专用道设置策略可以在对正常交通影响可控的情况下大幅度减少危险品运输风险概率。

第 5 章

非时变风险条件下 HMTLR 问题的改进优化方法

5.1 引言

上一章主要研究了非时变风险条件下危险品运输专用道优化问题。该问题旨在选择在哪些路段上设置专用道以及确定每个运输任务的专用道运输路径。该问题的目标函数是最小化专用道设置对正常交通的影响和最小化运输风险。针对非时变风险条件下危险品运输专用道优化问题，运用 ε 约束法，将多目标问题转化成一系列单目标 ε 问题。该方法中应用了商业化优化软件包 CPLEX 来求解 ε 问题。众所周知，ε 约束法的性能主要取决于求解 ε 问题所耗费的计算时间。如第 3 章所述，虽然 CPLEX 能够最优地求解这些 ε 问题，但是，对于大规模算例，CPLEX 所耗费的计算时间仍旧很长。因此，寻求基于 ε 问题特征的高效算法是十分必要的。

为了减少计算时间，本章提出分割求解法和割平面法相结合的算法来求解单目标 ε 问题，使大规模算例能在更短的时间里得到求解。在该方法中，根据所研究问题的特征，研究了预处理技术来减小解的搜索空间。然后，采用分割求解法求解 ε 问题。为了获得更好的下界，利用割平面法寻求问题的有效不等式，以加快分割求解法收敛。

5.2 预处理技术

如果能够预先确定问题中某些变量的值，在不失其最优性的前提下，问题的解空间会相应地减小，从而有利于减少求解的计算时间。因此，为了减少搜索空间，首先分析上一章所建立的数学模型的性质。

在单目标模型 $P(\varepsilon)$ 中，o_w 和 d_w 分别表示运输任务 w 的起点和终点。对于 $\forall j \in N$，令 $p(o_w, j)$ 和 $p(j, d_w)$ 分别表示一个全部由专用道组成的路径中，从 o_w 到 j 与从 j 到 d_w 的最短行驶时间，其中 $p(o_w, j)$ 和 $p(j, d_w)$ 可由 Floyd 的最短路径算法求得。如果从 o_w 到 j 的最短专用道行驶时间 $p(o_w, j)$ 与从 j 到 d_w 的最短专用道行驶时间 $p(j, d_w)$ 之和大于给定的时间期限 S_w，那么，对于运输任务 w，从 o_w 到 d_w 且经过节点 j 的路径，肯定不是原问题的可行解，因为它违反了总行驶时间期限约束（4-9）。

现定义集合 A_w 如下：

$$对于 \forall w \in W, A_w = \{j \mid p(o_w, j) + p(j, d_w) > S_w, \ \forall j \in N\}$$

显然，如果运输任务 w 通过集合 A_w 中的任意一个节点，就会不满足总行驶时间期限约束（4-9）。所以，在任意一个可行解中，运输任务 w 必不能通过集合 A_w 中的任何一个节点。因此，下列等式成立：

$$\sum_{i:(i,j)\in A_w} x_{ij}^w + \sum_{i:(j,i)\in A_w} x_{ji}^w = 0, \ \forall w \in W, \forall j \in A_w \tag{5-1}$$

约束（5-1）表示对于经过集合 A_w 中任意一个节点 j 的运输任务 w，都有 $\sum\limits_{i:(i,j)\in A_w} x_{ij}^w = \sum\limits_{i:(j,i)\in A_w} x_{ji}^w = 0$。

通过预处理技术，在保持原问题最优性的同时，解的搜索空间减小了。这是因为一些决策变量被固定为零，并且 $P(\varepsilon)$ 的可行解并没有被排除在外。预处理之后，将约束（5-1）添加到 $P(\varepsilon)$ 中会得到一个新的、更紧的模型 $P'(\varepsilon)$。在下一节中，针对模型 $P'(\varepsilon)$ 的求解，我们提出了一个分割求解法与割平面法相结合的算法。

5.3　分割求解法的设计

5.3.1　稀疏问题、剩余问题的特点

如第 2.3.1 小节所述，对于最小化的整数规划问题（IP），在分割求解搜索树上，每一层只有两个节点，分别对应于稀疏问题（SP）和剩余问题（RP）。为了更好地理解分割求解法，应当明确以下几点：①由于 SP 是原问题的一个子问题，其最优值是原问题的一个上界。在迭代时，如果 SP 的最优值可以改进的话，当前最优上界将被更新。②求解 SP 后，其对应的解空间将从当前问题的解空间中移除。因此，当前问题的解空间随着迭代的进行不断变小。③相对来说，因为 RP 的解空间比较大，较难最优地求解。所以，可

以通过解它的线性松弛问题来降低求解的难度。显然，RP 的最优值是大于或等于求解其线性松弛问题所得到的下界。④每经过一次迭代，RP（也即下一次迭代中的当前问题）的解空间将会减小，其线性松弛问题的解空间也可能随着迭代的进行而变小。如果 RP 的线性松弛问题的约束足够紧，其下界可能会不小于当前最优上界。在这种情况下，满足终止条件，迭代停止。

Climer 和 Zhang[19]给出了以下两个定理来阐述分割求解法的最优性及其终止准则。

定理 5-1　分割求解法终止时，当前的解必是一个最优解。

定理 5-2　如果原问题的解空间是有限的，且求解 RP 的线性松弛问题的算法和求解 SP 的算法都可以保证终止，那么分割求解法就可以保证终止。

关于以上两个定理的证明见文献[19]，在此不予赘述。

5.3.2　定义问题 P′(ε)的分割面、稀疏问题、剩余问题

如第 2.3.1 小节所述，分割面（PC）、稀疏问题（SP）、剩余问题（RP）在分割求解法迭代过程中具有举足轻重的作用。分割求解法的关键是如何将当前问题切割为剩余问题 RP 和稀疏问题 SP，分割面在这一过程中起着非常重要的作用。与分支切割算法中的割平面不同，分割求解法中的分割面主要用于将问题的解从原来的解空间中分离出来，从而生成 RP 和 SP。

对于模型 P′(ε)，可采用 Climer 和 Zhang 提出的分割面生成技术。其中，U_r 的定义应由问题的一些性质决定。因为本章所研究的问题与文献[19]中所研究的非对称旅行商问题是两种不同的问题，所以必须分析它的性质以获得一个合适的 U_r。需要注意的是，本章所研究的问题有两类决策变量：决定是否设置专用道的变量 y_{ij} 以及决定运输任务是否通过专用道的变量 x_{ij}^w。每一个运输任务所经过的路段都设置了专用道，这意味着只有设置了专用道的路段才能有运输任务经过。例如，给定一条弧(i, j)，如果 $y_{ij}=0$，那么，对于所有的运输任务，有 $x_{ij}^w = 0$。因为弧(i, j)上没有设置专用道，任何运输任务都不能通过这条弧。如约束（4-8）所示，路段上是否有专用道设置可能会导致不同的运输路径。因此，与 x_{ij}^w 相比，y_{ij} 被认为是和 U_r 更相关的变量。

令 $Y(y_{ij})$ 表示线性松弛问题 CP_r 的最优解中 y_{ij} 的差额成本值。$U_r(r \geqslant 1)$则可以如下定义：

$$U_r = \left\{ y_{ij} \middle| Y(y_{ij}) > h_r, \ \forall(i, j) \in A \right\} \tag{5-2}$$

式中，h_r 是一个给定的正数。

本章中，h_r 的值按照以下方法确定：假设 U_r 的预期变量数量为 n，那么将 U_r 中所有变量的差额成本值按照升序进行排序，第 n 个变量的差额成本值就是 h_r 的值。

一旦确定了 U_r（$r \geq 1$），PC_r（$r \geq 1$）可定义如下：

$$\sum_{y_{ij} \in U_r} y_{ij} \geq 1, \ \forall (i, j) \in A \tag{5-3}$$

利用 PC_r，CP_r 的解空间被分成两个子空间。通过添加新的约束到 CP_r，可以得到稀疏问题 SP_r 和剩余问题 RP_r。

SP_r 和 RP_r 分别定义如下：

SP_r：

$$\min f_1 = \sum_{(i,j) \in A} C_{ij} y_{ij}$$

$$\text{s.t.} \begin{cases} \sum_{y_{ij} \in U_l} y_{ij} \geq 1, l = 1, \cdots, r-1 & (5\text{-}4) \\[2mm] \sum_{y_{ij} \in U_r} y_{ij} = 0 & (5\text{-}5) \\[2mm] \sum_W \sum_{(i,j) \in A} E_{ij} P_{ij}^w x_{ij}^w \leq \varepsilon \\[2mm] \sum_{j:(o_w,j) \in A} x_{o_w j}^w = 1, \ \forall w \in W, o_w \in O \\[2mm] \sum_{i:(i,d_w) \in A} x_{id_w}^w = 1, \ \forall w \in W, d_w \in D \\[2mm] \sum_{j:(i,j) \in A} x_{ij}^w = \sum_{j:(i,j) \in A} x_{ji}^w, \ \forall w \in W, \forall i \neq o_w, d_w \\[2mm] x_{ij}^w \leq y_{ij}, \ \forall (i,j) \in A, \forall w \in W \\[2mm] \sum_{(i,j) \in A} T_{ij} x_{ij}^w \leq S_w, \ \forall w \in W \\[2mm] \sum_{w \in W} P_{ij}^w x_{ij}^w \leq Q_{ij}, \ \forall (i,j) \in A \\[2mm] x_{ij}^w \in \{0,1\}, \ \forall (i,j) \in A \\[2mm] y_{ij} \in \{0,1\}, \ \forall (i,j) \in A \\[2mm] \sum_{i:(i,j) \in A_w} x_{ij}^w + \sum_{i:(j,i) \in A_w} x_{ji}^w = 0, \ \forall w \in W, \forall j \in A_w \end{cases}$$

RP_r：

$$\min f_1 = \sum_{(i,j) \in A} C_{ij} y_{ij}$$

$$\text{s.t.} \begin{cases} \sum_{y_{ij} \in U_r} y_{ij} \geq 1 & (5\text{-}6) \\[2mm] \sum_{j:(o_w,j) \in A} x_{o_w j}^w = 1, \ \forall w \in W, o_w \in O \\[2mm] \sum_{i:(i,d_w) \in A} x_{id_w}^w = 1, \ \forall w \in W, d_w \in D \\[2mm] \sum_{j:(i,j) \in A} x_{ij}^w = \sum_{j:(i,j) \in A} x_{ji}^w, \ \forall w \in W, \forall i \neq o_w, d_w \end{cases}$$

$$\text{s.t.} \begin{cases} x_{ij}^w \leqslant y_{ij}, \ \forall (i,j) \in A, \ \forall w \in W \\ \sum_{(i,j) \in A} T_{ij} x_{ij}^w \leqslant S_w, \ \forall w \in W \\ \sum_{w \in W} P_{ij}^w x_{ij}^w \leqslant Q_{ij}, \ \forall (i,j) \in A \\ x_{ij}^w \in \{0,1\}, \ \forall (i,j) \in A \\ y_{ij} \in \{0,1\}, \ \forall (i,j) \in A \\ \sum_W \sum_{(i,j) \in A} E_{ij} P_{ij}^w x_{ij}^w \leqslant \varepsilon \\ \sum_{i:(i,j) \in A_w} x_{ij}^w + \sum_{i:(j,i) \in A_w} x_{ji}^w = 0, \ \forall w \in W, \forall j \in A_w \\ \sum_{y_{ij} \in U_l} y_{ij} \geqslant 1, l = 1, \cdots, r-1 \end{cases}$$

应当指出的是，当 $r = 1$ 时，初始问题 $\text{P}'(\varepsilon)$ 被视为问题 CP_1。因此，此时的 RP_1 和 SP_1 应该移除约束（5-4）。

5.4　割平面法的设计

众所周知，很多整数规划问题是 NP 难题，这类问题通常是优化问题中较难求解的问题。目前，有许多方法可求解该类整数规划问题，如枚举法和分支定界法。定界通常被认为是利用这些方法来求解整数规划问题的关键。近年来，有效不等式作为一种定界技术得到越来越多的关注。为寻找有效不等式，本章提出一种割平面法来获得问题更紧的下界，以加速分割求解法的收敛。

5.4.1　割平面法的基本原理

给定一个带有非负约束的整数线性规划问题及其对应的线性松弛问题，分别表述为 $\min\{c^T x : x \in S_{IP}\}$ 和 $\min\{c^T x : x \in S_{LP}\}$，其中 $S_{IP} = S_{LP} \bigcap Z^n$，$S_{LP} = \{x \in R^n : ax \leqslant b\}$。

为了更好地阐述割平面法的基本思想，以如下整数规划问题来举例说明：

$$\min \ -2x_1 - 3x_2 \tag{5-7}$$

$$\text{s.t.} \begin{cases} x_1 + 3x_2 \leqslant 7 & (5\text{-}8) \\ x_1 - x_2 \leqslant 3 & (5\text{-}9) \\ x_1, x_2 \in N & (5\text{-}10) \end{cases}$$

如图 5-1 所示，问题可行的整数点用黑色实心圆点表示。原整数规划问题的线性松弛问题则通过松弛整数约束来获得，实线所包含的区域代表其可行空间。这些可行整数

点的凸壳边界 $\text{conv}(S_{\text{IP}})$，用虚线表示。显然，它代表了包含整数规划的解空间 S_{IP} 的最小凸集。如果原问题的线性松弛问题的最优解 $\boldsymbol{x}_{\text{LP}}^*$ 是整数解，那么该解就是 S_{IP} 上的某个极值点，也就是说，它在 $\text{conv}(S_{\text{IP}})$ 上；否则，该解一定是在 $\text{conv}(S_{\text{IP}})$ 外。那么，可以推测，可能存在一个线性不等式可以将 $\boldsymbol{x}_{\text{LP}}^*$ 从 $\text{conv}(S_{\text{IP}})$ 中分离，使得原问题的所有可行整数解满足该线性不等式，但 $\boldsymbol{x}_{\text{LP}}^*$ 不满足。这样的线性不等

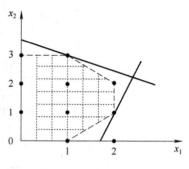

图 5-1　割平面法示例

式被称为 S_{IP} 的割平面。将该不等式作为一个附加的约束添加到线性松弛问题中，从而产生了一个新的线性松弛问题。因此，非整数解 $\boldsymbol{x}_{\text{LP}}^*$ 不再是新的线性松弛问题的可行解。重复这一过程直到得到新的线性松弛问题的整数最优解，该解即是原问题的最优解。

割平面法的一般步骤描述如下：

步骤 1　求解整数规划问题的线性松弛问题。

步骤 2　如果该线性松弛问题的最优解同时也是整数规划问题的可行解，那么，已获得整数规划问题的最优解，算法终止。否则，进入步骤 3。

步骤 3　找到一个或者多个能将线性松弛问题的最优解从可行整数点的凸壳中分离出来的割平面，并将其所对应的约束添加到线性松弛问题中。

步骤 4　回到步骤 1。

简言之，即在每次迭代中，先求解当前线性松弛问题，并找到该线性松弛问题的最优解不满足的有效不等式。然后，将其添加到线性松弛问题中，直到得到整数规划问题的最优解为止。

5.4.2　分离算法

从上一节分析可知，割平面是一个可以在不丢失原问题最优可行解的情况下减少其解空间的线性约束，割平面法与其他技术相结合可以用来获得全局最优解的上下界。对于优化问题，通过割平面法分离出的有效不等式，可以减小其解空间。在分割求解法中，当由剩余问题获得的下界大于或等于当前最好的上界时，得到原问题的最优解，此时算法终止。对于本章所研究的 ε 问题，如能通过割平面法获得剩余问题一个更紧的下界，那么分割求解法迭代的次数就可能会减少。此外，一个更紧的下界也能够为分

割面的生成提供一些有用的信息。综上所述，割平面法有助于加快分割求解法的收敛。

割平面法的关键是找到当前线性松弛问题所不满足的不等式，也即所谓的割平面生成技术。割平面生成技术也被称为分离算法，具体地说，分离算法是为了找到这样的不等式：原问题的可行解满足该不等式但给定的小数解不满足它，又或者是证实这样的不等式不存在。对于本章所研究的问题，采用如下分离算法。该算法适用于含有背包约束的问题，论述如下：

背包约束的一般形式可以由以下不等式表示：

$$\sum_{i \in \Pi} \omega_i \delta_i \leqslant b \tag{5-11}$$

式中，Π 为物品集合；ω_i 为物品 i 的权重；b 为背包的容量。

0-1 变量 $\Delta = \{\delta_1, \delta_2, \cdots, \delta_{|\Pi|}\} \in \{0,1\}^{|\Pi|}$ 表示物品 i 是否被选入背包中（其中，$\delta_i = 1$ 表示被选入，反之表示不被选入）。它的背包多面体是可行解的凸壳，可用以下式子表示：

$$H_t = \mathrm{conv}\left\{\Delta \in \{0,1\}^{|\Pi|} \mid \sum_{i \in \Pi} \omega_i \delta_i \leqslant b\right\} \tag{5-12}$$

如果 $\sum_{i \in C} \omega_i > b$，集合 $C \subseteq \Pi$ 被称为约束（5-11）的一个覆盖（cover）。对于任意覆盖 C，约束（5-11）的覆盖不等式（cover inequality，CI）定义为

$$\sum_{i \in C} \delta_i \leqslant |C| - 1 \tag{5-13}$$

约束（5-13）对 H_t 中所有的点都有效。给定一个小数解 Δ^*，如果该小数解不满足某一覆盖不等式但 H_t 中所有的点满足它，那么该覆盖不等式则被称作有效不等式。文献[132]中指出，有效的覆盖不等式可以通过求解下列 0-1 背包问题 P_{KP} 求得：

问题 P_{KP}：

$$\theta = \min \sum_{i \in \Pi} (1 - \delta_i^*) v_i \tag{5-14}$$

$$\mathrm{s.t.} \begin{cases} \sum_{i \in \Pi} \omega_i v_i > b \tag{5-15} \\ v_i \in \{0,1\}, \quad i \in \Pi \tag{5-16} \end{cases}$$

定义覆盖 C 为 $\{i \in \Pi \mid v_i^* = 1\}$，其中 v^* 是问题 P_{KP} 的最优解。这样，可以得到

$$\theta = \sum_{i \in \Pi} (1 - \delta_i^*) v_i^* = \sum_{i \in C} (1 - \delta_i^*) v_i^* + \sum_{i \in \Pi \setminus C} (1 - \delta_i^*) v_i^* \tag{5-17}$$

根据 C 的定义，如果 $i \in C$，那么 $v_i^* = 1$；否则，$v_i^* = 0$。这样，以下式子成立：

$$\theta = \sum_{i \in C} (1 - \delta_i^*) = |C| - \sum_{i \in C} \delta_i^* \tag{5-18}$$

如果 $\theta < 1$，也即是，$|C| - \sum_{i \in C} \delta_i^* < 1$，可以得到

$$\sum_{i \in C} \delta_i^* > |C| - 1 \qquad (5\text{-}19)$$

以上过程证明了小数解 $\varDelta^*$ 不能满足由式（5-13）定义的覆盖不等式，它是一个有效的覆盖不等式。因此，为了找到约束（5-11）的覆盖不等式，需要对问题 P_{KP} 进行求解，如果它的最优值大于 1，那么由式（5-13）定义的覆盖不等式是一个有效的覆盖不等式。

对于非时变风险条件下危险品运输专用道优化问题，设 T_{ij}，S_w 和 x_{ij}^w 分别对应背包问题中的 ω_i，b 和 δ_i。行驶时间期限约束（4-9），即 $\sum_{(i,j) \in A} T_{ij} x_{ij}^w \leqslant S_w$，则可以被看作一个标准的背包约束形式。因此，约束（4-9）的覆盖不等式可以表示如下：

$$\sum_{(i,j) \in A_x} T_{ij} x_{ij}^w \leqslant |A_x| - 1, \ \forall w \in W \qquad (5\text{-}20)$$

式中，A_x 为 A 的一个子集。

同样地，风险阈值约束（4-10）的覆盖不等式表示如下：

$$\sum_{w \in W_x} P_{ij}^w x_{ij}^w \leqslant |W_x| - 1, \ \forall (i,j) \in A \qquad (5\text{-}21)$$

式中，W_x 为 W 的一个子集。

分别通过求解 0-1 背包问题 P_{KP1} 和 P_{KP2}，可以得到约束（4-9）和约束（4-10）的有效的覆盖不等式。P_{KP1} 和 P_{KP2} 具体如下：

问题 P_{KP1}：

$$\theta_1 = \min \sum_{w \in W} (1 - x_{ij}^{w*}) v_w \qquad (5\text{-}22)$$

$$\text{s.t.} \begin{cases} \sum_{w \in W} T_{ij} v_w > S_w & (5\text{-}23) \\ v_w \in \{0,1\}, \ w \in W & (5\text{-}24) \end{cases}$$

问题 P_{KP2}：

$$\theta_2 = \min \sum_{(i,j) \in A} (1 - x_{ij}^{w*}) u_{ij} \qquad (5\text{-}25)$$

$$\text{s.t.} \begin{cases} \sum_{(i,j) \in A} P_{ij}^w u_{ij} > Q_{ij} & (5\text{-}26) \\ u_{ij} \in \{0,1\}, \ (i,j) \in A & (5\text{-}27) \end{cases}$$

以上两个背包问题可以通过 Kaparis 和 Letchford[133]提出的动态规划法求解。寻找约束（4-9）的有效覆盖不等式分离算法步骤如图 5-2 所示。对应约束（4-10）的有效不等式分离算法步骤类似，在此不赘述。

给定一个小数解 x^*，对于 $h=1,\cdots,|W|$ 和 $n=0,\cdots,S_w$，定义：

$$f(h,n):=\min\left\{\sum_{w=1}^{h}(1-x_{ij}^{w*})v_w \mid \sum_{w=1}^{h}T_{ij}v_w=n, v_w\in\{0,1\}, w=1,\cdots,h\right\}$$

$$g(h):=\min\left\{\sum_{w=1}^{h}(1-x_{ij}^{w*})v_w \mid \sum_{w=1}^{h}T_{ij}v_w\geqslant S_w+1, v_w\in\{0,1\}, w=1,\cdots,h\right\}$$

1. 令 $f(h,n):=\infty$，其中 $h=1,\cdots,|W|$ 和 $n=0,\cdots,S_w$。令 $f(0,0):=0$
2. 令 $g(h):=\infty$，其中 $h=1,\cdots,|W|$
3. **for** $h=1$ **to** $|W|$ **do**
4.   **for** $n=0$ **to** S_w **do**
5.   **if** $f(h-1,n)<f(h,n)$**then**
6.   令 $f(h,n):=f(h-1,n)$
7.   **end if**
8.   **end for**
9.   **for** $n=0$ **to** S_w-T_{ij} **do**
10.   **if** $f(h-1,n)+(1-x_{ij}^{h*})<f(h,n+T_{ij})$**then**
11.   令 $f(h,n+T_{ij}):=f(h-1,n)+(1-x_{ij}^{h*})$
12.   **end if**
13.   **end for**
14.   **for** $n=S_w-T_{ij}+1$ **to** S_w **do**
15.   **if** $f(h-1,n)+(1-x_{ij}^{h*})<g(h)$ **then**
16.   令 $g(h):=f(h-1,n)+(1-x_{ij}^{h*})$
17.   **end if**
18.   **end for**
19.   **if** $g(h)<1$ **then**
20.   输出有效覆盖不等式
21.   **end if**
22. **end for**

图 5-2　关于约束（4-9）的有效覆盖不等式分离算法步骤

5.4.3　算法流程

本章所提出的分割求解法与割平面法相结合的算法流程如图 5-3 所示。

1. 设 $r:=0$，当前最佳上界 $UB_{min}:=+\infty$
2. 原单目标问题 $P(\varepsilon)$ 经过预处理后获得新问题 $P'(\varepsilon)$，令当前问题 $CP_1:=P'(\varepsilon)$
3. 求解 CP_1 的线性松弛问题，获得其下界 LB_0 及对应的解。如果该解是整数解，那么其即是原问题的最优解，算法终止
4. 通过图 5-2 所述的分离算法找到关于约束（4-9）和约束（4-10）可能存在的覆盖不等式。若存在，将它们添加到 CP_1 中，返回到步骤 3
5. **while**($LB_r\leqslant UB_{min}$)**do**
6. 令 $r:=r+1$
7. 由不等式（5-4）定义 PC_r，并得到 SP_r 和 RP_r
8. 求 SP_r 的最优解，若存在最优解，得到其最优值 UB_r。如果 $UB_r<UB_{min}$，令 $UB_{min}:=UB_r$
9. 求解 RP_r 的线性松弛问题，获得其下界 LB_r 及对应的解。如果该解是整数解，令 $UB_{min}:=LB_r$。如果 $LB_r<UB_{min}$，转到步骤 12
10. 通过图 5-2 所述的分离算法找到关于约束（4-9）和约束（4-10）可能存在的覆盖不等式。若存在，将它们添加到 RP_r 中，并返回到步骤 9；否则令 $CP_{r+1}:=RP_r$
11. **end while**
12. 返回 UB_{min} 及其对应的解，将它们分别作为原问题的最优值和最优解

图 5-3　分割求解法与割平面法相结合的算法流程

5.5 算法验证

本节主要对提出的算法的有效性进行评价。本节使用与第 3 章中完全相同的随机测试算例来比较分割求解法与割平面法相结合的算法及 CPLEX 的计算性能。实验环境同第 4 章所述。

表 5-1 给出了节点平均度 Deg 为 4 时随机算例的计算结果。T1 列和 T2 列分别表示通过 CPLEX 和分割求解法与割平面法相结合的算法求解 5 个算例的平均计算时间（CPU 时间，以 s 计）。首先，从表 5-1 可以看出，分割求解法与割平面法相结合的算法求解问题的计算时间会随着节点数和运输任务数的增加而适度地增加。给定运输任务数，节点数越多，计算时间越长。例如，表 5-1 中第 11～15 组算例的计算时间随着节点的增加而增加。给定节点数，运输任务数越多，计算时间越长。例如，表 5-1 中第 16～19 组算例的计算时间分别比第 12～15 组算例的计算时间长。

表 5-1　Deg=4 时随机算例的计算结果

组　序	$|N|$	$|W|$	T1/s	T2/s	T1/ T2
1	30	10	14.527	17.979	0.808
2	40	10	20.463	21.899	0.934
3	50	10	22.761	25.327	0.899
4	60	10	29.688	27.457	1.081
5	70	10	47.155	38.446	1.227
6	40	15	31.430	23.946	1.313
7	50	15	58.578	49.445	1.185
8	60	15	104.721	89.514	1.170
9	70	15	142.079	110.060	1.291
10	80	15	159.863	119.234	1.341
11	50	20	93.207	87.957	1.060
12	60	20	158.480	120.276	1.318
13	70	20	212.329	177.132	1.199
14	80	20	317.590	253.652	1.252
15	90	20	750.118	463.054	1.620
16	100	20	785.301	671.657	1.169
17	110	20	1587.669	950.602	1.670

（续）

组　序	$|N|$	$|W|$	T1/s	T2/s	T1/ T2
18	120	20	3464.027	1820.074	1.903
19	130	20	3188.770	2142.012	1.489
20	140	20	9263.910	4172.901	2.220
21	150	20	14159.337	7448.342	1.901
22	160	20	10303.592	4641.092	2.220
23	170	20	23491.573	4747.636	4.948
24	180	20	43714.004	6475.983	5.904
25	190	20	21964.948	6900.594	3.183
26	60	25	285.351	189.817	1.503
27	70	25	714.119	597.049	1.196
28	80	25	748.568	579.046	1.293
29	90	25	1498.118	964.507	1.553
30	100	25	4518.394	2478.616	1.823
31	70	30	1033.827	786.720	1.314
32	80	30	1556.263	1082.922	1.437
33	90	30	3214.654	1946.094	1.652
34	100	30	10639.205	7689.428	1.384
35	110	30	30164.856	13391.541	2.252

其次，从表 5-1 可以看出，对于大规模算例，本章所提出的算法比 CPLEX 更有效。对于表 4-1 中的大部分算例，例如第 4～35 组，分割求解法与割平面相结合的算法的计算时间小于 CPLEX 的计算时间。图 5-4 给出了运输任务数为 20 的算例的计算时间 T1 和 T2 的变化趋势。如图 5-4 所示，T2 曲线的趋势与 T1 曲线是基本一致的，但随着节点数的增多，T1 相对于 T2 增加得更快。例如，对于有 50 个节点的第 11 组算例，T1/T2 的值仅有 1.060，而对于有 180 个节点的第 24 组算例，T1 是 T2 的 5.904 倍。

表 5-2 给出了本章所提出的算法求解不同节点平均度情况下算例的计算时间。从该表可以看出，给定节点数与运输任务数，计算时间随着节点平均度的增大而增加。例如，第 45 组算例的计算时间是第 41 组算例的 2.269 倍。图 5-5 给出了不同节点平均度情况下第 51～55 组算例的计算时间。从该图可以发现，在相同节点数与运输任务数的算例中，计算时间随着节点平均度的增大而平稳增加。值得指出的是，算例的规模越大，计算时间的增长越快。例如，Deg 为 9 的第 40 组算例的计算时间是 Deg 为 5 的第 36 组算例的 1.301 倍，而 Deg 为 9 的第 60 组算例的计算时间是 Deg 为 5 的第 56 组算例的 17.299 倍。

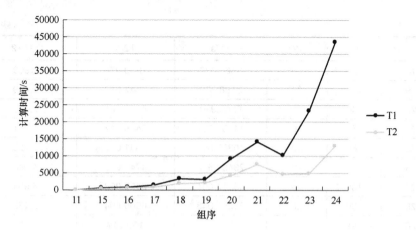

图 5-4　CPLEX 与分割求解法的计算时间对比示意图

表 5-2　不同 Deg 值时随机算例的计算结果

组　　序	$|N|$	$|W|$	Deg	T1/s	T2/s	T1/ T2
36			5	13.069	16.627	0.786
37			6	15.253	18.471	0.826
38	50	5	7	16.561	20.048	0.826
39			8	18.600	20.655	0.901
40			9	21.995	21.624	1.017
41			5	47.444	43.728	1.085
42			6	51.377	48.834	1.052
43	60	10	7	55.393	48.141	1.151
44			8	71.565	58.642	1.220
45			9	146.428	99.238	1.476
46			5	114.028	103.394	1.103
47			6	200.269	101.326	1.976
48	70	15	7	310.696	174.949	1.776
49			8	350.886	222.472	1.576
50			9	418.692	250.411	1.672
51			5	360.217	346.435	1.040
52			6	646.714	403.757	1.602
53	80	20	7	1137.061	709.389	1.603
54			8	1487.926	1177.199	1.264
55			9	2853.311	1550.122	1.841
56			5	2835.420	1327.554	2.149
57			6	12828.213	7742.349	1.657
58	90	25	7	8310.987	6472.951	1.245
59			8	9033.214	4795.675	1.884
60			9	50355.016	22965.672	2.193

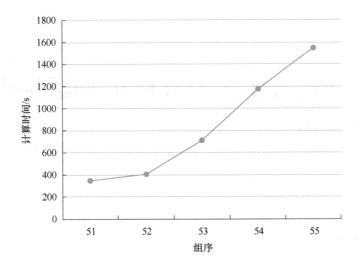

图 5-5　不同 Deg 值下算例的计算时间 T2

5.6　本章小结

本章为第 4 章中的单目标 ε 问题提出了分割求解法与割平面法相结合的高效算法。首先，研究了问题的预处理技术，减小了问题的解空间。其次，采用分割求解法求解该问题，并运用割平面法找到了问题的有效不等式，加快了分割求解法的收敛。最后，通过随机算例对算法的有效性进行了验证。计算结果表明，对于单目标 ε 问题，本章所提出的算法不仅可以求出 ε 问题的最优解，其性能还优于 CPLEX 软件包。

第 6 章

时变风险条件下 HMTLR 问题的模型与优化方法

6.1 引言

如前面章节所述，危险品运输问题已经成为世界范围内的一个日益重要的问题，并引起了相关领域许多研究者的关注。如大多数的危险品运输问题一样，第 3 章与第 4 章研究了非时变风险条件下危险品运输专用道优化问题，即假定运输网络中路段上的风险是静态的，不随时间变化而变化。但这一假设未必能反映交通环境的动态性。例如，实际生活中，某些路段上的风险与路段附近的人口密度有很大的关系，而人口密度随一天中不同时段的变化而变化，如人口存在高峰期与非高峰期等，从而造成路段的风险具有时变性质。因此，时变风险是危险品运输的一个重要特征。时变运输问题就是确定每个运输任务的运输路径及其经过每个路段的开始时间段，以达到最小化运输风险的目的。

时变危险品运输问题可分为确定性时变运输问题与随机性时变运输问题。运输网络的动态特征通常由路段的一个或者多个路段属性（link attributes）来表示。对于确定性时变运输问题，全部或者部分路段属性被假定为变化的且已知的。对于随机性时变运输问题，路段属性被看作满足时变分布函数的随机变量。在时变危险品运输问题中，运输风险是主要的路段属性之一。

如第 2 章所述，时变危险品运输问题尚未被广泛研究，仅有少量文献报道了相关研究工作，如 Nozick 等人[63]、Jia 等人[64]、Erhan 和 Osman[66]、Meng 等人[67]和 Chang 等人[68]等。本章研究了一类新的问题：时变风险条件下危险品运输专用道优化问题。在该问题中，假定运输风险为确定性时变参数，其目的是确定在运输网络中哪些路段上设置专用道，并确定每个危险品运输任务的专用道路径，以及确定每个运输任务经过运输路径上每个路段的时段。

众所周知，影响运输风险的因素一般包括危险品事故发生概率以及受事故影响的人口暴露数。事故发生概率的估算受道路的性质、装载危险品货车的特点、运输环境以及驾驶条件等因素的影响[129]。因此，估算事故发生概率是一项复杂而困难的工作。为了简化问题，本章假设事故发生概率是非时变参数。人口暴露数由人口密度和人口分布面积决定。在现实生活中，人口密度严重依赖于时间和空间。比如，在医院、学校、工厂等场所，其白天的人口密度比夜晚大；而在居民区，情况恰好相反。假设路段上的人口暴露数为时变参数。因此，运输风险随着时间和空间而变化。

本章首先为时变风险条件下危险品运输专用道优化问题建立了多目标数学模型，其目标是最小化专用道设置对正常交通的影响和最小化运输风险。然后，研究了该问题的预处理技术以达到减小问题解空间的目的，应用了 ε 约束法将多目标混合整数规划问题转化为一系列单目标混合整数规划 ε 问题，提出了一种改进的分割求解法求解 ε 问题。在该改进的分割求解法中，采用了部分整数松弛策略，并开发了一种新的基于所研究问题特征的分割面生成技术。最后，通过随机算例对提出的方法进行了验证。

6.2　问题建模

6.2.1　问题描述

本章所考虑的运输网络与第 4、5 章中的网络类似，在此不再赘述。与第 4 章相比，本章增加的假设包括：①经过同一路段的任意两个危险品运输任务必须保持一个最小的时间间隔，即安全时间间隔；②专用道上的行驶时间是固定的、非时变的；但是，由于人口暴露数本质上是随时间变化而变化的，所以路段上的运输风险是时变的。路段 (i, j) 在时段 $[I_k, I_{k+1})$ 的人口暴露数表示为 E_{ijk}，它取决于从节点 i 的出发时间。不失一般性地，设 $I_1 = 0$ 作为第一时段的起始时间。通常，一天之内只有几个时段[134]。因此，专用道上的行驶时间 T_{ij} 小于一个时段的长度，即满足 $T_{ij} < I_{k+1} - I_k$, $\forall k \in K$。本章所研究的问题即是确定在哪些路段上设置专用道，确定每个危险品运输任务的路径，以及确定每个运输任务经过运输路径上每个路段的时段。该问题的目标函数是最小化专用道设置对正常

交通的影响和最小化运输风险。

除在第 4 章中定义的数学符号之外，还需定义以下符号，以方便问题建模：

$K=\{1,\cdots,|K|\}$：时段集合；

T_{int}：经过同一路段的任意两个运输任务的安全时间间隔；

E_{ijk}：在时段 k 内处于路段 (i,j) 附近的人口暴露数。

问题的决策变量为：

t_i^w 是运输任务 w 在节点 i 的到达时间或离开时间；如果运输任务 w 不通过节点 i，$\forall w \in W$，$\forall i \in N$，那么 $t_i^w=0$；

$$\chi_{ijk}^w = \begin{cases} 1, & \text{如果运输任务 } w \text{ 通过路段 } (i,j) \text{ 上的专用道且时刻 } t_i^w \text{ 在时段 } k \text{ 内} \\ 0, & \text{否则} \end{cases}$$

$$y_{ij} = \begin{cases} 1, & \text{如果在路段 } (i,j) \text{ 上设置一个专用道} \\ 0, & \text{否则} \end{cases}$$

$$\beta_{ik}^w = \begin{cases} 1, & \text{如果时刻 } t_i^w \text{ 在时段 } k \text{ 内} \\ 0, & \text{否则} \end{cases}$$

$$z_{iww'} = \begin{cases} 1, & \text{如果 } t_i^w < t_i^{w'}, w \neq w' \\ 0, & \text{否则} \end{cases}$$

6.2.2　数学模型

时变风险条件下危险品运输专用道优化问题的数学模型由目标函数（6-1）和目标函数（6-2）及约束（6-3）～约束（6-17）组成，具体如下：

问题 $\mathbf{P}^t$：

$$\min f_1 = \sum_{(i,j)\in A} C_{ij}y_{ij} \tag{6-1}$$

$$\min f_2 = \sum_{w\in W}\sum_{(i,j)\in A}\sum_{k\in K} P_{ij}^w E_{ijk}\chi_{ijk}^w \tag{6-2}$$

$$\text{s.t.}\quad \sum_{j:(o_w,j)\in A}\sum_{k=1}^K \chi_{o_w jk}^w = 1, \ \forall w \in W \tag{6-3}$$

$$\sum_{i:(i,d_w)\in A}\sum_{k=1}^K \chi_{id_w k}^w = 1, \ \forall w \in W \tag{6-4}$$

$$\sum_{j:(i,j)\in A}\sum_{k=1}^K \chi_{ijk}^w = \sum_{j:(j,i)\in A}\sum_{k=1}^K \chi_{jik}^w, \ \forall w \in W, \forall i \in N \setminus \{o_w, d_w\} \tag{6-5}$$

$$\sum_{k=1}^K \chi_{ijk}^w \leqslant y_{ij}, \ \forall (i,j) \in A, \forall w \in W \tag{6-6}$$

$$t_j^w - t_i^w \leqslant T_{ij} + M\left(1 - \sum_{k=1}^K \chi_{ijk}^w\right), \ \forall (i,j) \in A, \forall w \in W, \forall i \neq d_w, \forall j \neq o_w \tag{6-7}$$

$$\text{s.t.}\quad t_j^w - t_i^w \geq T_{ij} + M\left(\sum_{k=1}^{K}\chi_{ijk}^w - 1\right), \forall(i,j)\in A, \forall w\in W, \forall i\neq d_w, \forall j\neq o_w \tag{6-8}$$

$$\sum_{k=1}^{K}\beta_{ik}^w = 1, \forall w\in W, \forall i\neq d_w \tag{6-9}$$

$$\sum_{k=1}^{K}\beta_{ik}^w I_k \leq t_i^w < \sum_{k=1}^{K}\beta_{ik}^w I_{k+1}, \forall w\in W, \forall i\neq d_w \tag{6-10}$$

$$t_i^w - t_i^{w'} \geq T_{\text{int}}\left(\sum_{k=1}^{K}\chi_{ijk}^w + \sum_{k=1}^{K}\chi_{ijk}^{w'} - 1\right) - M(1-z_{iww'}), \forall(i,j)\in A, \forall i\neq o_w, o_{w'}, d_w, d_{w'},$$
$$\forall w, w'\in W, w\neq w' \tag{6-11}$$

$$t_i^w - t_i^{w'} \geq T_{\text{int}}\left(\sum_{k=1}^{K}\chi_{ijk}^w + \sum_{k=1}^{K}\chi_{ijk}^{w'} - 1\right) - Mz_{iww'}, \forall(i,j)\in A, \forall i\neq o_w, o_{w'}, d_w, d_{w'},$$
$$\forall w, w'\in W, w\neq w' \tag{6-12}$$

$$t_i^w \geq 0, \forall i\in N, \forall w\in W \tag{6-13}$$

$$y_{ij}\in\{0,1\}, \forall(i,j)\in A \tag{6-14}$$

$$\chi_{ijk}^w\in\{0,1\}, \forall(i,j)\in A, \forall w\in W, \forall k\in K \tag{6-15}$$

$$z_{iww'}\in\{0,1\}, \forall i\in N, \forall w,w'\in W, w\neq w' \tag{6-16}$$

$$\beta_{ik}^w\in\{0,1\}, \forall i\in N, \forall w\in W, \forall k\in K \tag{6-17}$$

式中，M 为非常大的正数。

目标函数（6-1）是最小化专用道设置对正常交通的影响，目标函数（6-2）是最小化运输风险。约束（6-3）表示运输任务 w 在某一时段内从起点 o_w 经过某一个路段出发；相应地，约束（6-4）表示运输任务 w 在某一时段内经过某一个路段到达终点 d_w。约束（6-5）保证了在时间、空间上通过集合 $N\backslash\{o_w,d_w\}$ 中的节点 i 的流平衡，即表示如果运输任务 w 在时段 k 内通过专用道到达节点 i（$i\neq o_w, d_w$），那么运输任务 w 也必须在 k 时段内通过专用道从节点 i 离开；否则运输任务 w 不经过节点 i。约束（6-3）～约束（6-5）表示任意运输任务 w 从起始地 o_w 到目的地 d_w 存在一条路径。约束（6-6）保证：如果路段 (i,j) 上没有设置专用道，那么在任何时段都不会有运输任务通过此路段。约束（6-7）和约束（6-8）表示如果运输任务 w 通过路段 (i,j) 上的专用道，那么运输任务在该路段上的行驶时间是 T_{ij}。约束（6-9）和约束（6-10）表示运输任务 w 能且只能在一个时段内从节点 i 离开或到达节点 i，否则该运输任务不经过节点 i。在可行解中，运输任务 w 通过路段 (i,j) 当且仅当以下两个条件满足：$t_i^w>0$ 与 $\sum_{k=1}^{K}\chi_{ijk}^w=1$。约束（6-11）和约束（6-12）保证：如果两个或两个以上的运输任务通过同一个路段上的专用道，必须满足任意两个运输任务之间的安全时间间隔。约束（6-13）表示变量 t_i^w 是实数变量。约束（6-14）～约束（6-17）为 0-1 变量约束。

6.3 算法设计

本节应用了 ε 约束法来处理所建立的多目标模型。ε 约束法的基本原理已在第 3 章中阐述，在此不赘述。本章只论述由多目标问题转化成的单目标 ε 问题以及用于求解该问题的改进的分割求解法。在该方法中，采用了部分整数松弛策略，并根据所研究问题的特征开发了一个新的分割面生成技术。

6.3.1 单目标 ε 问题

与第 4 章类似，目标函数 f_1 被选作主目标。运用第 4 章中介绍的 ε 约束法，多目标问题 $\mathbf{P}'$ 可以转换成单目标问题 $\mathbf{P}'_0(\varepsilon_2)$，具体如下：

问题 $\mathbf{P}'_0(\varepsilon_2)$：

$$\min \quad f_1 = \sum_{(i,j)\in A} C_{ij} y_{ij}$$

$$\text{s.t.} \begin{cases}
\displaystyle\sum_{w\in W}\sum_{(i,j)\in A}\sum_{k\in K} P_{ij}^w E_{ij} \chi_{ijk}^w \leqslant \varepsilon_2 \\[4mm]
\displaystyle\sum_{j:(o_w,j)\in A}\sum_{k=1}^{K} \chi_{o_w jk}^w = 1, \ \forall w\in W \\[4mm]
\displaystyle\sum_{i:(i,d_w)\in A}\sum_{k=1}^{K} \chi_{id_w k}^w = 1, \ \forall w\in W \\[4mm]
\displaystyle\sum_{j:(i,j)\in A}\sum_{k=1}^{K} \chi_{ijk}^w = \sum_{j:(j,i)\in A}\sum_{k=1}^{K} \chi_{jik}^w, \ \forall w\in W, \forall i\in N\setminus\{o_w,d_w\} \\[4mm]
\displaystyle\sum_{k=1}^{K} \chi_{ijk}^w \leqslant y_{ij}, \ \forall (i,j)\in A, \forall w\in W \\[4mm]
t_j^w - t_i^w \leqslant T_{ij} + M\left(1-\displaystyle\sum_{k=1}^{K}\chi_{ijk}^w\right), \ \forall (i,j)\in A, \forall w\in W, \ \forall i\neq d_w, \forall j\neq o_w \\[4mm]
t_j^w - t_i^w \geqslant T_{ij} + M\left(\displaystyle\sum_{k=1}^{K}\chi_{ijk}^w - 1\right), \ \forall (i,j)\in A, \forall w\in W, \forall i\neq d_w, \forall j\neq o_w \\[4mm]
\displaystyle\sum_{k=1}^{K} \beta_{ik}^w = 1, \ \forall w\in W, \forall i\neq d_w \\[4mm]
\displaystyle\sum_{k=1}^{K} \beta_{ik}^w I_k \leqslant t_i^w < \sum_{k=1}^{K} \beta_{ik}^w I_{k+1}, \ \forall w\in W, \forall i\neq d_w \\[4mm]
t_i^{w'} - t_i^w \geqslant T_{\text{int}}\left(\displaystyle\sum_{k=1}^{K}\chi_{ijk}^w + \sum_{k=1}^{K}\chi_{ijk}^{w'} - 1\right) - M(1-z_{iww'}), \ \forall (i,j)\in A, \forall i\neq o_w, o_{w'}, d_w, d_{w'}, \\
\forall w,w'\in W, w\neq w' \\[4mm]
t_i^w - t_i^{w'} \geqslant T_{\text{int}}\left(\displaystyle\sum_{k=1}^{K}\chi_{ijk}^w + \sum_{k=1}^{K}\chi_{ijk}^{w'} - 1\right) - M z_{iww'}, \ \forall (i,j)\in A, \forall i\neq o_w, o_{w'}, d_w, d_{w'}, \\
\forall w,w'\in W, w\neq w'
\end{cases} \quad (6\text{-}18)$$

$$\text{s.t.} \begin{cases} t_i^w \geqslant 0, \ \forall i \in N, \forall w \in W \\ y_{ij} \in \{0,1\}, \ \forall (i,j) \in A \\ \chi_{ijk}^w \in \{0,1\}, \ \forall (i,j) \in A, \forall w \in W, \forall k \in K \\ z_{iww'} \in \{0,1\}, \ \forall i \in N, \forall w, w' \in W, w \neq w' \\ \beta_{ik}^w \in \{0,1\}, \ \forall i \in N, \forall w \in W, \forall k \in K \end{cases}$$

定理 6-1 $P_0^t(\varepsilon_2)$ 是 NP 难题。

证明：如果只考虑一个时段且该时段长度足够长，那么时变风险条件下危险品运输专用道优化问题就会归约为一个非时变风险条件下的问题。此外，如果运输任务都从同一起点出发并且安全时间间隔 T_{int} 足够小，目标函数 f_2 的上限足够大的话，那么单目标问题 $P_0^t(\varepsilon_2)$ 可以归约为经典的 Steiner 树问题[25]。由于 Steiner 树问题是 NP 难题，问题 $P_0^t(\varepsilon_2)$ 也是 NP 难题。

为了求解问题 $P_0^t(\varepsilon_2)$，需要确定 ε_2 的取值范围。一旦确定了 ε_2 的取值范围，则可以获得一系列的 ε_2 值。确定 ε_2 的取值范围方法参见第 4 章。

6.3.2 分割求解法的设计

本小节提出了改进的分割求解法来求解问题 $P_0^t(\varepsilon_2)$。与第 4 章中提出的分割求解法相比，此处改进的分割求解法有以下两个特性：一是运用了部分整数松弛策略，可以获得问题 $P_0^t(\varepsilon_2)$ 的一个更好的下界；二是提出一个新的分割面生成技术，可以加快分割求解法的收敛。

1. 预处理技术

如果一些变量的值可以提前确定，解的搜索空间则可以减小，从而达到加速分割求解法收敛的目的。本节分析了问题的特征，在此基础上开发了用于缩小解空间的预处理技术。

如第 6.2 节所定义，若运输任务 w 到达节点 i 的时间发生在时段 k 内，则 $\beta_{ik}^w=1$；反之，$\beta_{ik}^w=0$。在对问题进行分析的基础上，以下给出问题的性质。

性质 6-1 如果 $\chi_{ijk}^w=1$，则有 $\beta_{jk}^w+\beta_{j(k+1)}^w=1$，$\forall(i,j) \in A, i \neq d_w, k \in K, w \in W$。

证明：已知 $\chi_{ijk}^w=1$，则必有 $\beta_{ik}^w=1$。这意味着不等式 $t_i^w \in [I_k, I_{k+1})$ 成立，即 $I_k \leqslant t_i^w < I_{k+1}$，如图 6-1a 所示。对于弧 (i,j)，可以推导得到 $I_k + T_{ij} \leqslant t_j^w = t_i^w + T_{ij} < I_{k+1} + T_{ij}$，如图 6-1b 所示。已知 $T_{ij} < I_{k+1} - I_k$，$\forall k \in K$，则可得出 $I_k \leqslant I_k + T_{ij} \leqslant t_j^w < I_{k+1} + T_{ij} < I_{k+2}$，如图 6-1c 所示。该不等式组包含了两种情况，如图 6-1d 所示。

情形 1：$I_k \leqslant I_k + T_{ij} \leqslant t_j^w < I_{k+1}$；

情形 2：$I_{k+1} \leqslant t_j^w < I_{k+1} + T_{ij} \leqslant I_{k+2}$。

也就是说，只能是 $t_j^w \in [I_k, I_{k+1})$ 和 $t_j^w \in [I_{k+1}, I_{k+2})$ 两者中的一种情况成立。由此可得出 $\beta_{jk}^w + \beta_{j(k+1)}^w = 1$。综上分析，可推出性质 6-1。

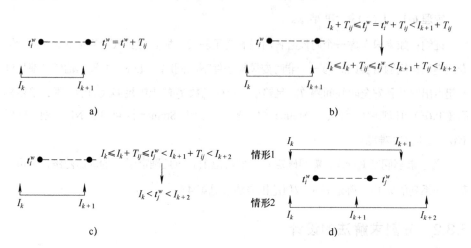

图 6-1　性质 6-1 推导过程示意图

通过性质 6-1，可以将约束

$$\beta_{ik}^w + \beta_{i(k+1)}^w \geqslant \chi_{ijk}^w, \ \forall (i,j) \in A, \forall k \in K, \forall w \in W \tag{6-19}$$

添加到问题 $\mathbf{P}_0^t(\varepsilon_2)$ 中，得到新的问题 $\mathbf{P}_1^t$，具体如下：

问题 $\mathbf{P}_1^t$：

$$\min \ f_1 = \sum_{(i,j) \in A} C_{ij} y_{ij}$$

$$\text{s.t.} \begin{cases} \displaystyle\sum_{j:(o_w,j) \in A} \sum_{k=1}^{K} \chi_{o_w jk}^w = 1, \ \forall w \in W \\[2mm] \displaystyle\sum_{i:(i,d_w) \in A} \sum_{k=1}^{K} \chi_{i d_w k}^w = 1, \ \forall w \in W \\[2mm] \displaystyle\sum_{j:(i,j) \in A} \sum_{k=1}^{K} \chi_{ijk}^w = \sum_{j:(j,i) \in A} \sum_{k=1}^{K} \chi_{jik}^w, \ \forall w \in W, \forall i \in N \setminus \{o_w, d_w\} \\[2mm] \displaystyle\sum_{k=1}^{K} \chi_{ijk}^w \leqslant y_{ij}, \ \forall (i,j) \in A, \forall w \in W \\[2mm] t_j^w - t_i^w \leqslant T_{ij} + M\left(1 - \sum_{k=1}^{K} \chi_{ijk}^w\right), \ \forall (i,j) \in A, \forall w \in W, \forall i \neq d_w, \forall j \neq o_w \\[2mm] t_j^w - t_i^w \geqslant T_{ij} + M\left(\sum_{k=1}^{K} \chi_{ijk}^w - 1\right), \ \forall (i,j) \in A, \forall w \in W, \forall i \neq d_w, \forall j \neq o_w \end{cases}$$

$$\text{s.t.}\begin{cases} \sum_{k=1}^{K} \beta_{ik}^{w} = 1, \ \forall w \in W, \forall i \neq d_w \\[2mm] \sum_{k=1}^{K} \beta_{ik}^{w} I_k \leqslant t_i^{w} < \sum_{k=1}^{K} \beta_{ik}^{w} I_{k+1}, \ \forall w \in W, \forall i \neq d_w \\[2mm] t_i^{w'} - t_i^{w} \geqslant T_{\text{int}} \left(\sum_{k=1}^{K} \chi_{ijk}^{w} + \sum_{k=1}^{K} \chi_{ijk}^{w'} - 1 \right) - M(1 - z_{iww'}), \ \forall (i,j) \in A, \forall i \neq o_w, o_{w'}, d_w, d_{w'}, \\[2mm] \forall w, w' \in W, w \neq w' \\[2mm] t_i^{w} - t_i^{w'} \geqslant T_{\text{int}} \left(\sum_{k=1}^{K} \chi_{ijk}^{w} + \sum_{k=1}^{K} \chi_{ijk}^{w'} - 1 \right) - M z_{iww'}, \ \forall (i,j) \in A, \forall i \neq o_w, o_{w'}, d_w, d_{w'}, \\[2mm] \forall w, w' \in W, w \neq w' \\[2mm] t_i^{w} \geqslant 0, \ \forall i \in N, \forall w \in W \\[2mm] y_{ij} \in \{0,1\}, \ \forall (i,j) \in A \\[2mm] \chi_{ijk}^{w} \in \{0,1\}, \ \forall (i,j) \in A, \forall w \in W, \forall k \in K \\[2mm] z_{iww'} \in \{0,1\}, \ \forall i \in N, \forall w, w' \in W, w \neq w' \\[2mm] \beta_{ik}^{w} \in \{0,1\}, \ \forall i \in N, \forall w \in W, \forall k \in K \\[2mm] \sum_{w \in W} \sum_{(i,j) \in A} \sum_{k \in K} P_{ij}^{w} E_{ijk} \chi_{ijk}^{w} \leqslant \varepsilon_2 \\[2mm] \beta_{ik}^{w} + \beta_{i(k+1)}^{w} \geqslant \chi_{ijk}^{w}, \ \forall (i,j) \in A, \forall k \in K, \forall w \in W \end{cases}$$

2. 定义分割面、剩余问题与松弛问题

影响分割求解法效率的一个重要因素是每次迭代都应生成一个紧的下界 LB_r。对于整数规划问题，LB_r 一般可以通过求解剩余问题 RP_r 的线性松弛问题得到。对于本章所研究的问题，仿真实验表明，RP_r 的线性松弛通常提供一个数值非常小的 LB_r。为了获得更好的 LB_r，对 RP_r 采用部分整数松弛策略进行处理，即在保持 y_{ij} 与 $z_{iww'}$ 为整数性的同时，将 χ_{ijk}^{w} 和 β_{ik}^{w} 松弛为连续变量。根据以下分析，本章对 RP_r 采用部分整数松弛策略：

1）与运输任务相关的变量是 χ_{ijk}^{w} 和 β_{ik}^{w}。已知若运输任务 w 在时段 k 内通过路段 (i,j) 上的专用道，则 $\chi_{ijk}^{w}=1$；反之，$\chi_{ijk}^{w}=0$。如果 χ_{ijk}^{w} 仍保持为整数变量，那么仿真实验表明，大多数 χ_{ijk}^{w} 的值是 0，这表明在任何时段非常少的专用道上有运输任务通过。一般在这种情况下获得的 LB_r 都不太理想。因此，应松弛变量 χ_{ijk}^{w} 使之成为实数变量，以获得更多的运输任务子路径。同理，对 β_{ik}^{w} 的松弛处理也基于类似的考虑。

2）决策变量 y_{ij} 表示在路段 (i,j) 上是否设置专用道。约束（6-6）表示只有当在某一路段设置专用道时，运输任务才能通过此路段。从约束（6-6）分析可知，某一路段上专用道的设置与否将可能导致运输任务路径完全不同。仿真实验表明，如果同时将 y_{ij} 与 χ_{ijk}^{w} 松弛为实数变量，相当多的 y_{ij} 的值大于 0。这表明在相应的路段上可能存在专用道。仿真实验同时也表明，如果不将 y_{ij} 松弛为实数变量，则可以获得一个更好的 LB_r。因此，

在本章改进的分割求解法中，y_{ij} 仍保持为整数变量。同理，对 $z_{lww'}$ 的非松弛处理也基于类似的考虑。

分割求解法的另一个关键问题是找到适当的分割面将当前的剩余问题分成新的稀疏问题与剩余问题。如果稀疏问题 SP_r 的解空间太小，其最优解就不够"好"，从而无法使上界 UB 得到更新；如果 SP_r 的解空间太大，将会耗费太多的时间才能得到它的最优解。Climer 和 Zhang[19]提出了基于差额成本的分割面生成技术，其中差额成本根据线性松弛问题的最优解得出。在文献[19]中，PC_r 被定义为一个差额成本大于给定数值的决策变量集合。但是他们提出的生成分割面的一般步骤并不适用于混合整数规划问题（MIP），因为仿真实验结果表明，对于本章所研究的问题，通过求解 RP_r 的线性松弛问题所获得的下界不够好，并且大多数决策变量的差额成本值为零。针对混合整数规划问题，文献[121]根据"关键路线"这一概念提出了一个新的分割面生成技术。已知若运输任务 w 通过路段(i, j)上的专用道且时刻 t_i^w 在时段 k 内，则 $\chi_{ijk}^w = 1$；反之 $\chi_{ijk}^w = 0$。由此可推导出，若运输任务 w 通过路段(i, j)上的专用道，则 $\sum_{k=1}^{K} \chi_{ijk}^w = 1$；反之，$\sum_{k=1}^{K} \chi_{ijk}^w = 0$。由于 RP_r 的松弛问题的最优解($\bar{t}_i^w$，$\bar{\chi}_{ijk}^w$，$\bar{y}_{ij}$，$\bar{z}_{lww'}$)中 $\sum_{k=1}^{K} \chi_{ijk}^w$ 的值可能是小数，对于某些运输任务可能存在多重路线。将最大的 $\sum_{k=1}^{K} \chi_{ijk}^w$ 值所对应的路线称作"关键路线"。由于本章所提出的问题与文献[121]中的不同，文献[121]中提出的分割面生成技术不能直接用于本章所研究的问题。现提出一个新的基于"关键路线"的分割面生成技术，如下所述。

令 L_r 表示在 RP_r 的线性松弛问题的小数解中有多重运输路线的运输任务的集合，i_v 表示运输任务 v 出现多重路线的第一个节点，其中$v \in L_r$。定义 a_r 为集合 L_r 中所有运输任务最有可能经过的路段（即关键路线）的集合，这表明 a_r 中的路段很有可能被选作问题 P_t^r 的最终最优解。即

$$a_r = \{(i^*, j^*) \mid (i^*, j^*) = \arg \max_{(i_v, j_v) \in A} \sum_{k=1}^{K} \bar{\chi}_{i_v, j_v, k}^v, v \in L_r\} \tag{6-20}$$

式中，(i_v, j_v) 为所有从节点 i_v 出发的路段中 $\sum_{k=1}^{K} \chi_{ijk}^w$ 值最大的路段。

下面给出一个例子。如图 6-2 所示，该网络中，一条从起点 o_v 到 d_v 的路径中，运输任务 v 在节点 2 处产生两条路线：（2,3）和（2,4），其中 $\sum_{k=1}^{K} \chi_{23k}^v = 0.2$，$\sum_{k=1}^{K} \chi_{24k}^v = 0.8$，那么，运输任务 v 的关键路线即为（2,4）。

分割面是某一特定集合里的决策变量的集合，可由 U_r 来表示。在本章中，U_r 指的是决策变量 $\chi_{i,j,k}^v$ 的集合，这里的 v 是小数解中有多重路线的运输任务，(i_v, j_v) 是运输任

务 v 的关键路线。定义 U_r 如下：

$$U_r = \{\chi^v_{i_v,j_v,k} \mid (i_v,j_v) \in a_r\} \tag{6-21}$$

分割面 PC_r 的定义如下：

$$\sum_{k=1}^{K} \sum_{\chi^v_{i_v,j_v,k} \in U_r} \chi^v_{i_v,j_v,k} \le h_r - 1 \tag{6-22}$$

式中，h_r 为 $[1, |L_r|]$ 中一个给定的整数。

相应地，另一个与 SP_r 有关的约束可以表述如下：

$$\sum_{k=1}^{K} \sum_{\chi^v_{i_v,j_v,k} \in U_r} \chi^v_{i_v,j_v,k} \ge h_r \tag{6-23}$$

根据第 2 章所介绍的分割求解法的基本原理，将约束（6-22）与约束（6-23）添加到问题 CP_r 中，分别生成 RP_r 与 SP_r。即

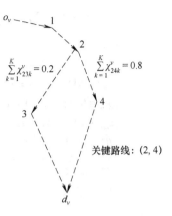

图 6-2　关键路线示意图

RP_r:

$$\min \; f_1 = \sum_{(i,j) \in A} C_{ij} y_{ij}$$

$$\text{s.t.} \begin{cases} \sum\limits_{k=1}^{K} \sum\limits_{\chi^v_{i_v,j_v,k} \in U_r} \chi^v_{i_v,j_v,k} \le h_r - 1 \\[2mm] \sum\limits_{k=1}^{K} \sum\limits_{\chi^v_{i_v,j_v,k} \in U_l} \chi^v_{i_v,j_v,k} \le h_l - 1, l = 1, \cdots, r-1 \\[2mm] \sum\limits_{j:(o_w,j) \in A} \sum\limits_{k=1}^{K} \chi^w_{o_w jk} = 1, \; \forall w \in W \\[2mm] \sum\limits_{i:(i,d_w) \in A} \sum\limits_{k=1}^{K} \chi^w_{id_w k} = 1, \; \forall w \in W \\[2mm] \sum\limits_{j:(i,j) \in A} \sum\limits_{k=1}^{K} \chi^w_{ijk} = \sum\limits_{j:(j,i) \in A} \sum\limits_{k=1}^{K} \chi^w_{jik}, \; \forall w \in W, \forall i \in N \setminus \{o_w, d_w\} \\[2mm] \sum\limits_{k=1}^{K} \chi^w_{ijk} \le y_{ij}, \; \forall (i,j) \in A, \forall w \in W \\[2mm] t^w_j - t^w_i \le T_{ij} + M\left(1 - \sum\limits_{k=1}^{K} \chi^w_{ijk}\right), \; \forall (i,j) \in A, \forall w \in W, \forall i \ne d_w, \forall j \ne o_w \\[2mm] t^w_j - t^w_i \ge T_{ij} + M\left(\sum\limits_{k=1}^{K} \chi^w_{ijk} - 1\right), \; \forall (i,j) \in A, \forall w \in W, \forall i \ne d_w, \forall j \ne o_w \\[2mm] \sum\limits_{k=1}^{K} \beta^w_{ik} = 1, \; \forall w \in W, \forall i \ne d_w \\[2mm] \sum\limits_{k=1}^{K} \beta^w_{ik} I_k \le t^w_i < \sum\limits_{k=1}^{K} \beta^w_{ik} I_{k+1}, \; \forall w \in W, \forall i \ne d_w \\[2mm] t^{w'}_i - t^w_i \ge T_{\text{int}}\left(\sum\limits_{k=1}^{K} \chi^w_{ijk} + \sum\limits_{k=1}^{K} \chi^{w'}_{ijk} - 1\right) - M(1 - z_{iww'}), \; \forall (i,j) \in A, \forall i \ne o_w, o_{w'}, d_w, d_{w'}, \\[2mm] \forall w, w' \in W, w \ne w' \end{cases} \tag{6-24}$$

$$\text{s.t.} \begin{cases} t_i^w - t_i^{w'} \geq T_{\text{int}}\left(\sum_{k=1}^{K}\chi_{ijk}^w + \sum_{k=1}^{K}\chi_{ijk}^{w'} - 1\right) - Mz_{iww'}, \\ \forall(i,j) \in A, \ \forall i \neq o_w, o_{w'}, d_w, d_{w'}, \forall w, w' \in W, w \neq w' \\ t_i^w \geq 0, \forall i \in N, \forall w \in W \\ y_{ij} \in \{0,1\}, \ \forall(i,j) \in A \\ \chi_{ijk}^w \in \{0,1\}, \ \forall(i,j) \in A, \forall w \in W, \forall k \in K \\ z_{iww'} \in \{0,1\}, \ \forall i \in N, \forall w, w' \in W, w \neq w' \\ \beta_{ik}^w \in \{0,1\}, \ \forall i \in N, \forall w \in W, \forall k \in K \\ \sum_{w \in W}\sum_{(i,j) \in A}\sum_{k \in K} P_{ij}^w E_{ijk}\chi_{ijk}^w \leq \varepsilon_2 \\ \beta_{ik}^w + \beta_{i(k+1)}^w \geq \chi_{ijk}^w, \ \forall(i,j) \in A, \forall k \in K, \forall w \in W \end{cases}$$

$SP_r:$

$$\min \ f_1 = \sum_{(i,j) \in A} C_{ij} y_{ij}$$

$$\text{s.t.} \begin{cases} \sum_{k=1}^{K}\sum_{\chi_{i_v j_v k}^v \in U_r} \chi_{i_v j_v k}^v \geq h_r \\ \sum_{k=1}^{K}\sum_{\chi_{i_v j_v k}^v \in U_l} \chi_{i_v j_v k}^v \leq h_l - 1, l = 1, \cdots, r-1 \\ \sum_{j:(o_w,j) \in A}\sum_{k=1}^{K} \chi_{o_w jk}^w = 1, \ \forall w \in W \\ \sum_{i:(i,d_w) \in A}\sum_{k=1}^{K} \chi_{id_w k}^w = 1, \ \forall w \in W \\ \sum_{j:(i,j) \in A}\sum_{k=1}^{K} \chi_{ijk}^w = \sum_{j:(j,i) \in A}\sum_{k=1}^{K} \chi_{jik}^w, \ \forall w \in W, \forall i \in N \backslash \{o_w, d_w\} \\ \sum_{k=1}^{K} \chi_{ijk}^w \leq y_{ij}, \ \forall(i,j) \in A, \forall w \in W \\ t_j^w - t_i^w \leq T_{ij} + M\left(1 - \sum_{k=1}^{K}\chi_{ijk}^w\right), \ \forall(i,j) \in A, \forall w \in W, \forall i \neq d_w, \forall j \neq o_w \\ t_j^w - t_i^w \geq T_{ij} + M\left(\sum_{k=1}^{K}\chi_{ijk}^w - 1\right), \ \forall(i,j) \in A, \forall w \in W, \forall i \neq d_w, \forall j \neq o_w \\ \sum_{k=1}^{K} \beta_{ik}^w = 1, \ \forall w \in W, \forall i \neq d_w \\ \sum_{k=1}^{K} \beta_{ik}^w I_k \leq t_i^w < \sum_{k=1}^{K} \beta_{ik}^w I_{k+1}, \ \forall w \in W, \forall i \neq d_w \\ t_i^{w'} - t_i^w \geq T_{\text{int}}\left(\sum_{k=1}^{K}\chi_{ijk}^w + \sum_{k=1}^{K}\chi_{ijk}^{w'} - 1\right) - M(1 - z_{iww'}), \ \forall(i,j) \in A, \ \forall i \neq o_w, o_{w'}, d_w, d_{w'}, \forall w, w' \in W, w \neq w' \\ t_i^w - t_i^{w'} \geq T_{\text{int}}\left(\sum_{k=1}^{K}\chi_{ijk}^w + \sum_{k=1}^{K}\chi_{ijk}^{w'} - 1\right) - Mz_{iww'}, \ \forall(i,j) \in A, \ \forall i \neq o_w, o_{w'}, d_w, d_{w'}, \forall w, w' \in W, w \neq w' \\ t_i^w \geq 0, \ \forall i \in N, \forall w \in W \\ y_{ij} \in \{0,1\}, \ \forall(i,j) \in A \end{cases}$$

$$\text{s.t.} \begin{cases} \chi_{ijk}^{w} \in \{0,1\}, \ \forall (i,j) \in A, \forall w \in W, \forall k \in K \\ z_{iww'} \in \{0,1\}, \ \forall i \in N, \forall w,w' \in W, w \neq w' \\ \beta_{ik}^{w} \in \{0,1\}, \ \forall i \in N, \forall w \in W, \forall k \in K \\ \displaystyle\sum_{w \in W} \sum_{(i,j) \in A} \sum_{k \in K} P_{ij}^{w} E_{ijk} \chi_{ijk}^{w} \leqslant \varepsilon_2 \\ \beta_{ik}^{w} + \beta_{i(k+1)}^{w} \geqslant \chi_{ijk}^{w}, \ \forall (i,j) \in A, \forall k \in K, \forall w \in W \end{cases}$$

需要指出的是，当 $r = 1$ 时，原问题 P_1^t 被看作 CP_1。因此，约束（6-24）应从 RP_r 和 SP_r（$r = 1$）中移除。

改进的分割求解法的流程如图 6-3 所示。

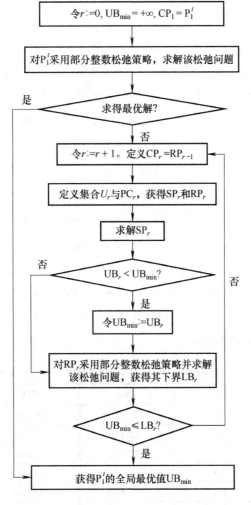

图 6-3　求解 ε 问题 P_1^t 的分割求解法的流程图

6.4　算法验证

为了评价算法的有效性，本节对随机产生的 155 个（31 组×5 个/组）算例进行测试。实验环境同第 4 章所述。应用 CPLEX 求解问题 P_1^{ϵ}。CPLEX 在默认的参数设置条件下运行。

本章所考虑的运输网络 $G(N,A)$ 也是根据 Waxman[128] 提出的随机网络拓扑结构产生器生成的。起讫点也是从节点集中随机选择。由于现实生活中一天内时段的总数量有限[134]，参数 $|K|$ 设置在 1~5 之间。设 π_{ij}^w 表示危险品运输任务 w 在路段 (i,j) 的普通车道上的事故发生概率，其中 $\pi_{ij}^w > P_{ij}^w$。仿真实验结果表明，给定合理的算例总数量，算例输入参数 $\pi_{ij}^w, P_{ij}^w, T_{ij}, \tau_{ij}, E_{ijk}, T_{int}, M_{ij}$ 的值对算法的性能影响较小。与第 4 章类似，按照以下标准设置各参数的数据：$\tau_{ij} = d(i,j)$ 且 $T_{ij} = \tau_{ij} \times U(0.6, 0.9)$，其中 U 是一个均匀分布；$\pi_{ij}^w = d(i,j) \times U(8,20)$；$P_{ij}^w = \pi_{ij}^w \times U(0.6, 0.9)$，其量纲是 10^{-7}；E_{ijk} 是由 $U(10, 80)$ 生成的，其量纲是 10^4；$T_{int} = 10$；M_{ij} 是由 $U(2, 5)$ 生成的。ε 约束法的迭代次数 S 设定为 20。

表 6-1 给出了当节点平均度为 3、运输任务数为 5 和时段数为 3 时，随机算例的计算结果。每个算例的总计算时间指的是利用 ε 约束法获得 21 个解的总运行时间。T1 与 T2 列分别表示应用 CPLEX 软件包和本章所提出的算法求解 5 个算例的平均计算时间（CPU 时间，以 s 计）。从表 6-1 可知，本章所提出的算法比 CPLEX 软件包更有效，两者的总计算时间都随着节点数的增加而适度地增加。值得指出的是，T1 与 T2 所对应的两条曲线的趋势几乎是相同的，但是在图 6-4 中，随着节点数的增加，T2 比 T1 的增加幅度更缓慢。例如，第 1 组算例有 20 个节点，T1 仅是 T2 的 1.261 倍，而第 9 组算例有 100 个节点，T1/T2 的比值高达 2.223。

表 6-1　当 Deg=3、|W|=5 和 |K|= 3 时随机算例的计算结果

组　　序	|N|	T1/s	T2/s	T1/ T2
1	20	42.492	33.689	1.261
2	30	159.133	101.038	1.575
3	40	229.150	155.282	1.476
4	50	328.191	174.990	1.875
5	60	319.409	200.318	1.593
6	70	865.940	252.524	3.429

（续）

组　序	$|N|$	T1/s	T2/s	T1/ T2
7	80	1375.141	465.900	2.952
8	90	2089.713	830.784	2.515
9	100	2353.960	1058.735	2.223

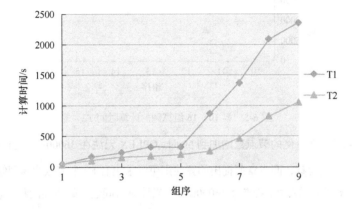

图 6-4　CPLEX 与分割求解法的计算时间对比示意图

表 6-2 给出了当节点平均度为 3、运输任务数为 10 和时段数为 3 时，随机算例的计算结果。从表 6-2 可知，CPLEX 软件包和本章所提出的总计算时间都随着节点数的增多而大幅度地增加，但后者比前者的增加程度较缓慢。图 6-5 给出了第 10~16 组算例的计算时间 T2。以第 10 组与第 11 组算例为例，给定运输任务数以及时段数，第 11 组算例的计算时间 T1、T2 分别是第 10 组算例的 T1、T2 的 6.636 与 4.440 倍。对比表 6-1 和表 6-2 可发现，算法在运输任务为 10 时比在运输任务为 5 时求解问题更有效。例如，给定运输任务数以及时段数，第 3 组算例 T1/T2 的值仅有 1.476，而第 12 组算例 T1/T2 的值则高达 3.573。

表 6-2　当 Deg=3、$|W|$=10 和$|K|$=3 时随机算例的计算结果

组　序	$|N|$	T1/s	T2/s	T1/ T2	GAP
10	20	529.566	385.258	1.375	0
11	30	3514.437	1710.633	2.055	0
12	40	11489.591	3215.313	3.573	0
13	50	28094.791	6698.321	4.194	0
14	60	>36000.000	5703.657	—	5.309%
15	70	>36000.000	7568.321	—	3.217%
16	80	>36000.000	35434.740	—	3.949%

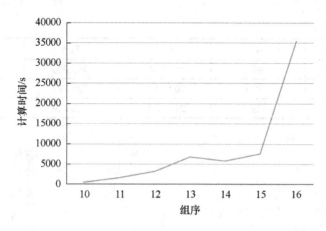

图 6-5　第 10～16 组算例的计算时间 T2

在表 6-2 中,当算例的节点数增加到 60 时,CPLEX 无法在 36000s 内找到问题 $P_0'(\varepsilon_2)$ 的 21 个帕累托最优解,而本章所提出的算法则可以求出有 80 个节点的算例的 21 个解。设定问题 $P_0'(\varepsilon_2)$ 的计算时间阈值为 36000s/21。当计算时间达到阈值而问题求解还未达到最优时,CPLEX 对该问题的计算终止。对于第 14～16 组算例,尽管 CPLEX 没有找到其所有的最优解,但当 CPLEX 终止时,它能给出问题 $P_0'(\varepsilon_2)$ 的目标函数值的上下界,其中下界的差值定义为(上界值–下界值)/上界值,它表示未达到最优解的优劣程度。表 6-2 中的 GAP 表示未得到最优值时问题 $P_0'(\varepsilon_2)$ 的平均差值。第 14～16 组算例的平均差值依次为 5.309%、3.217% 和 3.949%。这些差值相对较小,这表示第 14～16 组算例中未得到最优值的问题 $P_0'(\varepsilon_2)$ 所获得的解较接近其最优解。在表 6-2 中,给定运输任务数 10,第 16 组算例的计算时间基本接近 36000s,因此,该组算例可以被看作在合理的时间内本章所提出的算法所能求解的最大规模问题之一。

表 6-3 给出了不同时段数的情况下,本章所提出的算法求解节点平均度为 4、运输任务数为 5 的随机算例所耗费的总计算时间。从表 6-3 中可以看出,给定节点数,计算时间随着时段数的增加而快速增长。例如,在节点数为 100 时,第 30 组算例与第 31 组算例的计算时间分别是第 29 组算例的 11.329 倍与 24.237 倍。如表 6-1 与表 6-3 所示,计算时间同样随着节点平均度的增加而增加。当 $|K|$ 为 3 时,给定节点数与运输任务数,Deg 为 4 的算例的计算时间大于 Deg 为 3 的算例的计算时间。例如,第 24 组的计算时间是第 5 组的 2.645 倍。

表 6-3　当 Deg=4、|W|=5 和|K|= 1、3、5 时随机算例的计算结果

组　序	|N|	|K|	T1/s	T2/s	T1/ T2
17	20	1	26.923	23.804	1.131
18		3	63.177	41.690	1.515
19		5	160.727	141.198	1.138
20	40	1	45.259	31.647	1.430
21		3	202.990	165.206	1.229
22		5	311.470	251.380	1.239
23	60	1	53.883	37.412	1.440
24		3	625.306	529.896	1.180
25		5	1289.057	1141.264	1.129
26	80	1	83.724	51.417	1.628
27		3	2920.514	831.624	3.512
28		5	4002.699	1575.911	2.540
29	100	1	149.272	101.348	1.473
30		3	3885.786	1148.121	3.384
31		5	9610.322	2456.343	3.912

6.5　本章小结

　　本章主要研究了时变风险条件下危险品运输专用道优化问题。在该问题中，运输风险随着时间的变化而变化。首先，本章为该问题提出了多目标混合整数规划模型，并研究了该问题的预处理技术，以减小问题的解空间。然后，针对单目标 ε 问题，开发了改进的分割求解法。在该改进的方法中，应用了部分整数松弛策略，提出了一个新的分割面生成技术。最后，利用随机算例对算法的有效性进行了验证。计算结果表明：本章所提出的算法性能优于软件包 CPLEX。

第 7 章

考虑环境风险的危险品运输路径优化模型与方法

7.1 引言

　　最小化运输风险是危险品运输问题最根本的目标，这是由问题本身性质决定的。在运输网络中，不同的运输路径会面临不同的风险因素，如危险品事故发生概率和事故发生地附近受影响的人口数量和自然环境所承受的后果。因此，进行危险品运输路径优化决策对危险品运输管理非常有必要。

　　在大多数危险品运输问题研究中，事故概率与人口暴露数的乘积被视为运输风险。然而，对环境污染风险的研究较少。在本章中，运输风险不仅包括人口暴露风险，还包括环境污染风险。

7.2 问题建模

7.2.1 问题描述

　　假设有一个危险品运输网络 G，由一系列节点和弧组成，用 N 表示节点集合，用 A 表示连接节点的弧的集合，因此，该危险品运输网络可以表示为 $G=(N, A)$。而弧 (i, j) 表示从节点 i 到节点 j 的一条弧。$|W|$ 个运输任务需要在规定时间内从其起点 o_w 运送到终点 d_w。

　　本节所研究的问题是在运输网络中确定从 o_w 到 d_w 如何找到一条风险最低的道路，并为每一个运输任务选择一条最优路径，以保证每一个运输任务必须在给定的期限完成，所有经过同一路段的运输任务所造成的风险不能超过该路段的风险阈值。风险是危险品运输问题区别于其他运输问题的重要因素，在问题建模前，需要首先界定运输风险。

7.2.2　风险评价

正如前文所述，对于危险品运输而言，在定量风险评价中，通常将风险定义为危险品事故发生概率及其后果的乘积。其数学描述如下：

$$R = P \times C \tag{7-1}$$

式中，R 为危险品运输风险；P 为危险品运输事故发生概率；C 为危险品运输事故后果。

本章从人口暴露和环境污染两方面构建风险评价模型并作为路径优化指标，即考虑危险品事故所造成的后果既与事故发生地邻近区域中的人口数量成比例，又和区域面积成比例。在事故邻近区域中，人口暴露数取决于发生事故时危险品的性质以及人口密度，它是指受到危险品运输事故影响的人口数；而环境污染与危险品事故造成污染的区域大小有关，本章以潜在受影响的面积表示环境污染的程度。

对于危险品运输问题来说，风险评价是一个非常重要的任务，本书采用传统的风险评价方法，即将危险品运输对人的风险定义为事故发生概率乘以人口暴露数，对环境的风险定义为事故发生概率乘以污染面积。

危险品任务 w 在弧段 (i, j) 上的运输风险定义为

$$\text{暴露人口风险 } R_1 = p_{ij}^w E_{ij}, \forall w \in W, (i, j) \in A \tag{7-2}$$

$$\text{环境污染风险 } R_2 = p_{ij}^w B_{ij}, \forall w \in W, (i, j) \in A \tag{7-3}$$

式中，p_{ij}^w 为危险品任务 w 在弧段 (i, j) 上的事故发生概率；E_{ij} 为沿着弧段 (i, j) 的区域内的人口暴露数；B_{ij} 为沿着弧段 (i, j) 的区域内的环境污染面积。

危险品在路径 P 上的运输风险则定义为

$$R_P = \sum_{(i,j) \in P} (p_{ij}^w E_{ij} + p_{ij}^w B_{ij}), \forall w \in W \tag{7-4}$$

同大多数危险品运输问题类似，本章将事故发生概率、人口暴露数以及环境污染面积视为参数。

7.2.3　数学模型

为了便于建立问题的数学模型，提出如下假设：

1）某个路段上危险品事故的发生概率和沿该路段的人口暴露数，以及发生泄漏事故时环境污染面积是常数，不随时间变化；

2）潜在的危险品事故是随机发生的，彼此之间相互独立。换言之，一个危险品事故的发生不会导致另一个危险品事故的发生。

问题的集合和参数定义如下：

$W=\{1,2,\cdots,|W|\}$：危险品运输任务集合；

$O=\{o_1,o_2,\cdots,o_w,\cdots,o_{|W|}\} \in N$：运输任务起点集合，$o_w$ 表示运输任务 w 的起点；

$D=\{d_1,d_2,\cdots,d_w,\cdots,d_{|W|}\} \in N$：运输任务终点集合，$d_w$ 表示运输任务 w 的终点；

T_{ij}：弧(i,j)上的运输时间；

S_w：运输任务 w 的完成时间期限；

Q_{ij}：弧(i,j)上事故发生概率的阈值；

p_{ij}^w：运输任务 w 在弧(i,j)上的事故发生概率；

E_{ij}：沿着弧(i,j)的人口暴露数；

B_{ij}：危险品在弧(i,j)上发生事故时的污染面积。

问题的决策变量定义如下：

$$x_{ij}^w = \begin{cases} 1, & \text{若运输任务 } w \text{ 经过弧}(i,j) \\ 0, & \text{否则} \end{cases}$$

暴露人口风险：
$$f_1 = \sum_{w \in W} \sum_{(i,j) \in A} p_{ij}^w E_{ij} x_{ij}^w \tag{7-5}$$

环境污染风险：
$$f_2 = \sum_{w \in W} \sum_{(i,j) \in A} p_{ij}^w B_{ij} x_{ij}^w \tag{7-6}$$

通过归一化处理得到总运输风险 f 表示为
$$f = \frac{\omega_1 f_1}{E_w} + \frac{\omega_2 f_2}{B_w} \tag{7-7}$$

式中，ω_1 和 ω_2 分别为人口暴露风险和环境污染风险的权重；E_w 和 B_w 分别为危险品任务 w 在运输网络中包含的所有路段中人口暴露数和环境污染面积。

故考虑环境污染风险的危险品运输路径优化问题可表示为以下整数规划模型：

问题 **P**：

$$\min \ f = \omega_1 \sum_{w \in W} \sum_{(i,j) \in A} p_{ij}^w E_{ij} x_{ij}^w / E_{\max} + \omega_2 \sum_{w \in W} \sum_{(i,j) \in A} p_{ij}^w B_{ij} x_{ij}^w / B_{\max} \tag{7-8}$$

$$\text{s.t.} \begin{cases} \displaystyle\sum_{j:(o_w,j) \in A} x_{o_w,j}^w = 1, \ \forall w \in W, o_w \in O & (7\text{-}9) \\[3mm] \displaystyle\sum_{i:(i,d_w) \in A} x_{i,d_w}^w = 1, \ \forall w \in W, d_w \in D & (7\text{-}10) \\[3mm] \displaystyle\sum_{j:(i,j) \in A} x_{ij}^w = \sum_{j:(i,j) \in A} x_{ji}^w, \ \forall w \in W, \forall i \notin o_w, d_w & (7\text{-}11) \\[3mm] \displaystyle\sum_{(i,j) \in A} T_{ij} x_{ij}^w \leqslant S_w, \ \forall w \in W & (7\text{-}12) \\[3mm] \displaystyle\sum_{w \in W} P_{ij}^w x_{ij}^w \leqslant Q_{ij}, \ \forall (i,j) \in A & (7\text{-}13) \\[3mm] x_{ij}^w \in \{0,1\}, \ \forall w \in W, (i,j) \in A & (7\text{-}14) \end{cases}$$

目标函数（7-8）是最小化运输网络中危险品运输总风险，该风险包括人口暴露风险（7-5）和环境污染风险（7-6），其中 E_{max} 和 B_{max} 分别表示危险品任务在运输网络中包含的所有路段中人口暴露数和环境污染面积的最大值。约束（7-9）～约束（7-11）表示任意一个运输任务 w 从起始地到目的地有且仅有一条路径，其中约束（7-11）则保证了在节点 i 处的流平衡，$\forall i \notin o_w, d_w$。约束（7-12）表示完成运输任务 w 的总时间不能超过其时间期限 S_w。约束（7-13）表示所有通过弧(i, j)的运输任务所造成的风险不能超过其风险阈值，以确保风险在空间分布的均匀性。约束（7-14）为决策变量的 0-1整数约束。

7.3　算法设计

7.3.1　分割求解法

分割求解法的详细介绍见第 2 章，在此不再赘述。如第 2 章所述，分割面（PC）、稀疏问题（SP）、剩余问题（RP）在算法迭代过程中具有举足轻重的作用。分割求解法的关键是如何将当前问题切割为剩余问题 RP 和稀疏问题 SP，分割面在这一过程中起着非常重要的作用。分割求解法的效率很大程度上取决于如何选择适当的分割面。如果被分割面切割出来的 SP 的解空间不够小，那么将很难在合理的时间内求出它的最优解；反之，SP 的解空间中可能没有更好的可行解，那么当前最优上界则不能在迭代过程中被更新。因此，需要合理定义分割面、稀疏问题、剩余问题。

7.3.2　定义分割面、稀疏问题、剩余问题

如第 2 章所述在分割求解法中有一个非常重要的概念，即差额成本。Climer 和 Zhang[19]定义了一个变量集合 U，U 中的决策变量的差额成本要大于一个给定的值 α，分割面被定义为这样一个约束，集合 U 中所有决策变量的和大于或等于 1。因此分割求解法的关键变为如何确定集合 U 中的变量。设 U_r（$r > 0$）表示第 r 次迭代是满足上述条件的变量集合。由于本章所研究的问题是 0-1 整数规划问题，所有的决策变量要么是 0，要么是 1，使得变量集合 U_r 中所有变量的和要么等于 0，要么大于或等于 1。设 PC_r 表示第 r 次迭代的分割面。PC_r 通过给当前问题 CP_r 添加一个 U_r 中所有变量的和等于 0 的约束，就形成稀疏问题 SP_r，通过给当前问题 CP_r 添加一个 U_r 中所有变量的和大于或等于 1 的

约束，就形成了剩余问题 RP_r。

对于本章所建立的模型，可采用 Climer 和 Zhang 提出的分割面生成技术。其中，U_r 的定义应由问题的一些性质决定。由于本章所研究的问题只有一类决策变量，x_{ij}^w 可被认为是和 U_r 相关的变量。

令 $X(x_{ij}^w)$ 表示线性松弛问题 CP_r 的最优解中 x_{ij}^w 的差额成本值。U_r（$r \geq 1$）则可以如下定义：

$$U_r = \left\{ x_{ij}^w \middle| X(x_{ij}^w) > h_r, \ \forall (i,j) \in A \right\} \tag{7-15}$$

式中，h_r 是一个给定的正数。

本章中，h_r 的值是按照以下方法确定的：假设 U_r 的预期变量数量为 n，那么将 U_r 中所有变量的差额成本值按照升序进行排序，第 n 个变量的差额成本值就是 h_r 的值。

一旦确定了 U_r（$r \geq 1$），PC_r（$r \geq 1$）则可定义如下：

PC_r：

$$\sum_{x_{ij}^w \in U_r} x_{ij}^w \geq 1, \ \forall (i,j) \in A \tag{7-16}$$

利用 PC_r，CP_r 的解空间被分成两个子空间。通过添加新的约束到 CP_r，可以得到稀疏问题 SP_r 和剩余问题 RP_r。

SP_r 和 RP_r 定义如下：

SP_r：

$$\min f = \omega_1 \sum_{w \in W} \sum_{(i,j) \in A} p_{ij}^w E_{ij} x_{ij}^w / E_{\max} + \omega_2 \sum_{w \in W} \sum_{(i,j) \in A} p_{ij}^w B_{ij} x_{ij}^w / B_{\max}$$

$$\text{s.t.} \begin{cases} \sum_{x_{ij}^w \in U_l} x_{ij}^w \geq 1, \ l = 1, \cdots, r-1 \\ \sum_{x_{ij}^w \in U_r} x_{ij}^w = 0 \\ \sum_{j:(o_w,j) \in A} x_{o_w,j}^w = 1, \ \forall w \in W, o_w \in O \\ \sum_{i:(i,d_w) \in A} x_{i,d_w}^w = 1, \ \forall w \in W, d_w \in D \qquad (7\text{-}17) \\ \sum_{j:(i,j) \in A} x_{ij}^w = \sum_{j:(i,j) \in A} x_{ji}^w, \ \forall w \in W, \forall i \notin o_w, d_w \quad (7\text{-}18) \\ \sum_{(i,j) \in A} T_{ij} x_{ij}^w \leq S_w, \ \forall w \in W \\ \sum_{w \in W} P_{ij}^w x_{ij}^w \leq Q_{ij}, \ \forall (i,j) \in A \\ x_{ij}^w \in \{0,1\}, \ \forall w \in W, (i,j) \in A \end{cases}$$

RP_r：

$$\min f = \omega_1 \sum_{w \in W} \sum_{(i,j) \in A} p_{ij}^w E_{ij} x_{ij}^w / E_{\max} + \omega_2 \sum_{w \in W} \sum_{(i,j) \in A} p_{ij}^w B_{ij} x_{ij}^w / B_{\max}$$

$$\text{s.t.}\begin{cases} \sum\limits_{x_{ij}^w \in U_l} x_{ij}^w \geq 1, l=1,\cdots,r-1 \\[2mm] \sum\limits_{x_{ij}^w \in U_r} x_{ij}^w \geq 1 \\[2mm] \sum\limits_{j:(o_w,j)\in A} x_{o_w,j}^w = 1, \ \forall w \in W, o_w \in O \\[2mm] \sum\limits_{i:(i,d_w)\in A} x_{i,d_w}^w = 1, \ \forall w \in W, d_w \in D \\[2mm] \sum\limits_{j:(i,j)\in A} x_{ij}^w = \sum\limits_{j:(i,j)\in A} x_{ji}^w, \ \forall w \in W, \forall i \notin o_w, d_w \\[2mm] \sum\limits_{(i,j)\in A} T_{ij} x_{ij}^w \leq S_w, \ \forall w \in W \\[2mm] \sum\limits_{w\in W} P_{ij}^w x_{ij}^w \leq Q_{ij}, \ \forall (i,j)\in A \end{cases} \qquad (7\text{-}19)$$

应当指出的是，当 $r=1$ 时，问题 P 被视为问题 CP_1。因此，此时的 RP_1 和 SP_1 应该移除约束（7-17）。

7.4　算法测试

本节主要对所提出算法的有效性进行检验。为了验证算法的有效性，本节将通过随机算例进行测试和评价所提出的算法，且使用的随机算例完全相同，以此来比较 CPLEX 软件包和分割求解法的计算性能。在程序实现上，本章主要采用 C 语言作为程序编写语言。在 C 编程环境下调用 CPLEX 来求解整数规划问题。CPLEX 在默认的参数设置下运行，所有的计算实验都在 4.00GB 内存、1.8GHz 主频的个人计算机上运行，操作系统为 Windows 10。

7.4.1　随机算例产生

随机算例按照如下方式生成：

运输网络 $G(N, A)$ 是根据由 Waxman[128] 提出的随机网络拓扑生成器生成。在本书随机算例中，节点在[0,100]×[0,100]的平面上随机生成，并且在该平面上均匀分布；弧(i, j)根据以下概率函数生成：$p_{(i,j)} = \beta \exp \dfrac{-d(i,j)}{\alpha L}$，式中 $d(i,j)$ 和 L 分别表示节点 i 和 j 之间的欧几里得距离和最大距离，并且 $0 < \alpha, \beta \leq 1$。欧几里得距离 $d(i,j)$ 表示 i 点到 j 点之间的实际距离。运输任务 w 的起点和终点从节点集中随机产生。

运输车辆经过弧(i, j)所用时间为 T_{ij}，令 $T_{ij} = d(i,j) \times U(0.5, 0.8)$。运输任务完成时间期限 S_w 设置为 $\mathrm{dis}(o_w, d_w) \times U(1, \sqrt{2})$ [119]，其中 $\mathrm{dis}(o_w, d_w)$ 表示的是运输任务 w 在运输网

络中从起点 o_w 到终点 d_w 的最短行驶时间。同理，考虑到文献[129]中提到的车道数、运输危险品货车配置、人口密度和道路条件对事故发生概率的影响，令运输任务 w 在弧(i,j)上的事故发生概率 $P_{ij}^w = d(i,j) \times U(8,20)$，其量纲是 10^{-7}；弧(i,j)上事故发生概率的阈值 $Q_{ij} = \sum_{w=1}^{W} p_{ij}^w \times U(0.4,0.6)$。沿着弧$(i,j)$的人口暴露数 E_{ij} 由 $U(10,80)$生成，其量纲是 10^4。最后，危险品在弧(i,j)上发生事故时的污染面积 B_{ij} 由 $U(700,80000)$生成，其单位是 $m^{2[119]}$。

网络 G 的节点平均度被定义为 Deg $=2|A|/|N|^{[120-121]}$，其中，$|N|$和$|A|$分别表示的是 G 的节点数和弧的数量。节点平均度表示与该节点相邻连接的弧的个数的平均数，它能侧面反映网络的密度。每组随机算例中包括 5 个算例，计算结果表中的每一项结果指的是 5 个算例的平均值。

7.4.2 随机算例测试

为简单起见，假定目标函数中人口暴露风险和环境污染风险权重相等，即设 $\omega_1 = \omega_2 = 0.5$。

表 7-1 给出了当节点平均度 Deg 为 4 时，随机算例的计算结果，T1 列和 T2 列分别表示 CPLEX 和分割求解法求解算例的平均计算时间（CPU 时间，以 s 计）。

表 7-1　Deg=4 时随机算例的计算结果

组　序	$|N|$	$|W|$	T1/s	T2/s	T1/T2
1	90	20	1.808	1.604	1.127
2	100	20	2.235	2.021	1.106
3	110	20	2.811	2.403	1.170
4	120	20	3.466	2.920	1.187
5	130	20	4.239	3.620	1.171
6	140	20	4.937	4.054	1.218
7	150	20	6.026	4.130	1.459
8	160	20	6.858	5.966	1.150
9	170	20	8.032	6.949	1.156
10	180	20	9.642	8.308	1.161
11	70	30	1.250	1.703	0.734
12	80	30	2.120	2.020	1.050
13	90	30	2.769	2.584	1.072
14	100	30	3.593	3.211	1.119
15	110	30	4.662	4.094	1.139
16	120	30	5.642	5.059	1.115

（续）

组　序	|*N*|	|*W*|	T1/s	T2/s	T1/ T2
17	130	30	6.662	6.222	1.071
18	140	30	8.398	7.128	1.178
19	150	30	10.232	8.791	1.164
20	160	30	16.699	10.552	1.583

从表 7-1 可以看出，任务数不变时，随着节点数的增加，所耗费的计算时间则越多。例如从第 1～10 组算例中，任务数|*W*|保持不变，随着节点数从 90 增加到 180，计算时间快速增加。

从表 7-1 还可以看出，对于大部分算例，分割求解算法比 CPLEX 更有效，其表现为 T1/T2 大部分都大于 1，图 7-1 给出了运输任务数为 30 的算例的计算时间 T1 和 T2 的变化趋势。

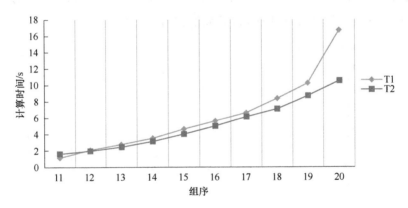

图 7-1　T1 与 T2 对比

从表 7-2 可以看出，T1 和 T2 的变化趋势基本一致，但随着节点数的增加，T1 急速增加，而 T2 增加相对较慢，说明对于大规模算例，分割求解法比 CPLEX 更有效。

表 7-2　不同 Deg 值时随机算例的计算结果

组　序	|*N*|	|*W*|	Deg	T1/s	T2/s	T1/ T2
21	80	15	3	0.967	0.967	1.000
22	80	15	4	1.083	0.965	1.122
23	80	15	5	1.073	0.969	1.107
24	80	15	6	1.052	0.971	1.083
25	80	15	7	1.888	0.986	1.915
26	100	25	3	1.863	1.281	1.454

（续）

组 序	|N|	|W|	Deg	T1/s	T2/s	T1/ T2
27	100	25	4	2.879	1.976	1.457
28	100	25	5	3.788	2.348	1.613
29	100	25	6	4.628	3.803	1.217
30	100	25	7	5.483	3.962	1.384

表 7-2 给出了求解不同节点平均度 Deg 情况下算例的计算时间。

从中可以看出对小规模算例，任务数、节点数保持不变，随着网络节点平均度的增加，计算时间增加的幅度很小，几乎可以忽略。比如，从第 21 组算例到第 25 组算例，任务数、节点数均不变，节点平均度 Deg 从 3 增加到 7，T2 从 0.967 增加到 0.986，几乎不变；对较大规模算例来说，当任务数、节点数不变，节点平均度增加，计算时间也会随之增加。图 7-2 所示为第 26 组算例到第 30 组算例，节点数为 100，任务数为 25，节点平均度由 3 增加到 7 时，采用分割求解算法所花费的计算时间。

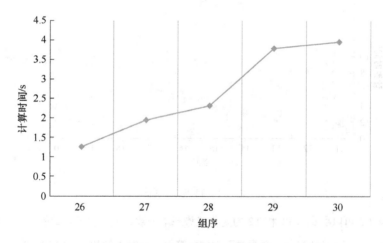

图 7-2　第 26～30 组算例的计算时间 T2

7.5　本章小结

本章研究了考虑环境污染风险的危险品运输路径优化问题。首先，对所研究的问题进行了概括引述；其次，分别从问题描述、人口暴露风险和环境污染风险评价模型、问题假设、参数设计和约束条件等方面对此类危险品运输路径优化问题进行了讨论；最后，通过对所研究问题的时间期限约束、风险阈值约束的深入分析建立了问题的数学模型。本章提出了分割求解法来求解考虑环境污染风险的危险品运输路径优化问题,并将其计算性能与 CPLEX 进行比较。实验结果表明,分割求解法不仅可以求解考虑环境污染风险的危险品运输路径优化问题,且其性能还优于 CPLEX 软件包,尤其是在处理大规模算例时。

第 8 章

单任务危险品多式联运路径优化模型与方法

8.1 引言

国内外学者对危险品多式联运问题的研究较少。Verma 和 Verter[135]首次研究了危险品铁路-货车联运路径优化问题，提出一个基于交货期（lead-time）的方法求解问题。Verma 等人[58]则在危险品铁路-货车联运路径优化问题中，以最小化总运输成本和最小化总公众暴露风险为目标函数，建立了问题的双目标混合整数规划模型，提出了基于 Dijkstra 算法和禁忌搜索算法相结合的优化算法来求解所研究的问题，并在合理时间内获得了问题的帕累托最优解。黄丽霞和帅斌[62]研究了危险品多式联运路径优化问题，以最小化运输和转运总成本及总风险为目标函数，考虑了多批货物及送达时间要求等约束条件，构建了双目标线性规划模型，并设计了基于集成路径搜索算法和非支配排序规则的帕累托多目标优化算法。开妍霞和王海燕[79]研究了综合考虑事故所造成的损失最小和运输成本最小情况下的危险品多式联运路径优化问题。研究发现，与单一运输方式相比，多式联运在一定程度上可以降低危险品运输过程中的社会总期望损失和运输成本。魏航和李军等人[136]研究了时变条件下危险品多式联运的路径优化问题，建立了最短路径模型，并给出了计算的复杂度。辛春林和冯倩茹等人[137]对时变条件下危险品多式联运路径优化问题提出了一种 Dijktra 改进算法。付晓凤和杨丽萍[138]通过将危险品多式联运的时间、成本、风险统一量纲并加权求和的方法，将多目标危险品多式联运路径优化问题转化为单目标问题进行研究。

文献中危险品运输问题研究大多只考虑了单一的运输方式，仅有少数学者研究了单任务危险品多式联运路径多目标优化问题。本章研究了单任务危险品多式联运路径多目标优化问题。在一个危险品运输网络中，已知危险品运输任务起讫点的情况下，选择合理的运输路径，选取合理的运输方式，并在必要的运输站点构建合理的转运方案，以最小化多式联运成本和多式联运风险为目标函数，求解最优的多式联运方案。

8.2　问题概述

令 $G = (N,A)$ 表示双向的危险品多式联运网络，它由一系列的运输站点（节点）和运输路段组成，N 表示网络中的运输站点，A 表示由运输站点构成的运输路段，$(i,j)^l$ 表示运输站点 i 到运输站点 j 的以运输方式 l 运输路段，O,D 分别表示起点和终点。

图 8-1 所示为一个危险品多式联运网络图。图中共有 A、B、C、D 四个运输城市，其中 A、D 两点分别代表危险品运输任务的起始点和目的地，完成一次从城市 A 到城市 D 的运输任务有 A→B→D 和 A→B→C→D 两条运输路径。而与传统的单一运输方式危险品运输问题不同的是，多式联运问题在两个相邻运输站点之间有两种及两种以上的运输方式可供选择。如图 8-1 中显示危险品从城市 A 运达城市 B 有公路、铁路、海运等多种运输方式可供选择，而且如果相邻运输弧段使用的运输方式不同，如从城市 A 到城市 B 使用公路运输，从城市 B 到城市 C 使用铁路运输，则需要考虑中间运输站点的转运情况。

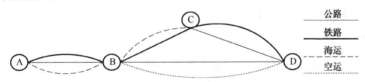

图 8-1　城市 A 到城市 D 的运输路径图

本章所研究的问题是在一个存在多种运输方式的危险品多式联运网络中，为已知起讫点的危险品运输任务选择运输方案，在保证危险品在规定的时间期限内从起点运达终点的前提下，尽可能地降低危险品运输风险，优化危险品运输成本。以图 8-1 中的多式联运网络图为例，假设现有一批应急物资需要从城市 A 运往城市 D，而且仅通过一种运输方式无法保证危险品在规定的时间期限内从城市 A 运达城市 D，就需要考虑多式联运的运输方式。如在城市 A 到城市 B 选择铁路运输，为了保障应急燃料尽快送达目的地，需要在城市 B 处实施铁路运输转航空运输的转运方案，并将应急物资空运至城市 D。与传统的单一运输方式相比，多式联运可以整合多种运输方式的运输优势，发掘多式联运的运输潜能，同时不同运输方式之间的衔接会带来新的转运风险。本章所研究问题的目标是最小化多式联运风险（包括运输风险和转运风险），在充分利用多式联运优势的同时，为决策者提供有效的运输方案。

8.3　风险评价

如前所述，传统的风险评价方法通常将风险定义为危险品事故发生概率及其后果的乘积。危险品事故可能导致多种不良后果，其中以与人员伤亡相关的事故后果与我们最休戚相关，受到大多数研究者的重视。为了便于研究，假定危险发生时，危险区域内的每个个体均受到同等的负面影响，且危险区域外的个体不受影响。由此可以认为危险品事故引起的后果与事故发生区域及邻近区域的人口数量成正比例。在事故影响区域内，人口暴露数取决于事故属性以及事故发生区域附近的人口密度[46]，本章中是指受到危险品多式联运事故影响的人口数。本章拟采用传统的风险评价方法，将危险品多式联运风险定义为事故发生概率乘以人口暴露数。

危险品多式联运问题的风险由运输风险和转运风险两部分组成。

危险品在运输路段 $(i, j)^l$ 上的运输风险定义为

$$R_{ijl}^1 = p_{ij}^l e_{ij} \qquad (8\text{-}1)$$

式中，p_{ij}^l 为危险品在路段 (i, j) 上以运输方式 l 运输的事故发生概率；e_{ij} 为沿着运输路段 (i, j) 的事故影响区域内的人口暴露数。

危险品在多式联运方案路径 Q 上的运输风险定义为

$$R_Q^1 = \sum_{(i, j)^l \in Q} p_{ij}^l e_{ij} \qquad (8\text{-}2)$$

危险品在运输站点 i 处由运输方式 m 转换为 $l(m \ne l)$ 的转运风险定义为

$$R_{iml}^1 = p_i^{ml} e_i \qquad (8\text{-}3)$$

式中，p_i^{ml} 为在运输站点 i 处危险品由运输方式 m 转换为 $l(m \ne l)$ 的事故发生概率；e_i 为在运输站点 i 处及其邻近的事故影响区域内的人口暴露数。

危险品在多式联运方案路径 Q 上的转运风险定义为

$$R_Q^2 = \sum_{i^{ml} \in Q} p_i^{ml} e_i \qquad (8\text{-}4)$$

危险品在多式联运方案路径 Q 上的总风险则定义为

$$R_Q = R_Q^1 + R_Q^2 \qquad (8\text{-}5)$$

本章在单任务危险品多式联运路径多目标优化问题研究中，将事故发生概率及其后果（人口暴露数）视为已知参数。

8.4　问题建模

8.4.1　假设条件

为了便于建立单任务危险品多式联运路径多目标优化问题的数学模型,提出以下假设:

1）本章所研究的问题针对单任务运输问题,即只有一个起点和一个终点。

2）运输过程中某个运输路段上危险品的事故发生概率及事故影响区域的人口暴露数是常数,即运输风险是常数,不随时间变化。

3）运输过程中某个运输站点上危险品的事故发生概率及事故影响区域的人口暴露数是常数,即转运风险是常数,不随时间变化。

4）不同运输路段的危险品事故是相互独立发生的。

5）不同运输站点的危险品事故是相互独立发生的。

6）同一运输路段不同的运输方式的危险品事故是相互独立发生的。

7）两个不同的运输方式相互转运（如运输方式 $m \to l, l \to m$ ）的成本、风险等参数相等。

8.4.2　模型构建

为了方便表述与建模,定义以下参数和集合:

运输站点/转运站点集合 $N=\{1,\cdots,i,\cdots,j,\cdots,N\}$;

运输路段集合 A , $(i,j) \in A$;

起讫点: $O,D \in N$;

运输方式 $L = \{1,2,3,4\}$,其中 1—公路、2—铁路、3—海运、4—空运;

有效转运集合 $G,(m,l) \in G$,其中 $m \neq l, m \in L, l \in L$;

C_{ij}^{l} 为运输路段 (i,j) 间以运输方式 l 的运输成本;

C_{i}^{ml} 为运输方式 m 在运输站点 i 处转为运输方式 l 的转运成本;

T_{ij}^{l} 为运输路段 (i,j) 间的运输时间;

T_{i}^{ml} 为运输方式 m 在运输站点 i 处转为运输方式 l 的转运时间;

$T_{\max}$ 为危险品多式联运的最大联运时间期限;

P_{ij}^{l} 为运输路段 (i,j) 间以运输方式 l 的事故发生概率;

P_{i}^{ml} 为运输方式 m 在运输站点 i 处转为运输方式 l 的事故发生概率;

E_{ij} 为运输路段 (i,j) 间的人口暴露数;

E_i 为运输站点 i 的人口暴露数。

问题的决策变量为：

x_{ij}^l：危险品在运输路段 (i,j) 间运输且使用的运输方式为 l 时则为 1，否则为 0；

y_i^{ml}：危险品在运输站点 i 处运输方式由 m 转为 l 时则为 1，否则为 0。

单任务危险品多式联运路径多目标优化问题可建成以下多目标整数规划模型：

问题 P：

$$\min f_1 = \sum_{l \in L} \sum_{(i,j) \in A} C_{ij}^l x_{ij}^l + \sum_{(m,l) \in G} \sum_{i \in N} C_i^{ml} y_i^{ml} \tag{8-6}$$

$$\min f_2 = \sum_{l \in L} \sum_{(i,j) \in A} P_{ij}^l E_{ij} x_{ij}^l + \sum_{(m,l) \in G} \sum_{i \in N} P_i^{ml} E_i y_i^{ml} \tag{8-7}$$

$$\text{s.t.} \begin{cases} \sum_{l \in L} \sum_{(O,i) \in A} x_{Oi}^l = 1 & (8\text{-}8) \\[2mm] \sum_{l \in L} \sum_{(j,D) \in A} x_{jD}^l = 1 & (8\text{-}9) \\[2mm] \sum_{l \in L} \sum_{(i,O) \in A} x_{iO}^l = 0 & (8\text{-}10) \\[2mm] \sum_{l \in L} \sum_{(D,j) \in A} x_{Dj}^l = 0 & (8\text{-}11) \\[2mm] \sum_{(m,l) \in G} y_i^{ml} \leqslant 1, \ i \in N \setminus \{O,D\} & (8\text{-}12) \\[2mm] \sum_{l \in L} \sum_{(i,j) \in A} T_{ij}^l x_{ij}^l + \sum_{(m,l) \in G} \sum_{i \in N} T_i^{ml} y_i^{ml} \leqslant T_{\max} & (8\text{-}13) \end{cases}$$

对于相邻的三个运输站点 i, j, k，有

$$\text{s.t.} \begin{cases} \sum_{l \in L} \sum_{(i,j) \in A} x_{ij}^l = \sum_{m \in L} \sum_{(j,k) \in A} x_{jk}^m, \ j \in N \setminus \{O,D\} & (8\text{-}14) \\[2mm] \sum_{l \in L} \sum_{(i,j) \in A} x_{ij}^l \leqslant 1, \ \forall (i,j) \in A, j \in N \setminus \{O,D\}, m,l \in L \text{且} m \neq l & (8\text{-}15) \\[2mm] x_{ij}^m + x_{jk}^l \leqslant y_j^{ml} + 1, \ \forall (i,j),(j,k) \in A, j \in N \setminus \{O,D\}, m,l \in L \text{且} m \neq l & (8\text{-}16) \\[2mm] x_{ij}^l \in \{0,1\}, \ l \in L, (i,j) \in A & (8\text{-}17) \\[2mm] y_i^{ml} \in \{0,1\}, \ i \in N, (m,l) \in G & (8\text{-}18) \end{cases}$$

目标函数（8-6）表示最小化整个多式联运方案的成本，包含运输成本和转运成本。若整个多式联运方案没有发生转运，则目标函数（8-6）中所有的 y_i^{ml} 均等于 0，问题转化为危险品单一运输方式运输问题，此时目标函数（8-6）表示最小化整个运输过程的运输成本。目标函数（8-7）表示最小化整个多式联运方案的风险，当整个多式联运方案没有发生转运时，目标函数（8-7）表示最小化整个运输过程的运输风险。

约束（8-8）和约束（8-10）表示有且仅有一条路径从起点 O 出发，没有运输路段到达起点 O。约束（8-9）和约束（8-11）表示有且仅有一条路径到达目的地 D，没有运输路段从目的地 D 出发。约束（8-12）表示在一条多式联运路径中，中间运输站点 $i(i \neq O,D)$ 至多发生一次转运。约束（8-13）表示完成多式联运任务的总时间不得超过

其最大联运时间期限。约束（8-14）保证了中间运输站点 $j(j \neq O,D)$ 处的流平衡。约束
（8-15）保证了在一次完整的运输任务中，每个运输站点至多经过一次，防止出现带有
闭环的多式联运路径，例如，图 8-1 中出现 A→B→C→B→D 的多式联运路径是不合
乎实际情况的。约束（8-17）和约束（8-18）是决策变量 x,y 的 0-1 整数约束。

约束（8-16）保证了多式联运路径发生转运时的内部一致性，即当危险品的多式联
运路径通过三个运输站点 i,j,k 时，如果运输路段 (i,j) 的运输方式与运输路段 (j,k) 的运
输方式不同，那么在运输站点 j 处一定会发生转运。文献中大多研究者在处理危险品多
式联运问题建立模型时使用的保证内部一致性的约束如下：

$$x^m_{j-1,j} + x^l_{j,j-1} \geq 2y^{ml}_j, j \in N \setminus \{O,D\}, (m,l) \in G \qquad (8\text{-}19)$$

此约束中由于运输站点标号的限制必须使用 Dijkstra 算法等进行标号求解，当去
除运输站点标号限制将约束（8-19）改为

$$x^m_{ij} + x^l_{jk} \geq 2y^{ml}_j, \ \forall (i,j),(j,k) \in A, j \in N \setminus \{O,D\}, (m,l) \in G \qquad (8\text{-}20)$$

时，由于 i,j,k 是相互独立的运输站点，当 $y^{ml}_j = 1$ 时会导致多式联运网络中所有经过运输
站点 j 的运输路段都产生运输任务，与实际情况不符。示例如图 8-2 所示。

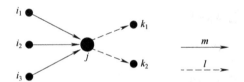

图 8-2　$y^{ml}_j = 1$ 时运输站点 j 及其邻近有效运输路段的运输状况

图 8-2 中，假设共有 5 条有效运输弧段与运输站点 j 相连，在 $y^{ml}_j = 1$ 时，会导致所有
以运输方式 m 进入运输站点 j 的运输弧段 $((i_1,j)^m,(i_2,j)^m,(i_3,j)^m)$ 和所有以运输方式 l 运出
运输站点 j 的运输弧段 $((j,k_1)^l,(j,k_2)^l)$ 同时产生运输任务，与实际运输状况矛盾。约束
（8-16）不仅去除了运输站点编号的限制，还规避了上述与实际运输状况不符的情况，
$(x^m_{ij}, x^l_{jk}, y^{ml}_i) = (0,0,1)$ 的情况也可由 $(x^m_{ij}, x^l_{jk}, y^{ml}_i) = (0,0,0)$ 筛除，有效地保证了危险品多式联
运问题发生转运时的内部一致性。

8.5　问题求解

上一节建立了多目标整数规划模型。本节首先采用改进的 ε 约束法将多目标问题转
化为一系列单目标的 ε 问题，并运用优化软件包 CPLEX 求解 ε 问题，得到单任务危险品

多式联运路径优化问题的帕累托最优解。

8.5.1　模型单目标化

如前文所述，单任务危险品多式联运路径优化问题的数学模型包含两个目标函数 f_1 和 f_2。目标函数 $\min f_1$ 表示最小化危险品多式联运成本，目标函数 $\min f_2$ 表示最小化危险品多式联运风险。当满足危险品多式联运成本最小化时，通常多式联运风险最小化很难被要求；反之亦然。本章将目标函数 f_1 作为主目标函数，基于 ε 约束法的基本原理，单任务危险品多式联运路径优化问题的多目标整数规划模型可转化为以下单目标模型：

问题 $\mathrm{P}(\varepsilon)$：

$$\min f_1 = \sum_{l \in L} \sum_{(i,j) \in A} C_{ij}^l x_{ij}^l + \sum_{(m,l) \in G} \sum_{i \in N} C_i^{ml} y_i^{ml}$$

$$\text{s.t.} \begin{cases} \sum_{l \in L} \sum_{(i,j) \in A} P_{ij}^l E_{ij} x_{ij}^l + \sum_{(m,l) \in G} \sum_{i \in N} P_i^{ml} E_i y_i^{ml} \leqslant \varepsilon \\ \sum_{l \in L} \sum_{(O,i) \in A} x_{Oi}^l = 1 \\ \sum_{l \in L} \sum_{(j,D) \in A} x_{jD}^l = 1 \\ \sum_{l \in L} \sum_{(i,O) \in A} x_{iO}^l = 0 \\ \sum_{l \in L} \sum_{(D,j) \in A} x_{Dj}^l = 0 \\ \sum_{(m,l) \in G} y_i^{ml} \leqslant 1, \ i \in N \setminus \{O,D\} \\ \sum_{l \in L} \sum_{(i,j) \in A} T_{ij}^l x_{ij}^l + \sum_{(m,l) \in G} \sum_{i \in N} T_i^{ml} y_i^{ml} \leqslant T_{\max} \\ \sum_{l \in L} \sum_{(i,j) \in A} x_{ij}^l = \sum_{m \in L} \sum_{(j,k) \in A} x_{jk}^m, \ j \in N \setminus \{O,D\} \\ \sum_{l \in L} \sum_{(i,j) \in A} x_{ij}^l \leqslant 1, \ \forall (i,j) \in A, j \in N \setminus \{O,D\}, m,l \in L \text{且} m \neq l \\ x_{ij}^m + x_{jk}^l \leqslant y_j^{ml} + 1, \ \forall (i,j),(j,k) \in A, j \in N \setminus \{O,D\}, m,l \in L \text{且} m \neq l \\ x_{ij}^l \in \{0,1\}, \ l \in L, (i,j) \in A \\ y_i^{ml} \in \{0,1\}, \ i \in N, (m,l) \in G \end{cases}$$

（8-21）

式中，ε 为目标函数 f_2 的一个上界。

由于原问题 P 是一个双目标优化问题，以其两个目标函数值 f_1 和 f_2 分别作为独立维度，可构成二维的目标向量平面，每一对目标函数取值都是目标向量平面中的元素，问题 P 的帕累托前沿是目标向量平面的一个子集。为了得到问题 P 的帕累托前沿，需要先找到 Ideal 点目标向量（ideal objective vector）和 Nadir 点目标向量（nadir objective vector）。Ideal 点目标向量对应于问题 P 目标空间的 Ideal 点。Ideal 点目标向量的每个元素表示相应的目标函数的全局最优值，通常情况下，由于多目标问题的目标函数相互冲突和彼此制约，Ideal 点目标向量一般是不可行的。Nadir 点目标向量的每个元素表示所有帕累托最优解对应的目标函数最差值（the worst value），由帕累托前沿的上界构成。在问题 P 中，Ideal 点目标向量和 Nadir 点目标向量均与目标函数 f_1 和 f_2 的帕累托前沿上界和下界有关。

如图 8-3 所示，设 I（ideal point）是双目标函数的帕累托前沿的 Ideal 点，其右上方的区域（包含边界）内的点均受 I 的支配（第 2 章中的定义 2-3）；设 N（nadir point）是双目标函数的帕累托前沿的 Nadir 点，其左下方区域（包含边界）内的点均支配 N。图中阴影部分（不包含 N）表示所有的帕累托最优解可能存在的区域。问题 P(ε)中添加约束（8-21），表示用直线 $f_2 = \varepsilon$ 不断去切割阴影部分来寻找原问题的帕累托最优解。

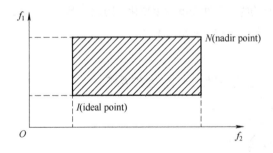

图 8-3　双目标函数目标向量平面示意图

为了求解问题 P(ε)，首先应当确定 ε 的值，由前文分析易知 ε 的值与 Ideal 点目标向量和 Nadir 点目标向量有关，下面论述 Ideal 点目标向量和 Nadir 点目标向量的求解方法。

8.5.2　求解 Ideal 点目标向量

由于问题 P 是双目标最小化问题，对问题 P 的各个目标函数分别求解可得到每个目标函数的最优目标值，即为相应目标函数值的下界。设问题 P 的目标函数 f_1 和 f_2 的最优目标值为 f_1^{LB} 和 f_2^{LB}，可通过构建以下单目标优化问题 P_1 和 P_2 获得。

问题 P_1：

$$\min f_1 = \sum_{l \in L} \sum_{(i,j) \in A} C_{ij}^l x_{ij}^l + \sum_{(m,l) \in G} \sum_{i \in N} C_i^{ml} y_i^{ml}$$

$$\text{s.t.} \begin{cases} \sum_{l \in L} \sum_{(O,i) \in A} x_{Oi}^l = 1 \\ \sum_{l \in L} \sum_{(j,D) \in A} x_{jD}^l = 1 \\ \sum_{l \in L} \sum_{(i,O) \in A} x_{iO}^l = 0 \\ \sum_{l \in L} \sum_{(D,j) \in A} x_{Dj}^l = 0 \\ \sum_{(m,l) \in G} y_i^{ml} \leq 1, \ i \in N \setminus \{O,D\} \\ \sum_{l \in L} \sum_{(i,j) \in A} T_{ij}^l x_{ij}^l + \sum_{(m,l) \in G} \sum_{i \in N} T_i^{ml} y_i^{ml} \leq T_{\max} \\ \sum_{l \in L} \sum_{(i,j) \in A} x_{ij}^l = \sum_{m \in L} \sum_{(j,k) \in A} x_{jk}^m, j \in N \setminus \{O,D\} \\ \sum_{l \in L} \sum_{(i,j) \in A} x_{ij}^l \leq 1, \ \forall (i,j) \in A, j \in N \setminus \{O,D\}, m,l \in L \text{且} m \neq l \\ x_{ij}^m + x_{jk}^l \leq y_j^{ml} + 1, \ \forall (i,j),(j,k) \in A, j \in N \setminus \{O,D\}, m,l \in L \text{且} m \neq l \\ x_{ij}^l \in \{0,1\}, \ l \in L,(i,j) \in A \\ y_i^{ml} \in \{0,1\}, \ i \in N,(m,l) \in G \end{cases}$$

设问题 P_1 的最优解向量为 (x_{ij}^l, y_i^{ml})。因为问题 P_1 相比较于原问题 P 来说，只是去掉了目标函数 f_2，原有的约束条件没有发生变化，因此求得的目标函数 f_1 的最小值就是目标函数 f_1 的下界。即 $[f_1]_{\min} = f_1^{LB} = f_1(x_{ij}^l, y_i^{ml})$。

问题 P_2：

$$\min f_2 = \sum_{l \in L} \sum_{(i,j) \in A} P_{ij}^l E_{ij} x_{ij}^l + \sum_{(m,l) \in G} \sum_{i \in N} P_i^{ml} E_i y_i^{ml}$$

$$\text{s.t.} \begin{cases} \sum_{l \in L} \sum_{(O,i) \in A} x_{Oi}^l = 1 \\ \sum_{l \in L} \sum_{(j,D) \in A} x_{jD}^l = 1 \\ \sum_{l \in L} \sum_{(i,O) \in A} x_{iO}^l = 0 \\ \sum_{l \in L} \sum_{(D,j) \in A} x_{Dj}^l = 0 \\ \sum_{(m,l) \in G} y_i^{ml} \leq 1, \ i \in N \setminus \{O,D\} \\ \sum_{l \in L} \sum_{(i,j) \in A} T_{ij}^l x_{ij}^l + \sum_{(m,l) \in G} \sum_{i \in N} T_i^{ml} y_i^{ml} \leq T_{\max} \\ \sum_{l \in L} \sum_{(i,j) \in A} x_{ij}^l = \sum_{m \in L} \sum_{(j,k) \in A} x_{jk}^m, j \in N \setminus \{O,D\} \\ \sum_{l \in L} \sum_{(i,j) \in A} x_{ij}^l \leq 1, \ \forall (i,j) \in A, j \in N \setminus \{O,D\}, m,l \in L \text{且} m \neq l \\ x_{ij}^m + x_{jk}^l \leq y_j^{ml} + 1, \ \forall (i,j),(j,k) \in A, j \in N \setminus \{O,D\}, m,l \in L \text{且} m \neq l \\ x_{ij}^l \in \{0,1\}, \ l \in L,(i,j) \in A \\ y_i^{ml} \in \{0,1\}, \ i \in N,(m,l) \in G \end{cases}$$

设问题 P_2 的最优解向量为 $(\underline{x}_{ij}^l, \underline{y}_i^{ml})$。类似地，有 $[f_2]_{\min} = f_2^{LB} = f_2(\underline{x}_{ij}^l, \underline{y}_i^{ml})$。

综合问题 P_1 和 P_2 可得 Ideal 点目标向量为 (f_1^{LB}, f_2^{LB})。

8.5.3　求解 Nadir 点目标向量

Nadir 点目标向量由目标函数 f_1 和 f_2 的上界构成，其求解方法如下。

设问题 P 的目标函数 f_1 和 f_2 的上界为 f_1^{UB} 和 f_2^{UB}，可通过构建以下单目标问题 P_3 和 P_4 获得。

问题 P_3：

$$\min f_1 = \sum_{l \in L} \sum_{(i,j) \in A} C_{ij}^l x_{ij}^l + \sum_{(m,l) \in G} \sum_{i \in N} C_i^{ml} y_i^{ml}$$

$$\text{s.t.} \begin{cases} \sum_{l \in L} \sum_{(i,j) \in A} P_{ij}^l E_{ij} x_{ij}^l + \sum_{(m,l) \in G} \sum_{i \in N} P_i^{ml} E_i y_i^{ml} = f_2^{LB} \\ \sum_{l \in L} \sum_{(O,i) \in A} x_{Oi}^l = 1 \\ \sum_{l \in L} \sum_{(j,D) \in A} x_{jD}^l = 1 \\ \sum_{l \in L} \sum_{(i,O) \in A} x_{iO}^l = 0 \\ \sum_{l \in L} \sum_{(D,j) \in A} x_{Dj}^l = 0 \\ \sum_{(m,l) \in G} y_i^{ml} \leqslant 1, \ i \in N \setminus \{O,D\} \\ \sum_{l \in L} \sum_{(i,j) \in A} T_{ij}^l x_{ij}^l + \sum_{(m,l) \in G} \sum_{i \in N} T_i^{ml} y_i^{ml} \leqslant T_{\max} \\ \sum_{l \in L} \sum_{(i,j) \in A} x_{ij}^l = \sum_{m \in L} \sum_{(j,k) \in A} x_{jk}^m, j \in N \setminus \{O,D\} \\ \sum_{l \in L} \sum_{(i,j) \in A} x_{ij}^l \leqslant 1, \ \forall (i,j) \in A, j \in N \setminus \{O,D\}, m,l \in L \text{且} m \neq l \\ x_{ij}^m + x_{jk}^l \leqslant y_j^{ml} + 1, \ \forall (i,j),(j,k) \in A, j \in N \setminus \{O,D\}, m,l \in L \text{且} m \neq l \\ x_{ij}^l \in \{0,1\}, \ l \in L,(i,j) \in A \\ y_i^{ml} \in \{0,1\}, \ i \in N,(m,l) \in G \end{cases}$$
(8-22)

问题 P_3 中，通过令 $f_2 = f_2^{LB}$，生成新的约束（8-22）。设问题 P_3 的最优解为 $[f_1]_{P_3}$。

引理 8-1　问题 P_3 的最优解为目标函数 f_1 的上界，即 $[f_1]_{P_3} = f_1^{UB}$。

证明：令 $f_1(x,y)$ 表示与解 (x,y) 对应的危险品多式联运成本，$f_2(x,y)$ 表示与解 (x,y) 对应的多式联运风险。在问题 P_3 中，设其解向量为 (x^*,y^*)，则目标函数值

$[f_1]_{P_3} = f_1(x^*, y^*)$。同时在问题 P 中，对于任意的可行解 (x,y)，其目标函数值为 $(f_1(x,y), f_2(x,y))$。由约束（8-22）可以很容易地得到 $f_2(x^*, y^*) = f_2^{LB} = [f_2]_{min}$。因此对于任意的可行解 (x,y)，总有 $f_2(x,y) \geqslant f_2(x^*, y^*)$。如果 $f_1(x,y) \geqslant f_1(x^*, y^*)$，那么在问题 P 中，$f_1(x,y) \geqslant f_1(x^*, y^*)$ 且 $f_2(x,y) \geqslant f_2(x^*, y^*)$。由定义 **2-3** 可以知道，可行解 (x,y) 受解 (x^*, y^*) 支配。这表明，为了获得问题 P 的帕累托最优解，没有必要取 $f_1(x,y) \geqslant f_1(x^*, y^*)$ 的可行解，因此，$f_1(x^*, y^*)$ 是危险品多式联运成本 $f_1(x,y)$ 的上界，即 $[f_1]_{P_3} = f_1(x^*, y^*) = f_1^{UB}$。证毕。

问题 P_4：

$$\min f_2 = \sum_{l \in L} \sum_{(i,j) \in A} P_{ij}^l E_{ij} x_{ij}^l + \sum_{(m,l) \in G} \sum_{i \in N} P_i^{ml} E_i y_i^{ml}$$

$$\text{s.t.} \begin{cases} \sum_{l \in L} \sum_{(i,j) \in A} C_{ij}^l x_{ij}^l + \sum_{(m,l) \in G} \sum_{i \in N} C_i^{ml} y_i^{ml} = f_1^{LB} \\ \sum_{l \in L} \sum_{(O,i) \in A} x_{Oi}^l = 1 \\ \sum_{l \in L} \sum_{(j,D) \in A} x_{jD}^l = 1 \\ \sum_{l \in L} \sum_{(i,O) \in A} x_{iO}^l = 0 \\ \sum_{l \in L} \sum_{(D,j) \in A} x_{Dj}^l = 0 \\ \sum_{(m,l) \in G} y_i^{ml} \leqslant 1, \ i \in N \backslash \{O,D\} \\ \sum_{l \in L} \sum_{(i,j) \in A} T_{ij}^l x_{ij}^l + \sum_{(m,l) \in G} \sum_{i \in N} T_i^{ml} y_i^{ml} \leqslant T_{max} \\ \sum_{l \in L} \sum_{(i,j) \in A} x_{ij}^l = \sum_{m \in L} \sum_{(j,k) \in A} x_{jk}^m, \ j \in N \backslash \{O,D\} \\ \sum_{l \in L} \sum_{(i,j) \in A} x_{ij}^l \leqslant 1, \ \forall (i,j) \in A, j \in N \backslash \{O,D\}, m,l \in L \text{且} m \neq l \\ x_{ij}^m + x_{jk}^l \leqslant y_j^{ml} + 1, \ \forall (i,j),(j,k) \in A, j \in N \backslash \{O,D\}, m,l \in L \text{且} m \neq l \\ x_{ij}^l \in \{0,1\}, \ l \in L, (i,j) \in A \\ y_i^{ml} \in \{0,1\}, \ i \in N, (m,l) \in G \end{cases} \quad (8\text{-}23)$$

问题 P_4 中，通过令 $f_1 = f_1^{LB}$，生成新的约束（8-23）。类似地，$[f_2]_{P_4} = f_2^{UB}$。

综合问题 P_3 和 P_4 可得 Nadir 点目标向量为 (f_1^{UB}, f_2^{UB})。

8.5.4　获取 ε 值的方法

由引理 **8-1** 的证明发现，对于任意 (x,y)，都有 $f_2(x,y) \geqslant [f_2]_{min} = f_2(x^*, y^*)$；而当 $f_2(x,y) = f_2(x^*, y^*)$ 时，由问题 P_3 的目标函数可以得到 $f_1(x,y) \geqslant f_1(x^*, y^*)$，因此，对于解

向量 (x^*, y^*) 对应的目标函数值 $(f_1(x^*, y^*), f_2(x^*, y^*))$ ，不存在其他可行解 (x,y) 支配 (x^*, y^*) 。由定义 **2-3** 可知， $(f_1(x^*, y^*), f_2(x^*, y^*)) = (f_1^{\mathrm{UB}}, f_2^{\mathrm{LB}})$ 是原问题 P 的一个帕累托最优解，类似地， $(f_1^{\mathrm{LB}}, f_2^{\mathrm{UB}})$ 也是问题 P 的一个帕累托最优解。

以目标函数 f_1 和 f_2 分别作为垂直轴和水平轴建立二维坐标系，构建目标函数 f_1 和 f_2 的目标向量平面，如图 8-4 所示。

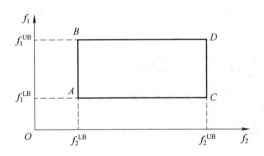

图 8-4　目标函数 f_1 和 f_2 的目标向量平面图

通过第 8.5.2 小节以及第 8.5.3 小节的求解可以得到 Ideal 点目标向量和 Nadir 点目标向量，并获得两个帕累托最优解，将其放入图 8-3 中的目标向量平面，形成图 8-4。图 8-4 中点 $A(f_1^{\mathrm{LB}}, f_2^{\mathrm{LB}})$ 由问题 P 的目标函数 f_1 和 f_2 的全局最优值构成，即为 Ideal 点目标向量。点 $B(f_1^{\mathrm{UB}}, f_2^{\mathrm{LB}})$ 和点 $C(f_1^{\mathrm{LB}}, f_2^{\mathrm{UB}})$ 由前面已经证明是问题 P 的帕累托最优解。点 $D(f_1^{\mathrm{UB}}, f_2^{\mathrm{UB}})$ 即为 Nadir 点目标向量，由帕累托解的定义易知，如果问题 P 的可行目标向量对应的坐标值落在区域 $ABCD$ 外部，均会受到点 B 或点 C 支配，所以，问题 P 除点 B 或点 C 以外的帕累托最优解只能落在区域 $ABCD$ 内部（不包含边界）。

本章通过下面的方法来获取 ε ，首先确定目标函数 f_2 的取值范围。由前面易知目标函数 f_2 已经定界为

$$f_2 \in [f_2^{\mathrm{LB}}, f_2^{\mathrm{UB}}] \tag{8-24}$$

由于目标函数 f_2 的构成如下：

$$\min f_2 = \sum_{l \in L} \sum_{(i,j) \in A} P_{ij}^l E_{ij} x_{ij}^l + \sum_{(m,l) \in G} \sum_{i \in N} P_i^{ml} E_i y_i^{ml}$$

其中，事故发生概率 P_{ij}^l ， P_i^{ml} 以及人口暴露度 E_{ij} 、 E_i 作为输入参数是有限小数， x,y 是 0-1 整数，所以目标函数的取值是非连续的实数，存在最小单位（如两位小数的最小单位是 0.01），设最小单位是 δ 。利用 $S+1$ 个点（这些点被称为等距格点），将区间等分成 S 个小

区间，每个小区间的长度均为 δ。其中

$$S = \frac{f_2^{\text{UB}} - f_2^{\text{LB}}}{\delta} \qquad (8\text{-}25)$$

问题 P(ε) 的约束（8-21）中的 ε 可以通过以下式子确定：

$$\varepsilon^s = f_2^{\text{UB}} - \delta \times s \qquad (8\text{-}26)$$

将 ε 的不同取值依次代入问题 P(ε)，更新约束（8-21），形成问题 P(ε^s)。

问题 P(ε^s)：

$$\min f_1 = \sum_{l \in L} \sum_{(i,j) \in A} C_{ij}^l x_{ij}^l + \sum_{(m,l) \in G} \sum_{i \in N} C_i^{ml} y_i^{ml}$$

$$\text{s.t.} \begin{cases} \sum_{l \in L} \sum_{(i,j) \in A} P_{ij}^l E_{ij} x_{ij}^l + \sum_{(m,l) \in G} \sum_{i \in N} P_i^{ml} E_i y_i^{ml} \leqslant \varepsilon^s \\[6pt] \sum_{l \in L} \sum_{(O,i) \in A} x_{Oi}^l = 1 \\[6pt] \sum_{l \in L} \sum_{(j,D) \in A} x_{jD}^l = 1 \\[6pt] \sum_{l \in L} \sum_{(i,O) \in A} x_{iO}^l = 0 \\[6pt] \sum_{l \in L} \sum_{(D,j) \in A} x_{Dj}^l = 0 \\[6pt] \sum_{(m,l) \in G} y_i^{ml} \leqslant 1, \ i \in N \setminus \{O,D\} \\[6pt] \sum_{l \in L} \sum_{(i,j) \in A} T_{ij}^l x_{ij}^l + \sum_{(m,l) \in G} \sum_{i \in N} T_i^{ml} y_i^{ml} \leqslant T_{\max} \\[6pt] \sum_{l \in L} \sum_{(i,j) \in A} x_{ij}^l = \sum_{m \in L} \sum_{(j,k) \in A} x_{jk}^m, \ j \in N \setminus \{O,D\} \\[6pt] \sum_{l \in L} \sum_{(i,j) \in A} x_{ij}^l \leqslant 1, \ \forall(i,j) \in A, j \in N \setminus \{O,D\}, m,l \in L \text{且} m \neq l \\[6pt] x_{ij}^m + x_{jk}^l \leqslant y_j^{ml} + 1, \ \forall(i,j),(j,k) \in A, j \in N \setminus \{O,D\}, m,l \in L \text{且} m \neq l \\[6pt] x_{ij}^l \in \{0,1\}, \ l \in L, (i,j) \in A \\[6pt] y_i^{ml} \in \{0,1\}, \ i \in N, (m,l) \in G \end{cases} \qquad (8\text{-}27)$$

式中，ε^s 为将 s 代入式（8-26）中获得，$s = 0,1,2,\cdots,S$。

对问题 P(ε^s) 进行求解，获得帕累托最优解。通过上述有限次数的循环迭代获得问题 P 所有的帕累托最优解，由定义 2-3 易知，所有问题 P(ε^s) 获得的帕累托最优解组成的集合构成问题 P 的帕累托前沿。

8.5.5 算法流程

本章采用的改进的 ε 约束法的基本流程如图 8-5 所示。

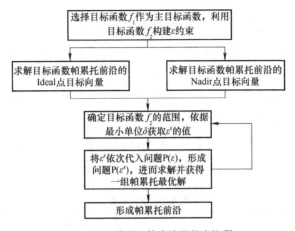

图 8-5 改进的 ε 约束法的基本流程

8.6 算法验证

8.6.1 验证环境

本书亦采用了 C 语言对多目标整数规划模型进行编码构建，通过 ILOG CPLEX Solver 与 C 语言的 API 接口在 Microsoft Visual Studio 环境下实现对所构建模型的求解。EPLEX 在默认的参数设置条件下运行。所有的计算实验都在一台个人计算机上进行，其配置为 4.00GB 的内存、2.94GHz 的主频，运行的操作系统为 Window 7。

8.6.2 实例分析

本章基于文献[138]中的实际算例进行验证分析。

今有一批化工原料氰化钠需要从城市 A 运往城市 E，在两座城市之间存在多种运输方式以及多条运输路径供多式联运的决策者进行选择。运输路径如图 8-6 所示。

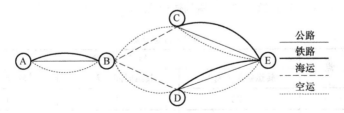

图 8-6 城市 A 到城市 E 的运输路径图

图 8-6 中相邻的运输站点之间的运输路段表示可行的运输路径，两个运输站点之间不同类型的运输路段表示不同的运输方式。如 A 点和 B 点之间可通过公路、铁路和空运三种运输方式进行运输。

表 8-1 中，x_{ij}^l 表示从城市 i 出发以运输方式 l 到达城市 j；$i,j \in \{1,2,3,4,5\}$，两者均对应于图 8-6 中的 5 个城市运输站点 A，B，C，D，E；$l \in \{1,2,3,4\}$，对应于公路、铁路、海运、空运四种运输方式。如 $A \to B(x_{12}^1)$ 表示从城市 A 出发以公路的运输方式到达城市 B。

表 8-1　运输参数

运 输 路 径	运 输 参 数		
	运输费用（元）	运输时间（天）	运 输 风 险
$A \to B(x_{12}^1)$	255	2	0.80
$A \to B(x_{12}^2)$	2600	4	0.56
$A \to B(x_{12}^3)$	985	1	0.82
$B \to C(x_{23}^4)$	1645	1	0.65
$B \to C(x_{23}^3)$	5497	8	0.87
$B \to D(x_{24}^4)$	2645	2	0.62
$B \to D(x_{24}^3)$	7088	11	0.92
$C \to E(x_{35}^1)$	955	5	0.82
$C \to E(x_{35}^2)$	2455	3.5	0.58
$C \to E(x_{35}^3)$	1855	1.5	0.84
$D \to E(x_{45}^1)$	1005	2	0.80
$D \to E(x_{45}^2)$	1105	3	0.56
$D \to E(x_{45}^3)$	1555	1	0.85

表 8-2 中，y_i^{ml} 表示在运输站点城市 i 处发生了从运输方式 m 变为运输方式 l 的转运情况。$m,l \in \{1,2,3,4\}$，对应两种不同的运输方式；$i \in \{2,3,4\}$，对应于可以发生转运的运输站点，由图 8-6 易知只有 B，C，D 共三座城市可发生转运。如 $B(y_2^{14})$ 表示在运输站点城市 B 处发生了从公路运输到航空运输的转运情况。

表 8-2　转运参数

转 运 站 点	转 运 参 数		
	转运费用（元）	转运时间（天）	转 运 风 险
$B(y_2^{14})$	620	3	0.60
$B(y_2^{24})$	263	1.5	0.56
$B(y_2^{34})$	662	3	0.78

（续）

转 运 站 点	转 运 参 数		
	转运费用（元）	转运时间（天）	转运风险
B(y_2^{13})	525	2	0.82
B(y_2^{23})	612	3	0.80
C(y_3^{41})	590	2.5	0.72
C(y_3^{42})	420	2	0.56
C(y_3^{43})	630	3	0.80
C(y_3^{31})	676	3	0.90
C(y_3^{32})	582	2.5	0.76
D(y_4^{41})	600	3	0.72
D(y_4^{42})	430	2	0.58
D(y_4^{43})	615	2.5	0.70
D(y_4^{31})	670	3	0.78
D(y_4^{32})	545	2.5	0.70

将上述表 8-1、表 8-2 中的数据代入本章所建立的单任务危险品多式联运路径多目标优化模型中进行计算分析。用 CPLEX 求解得出的帕累托最优多式联运方案见表 8-3。

表 8-3 实例的帕累托前沿

联 运 方 案	目标函数 (f_1, f_2)	运输向量 x	转运向量 y
1	(8337,2.53)	$x_{12}^3=1, x_{23}^3=1, x_{35}^3=1$	0
2	(7383,2.91)	$x_{12}^2=1, x_{23}^4=1, x_{35}^2=1$	$y_2^{24}=1, y_4^{42}=1$
3	(5055,3.16)	$x_{12}^1=1, x_{24}^4=1, x_{45}^2=1$	$y_2^{14}=1, y_4^{42}=1$
4	(5005,3.69)	$x_{12}^1=1, x_{23}^4=1, x_{35}^3=1$	$y_2^{14}=1, y_4^{43}=1$

注：运输向量 x 与转运向量 y 中未提及的决策变量值默认为 0，0 表示零向量。

表 8-3 中，联运方案 2 与文献[138]中的最优联运方案一致。即从城市 A 出发通过铁路运输（$x_{12}^2=1$）到达城市 B，在城市 B 处转航空运输到达城市 C（$y_2^{24}=1, x_{23}^4=1$），在城市 C 处转铁路运输到达终点城市 E（$y_3^{42}=1, x_{35}^2=1$）。全程多式联运成本为 7383 元，多式联运风险为 2.91，多式联运时间为 12 天。这表明了本章建立的多目标整数规划模型求解单任务危险品多式联运路径多目标优化问题的有效性。

图 8-7 表示该实例目标向量所对应的非支配点在目标空间上的分布，其中纵坐标和横坐标分别代表多式联运成本和多式联运风险。图中标识出了与实例一致的多式联运

方案。本章所建立的模型还提供了另外三种联运方案 1、3、4 供多式联运方案决策者进行选择，它们对应的多式联运时间依次为 10.5 天、12 天、9 天。其中，联运方案 1 的转运向量 y 为零向量，不发生转运，从起点城市 A 以海运的运输方式途径城市 B 和城市 C 到达终点城市 E。通过对原有模型的调整，可以获得实例所有的不发生转运的联运方案，见表 8-4。

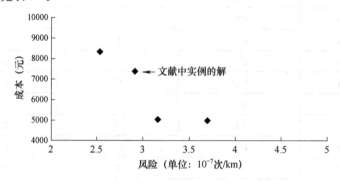

图 8-7　实例非支配点的分布图

表 8-4　实例的帕累托前沿

联 运 方 案	目标函数(f_1,f_2)	运输向量 x	转运向量 y
1	(8337,2.53)	$x_{12}^3=1,x_{23}^3=1,x_{35}^3=1$	0
2	(9628,2.59)	$x_{12}^3=1,x_{24}^3=1,x_{45}^3=1$	0

仅就本实例而言，通过未发生转运的联运方案与其余的联运方案对比可以看出，通过多式联运减少运输成本的效果是比较明显的。

需要指出的是，本章在处理多式联运时间时与文献[138]略有不同，本章将多式联运时间作为一个带有最大联运时间期限限制的约束进行优化，而文献[138]中将多式联运时间作为单目标的一个组成部分进行衡量。在现实的多式联运方案中，往往会有对多式联运时间的考量，因此，对多式联运时间设定最大联运时间期约束是合乎实际的，便于多式联运决策者对优化方案的筛选。

8.7　本章小结

本章研究了单任务危险品多式联运路径多目标优化问题。首先，针对该问题建立了多目标整数规划模型，以最小化危险品运输多式联运成本和风险为目标函数，并建立了新的转运约束；其次，根据目标函数以及问题约束的特点，区别于求解危险品多式联运路径多目标优化问题采用的传统的 **Dijkstra** 算法等，提出了改进的 ε 约束法对问题进行求解；最后，以文献中的实际算例对模型进行算法验证。计算结果表明，该模型以及算法不仅可以找到文献中的最优解，还能够找出所有的帕累托最优解供多式联运决策者进行筛选。

第 9 章

多任务危险品多式联运路径优化模型与方法

9.1 引言

上一章主要研究了单任务危险品多式联运路径多目标优化问题。该问题主要研究了在单一起讫点的情况下，最小化多式联运成本和多式联运风险，对危险品多式联运进行路径优化的模型和方法。本章将单任务扩展为多任务进行研究。

9.2 问题概述

由于单任务的运输路径决策通常是在微观层面制定的，直接将单任务的危险品多式联运路径优化模型应用到多任务优化问题中，可能会造成多式联运网络中的某些运输路段过多地被决策为危险品运输任务路径，某些运输站点过多地被决策为运输转运站点。这会直接造成这些路段和站点上的事故发生概率的增加，从而引起运输风险在空间分布上的不均匀。因此本章在研究多任务优化问题时，允许各个任务的多式联运方案共享多式联运网络中的运输站点和运输路段，并为运输站点和运输路段设定风险阈值，在以最小化多任务危险品多式联运风险为目标函数的同时，兼顾风险空间分布的均衡性。

作者在进行相关文献整理的过程中尚未发现考虑多任务危险品多式联运路径多目标优化问题的研究成果。因此，在构建多任务危险品多式联运路径多目标优化模型之后，通过生成大量的随机算例对模型以及算法的性能进行验证。

9.3　多任务风险评价

本章采用传统的风险评价方法研究多任务危险品多式联运的风险衡量问题，将危险品多式联运风险定义为事故发生概率乘以人口暴露数。与上一章不同的是，本章研究的是多任务问题，需要对每个危险品运输路段和运输站点进行风险阈值约束，以保证多式联运风险在多式联运网络中合理分布。

多任务危险品多式联运问题的风险由运输风险和转运风险两部分组成。

危险品运输任务 w 在运输路段 $(i, j)^l$ 上的运输风险定义为[31]

$$TR_{ijl}^w = p_{ijl}^w e_{ij} \tag{9-1}$$

式中，p_{ijl}^w 为危险品运输任务 w 在路段 (i, j) 上以运输方式 l 运输的事故发生概率；e_{ij} 为多式联运网络中沿着运输路段 (i, j) 的事故影响区域内的人口暴露数。

危险品运输任务 w 在多式联运路径 Q 上的运输风险定义为

$$TR_Q^w = \sum_{(i,j)^l \in Q} p_{ij}^w e_{ij}, w \in W \tag{9-2}$$

危险品运输任务 w 在运输站点 i 处由运输方式 m 转换为 $l(m \neq l)$ 的转运风险可定义为

$$MR_{iml}^w = p_{iml}^w e_i \tag{9-3}$$

式中，p_{iml}^w 为在运输站点 i 处危险品运输任务 w 由运输方式 m 转换为 $l(m \neq l)$ 的事故发生概率；e_i 为在运输站点 i 处及其邻近的事故影响区域内的人口暴露数。

危险品运输任务 w 在多式联运路径 Q 上的转运风险定义为

$$MR_Q^w = \sum_{i^{ml} \in Q} p_{iml}^w e_i \tag{9-4}$$

危险品运输任务 w 在多式联运路径 Q 上的总风险则定义为

$$R_Q^w = TR_Q^w + MR_Q^w \tag{9-5}$$

为了保证后续模型中风险相关的目标函数的合理性，在有效的多式联运网络中，需要对每一个运输路段和运输站点设定相应的风险阈值（Risk Threshold Value，以下简称为 RTV），以保障在整个多式联运网络中危险品运输任务的多式联运方案是安全可行的。其中，运输路段 (i, j) 上的风险小于或等于其风险阈值可表示为

$$R_{ij} \leqslant RTV_{ij} \tag{9-6}$$

运输站点 i 处的风险小于或等于其风险阈值可表示为

$$R_i \leqslant \mathrm{RTV}_i \tag{9-7}$$

式中，RTV_{ij} 为在多式联运网络中运输路段 (i,j) 间的风险阈值；RTV_i 为在多式联运网络中运输站点 i 处的风险阈值。

需要指出的是，本章在多任务危险品多式联运路径优化问题研究中，将事故发生概率及其后果（人口暴露数）视为已知参数。

9.4　问题建模

9.4.1　假设条件

为了便于建立多任务危险品多式联运路径优化问题的数学模型，提出以下假设：

1）本章所研究的问题是多任务问题，即至少具有两对及两对以上的起讫点。

2）不同的危险品运输任务的多式联运路径不是相互独立的，允许不同任务的多式联运路径之间存在共有的运输站点或运输路段。

3）多式联运过程中某个运输路段上危险品的事故发生概率与危险品运输任务有关，该运输路段的人口暴露数仍是常数，不受危险品运输任务影响。即运输风险是与危险品运输任务 w 相关的常数，不随时间变化。

4）多式联运过程中某个运输站点上危险品的事故发生概率与危险品运输任务有关，该运输站点及其影响区域的人口暴露数仍是常数，不受危险品运输任务影响。即转运风险是与危险品运输任务 w 相关的常数，不随时间变化。

5）不同运输路段的危险品事故是相互独立发生的。

6）不同运输站点的危险品事故是相互独立发生的。

7）同一运输路段不同运输方式的危险品事故是相互独立发生的。

8）同一运输方式的相关参数与危险品运输任务有关。

9）同一运输路段内发生的运输任务不得超过其风险阈值。

10）同一运输站点内发生的转运任务不得超过其风险阈值。

11）同一危险品运输任务下，两个不同的运输方式相互转运（如 $m \to l, l \to m$）的成本、风险、时间等参数相等。

9.4.2 模型构建

为了方便表述与建模，定义以下参数和集合：

危险品运输任务集合 $W = \{1, \cdots, w, \cdots, |W|\}, |W| \geqslant 2$；

运输站点/转运站点集合 $N = \{1, \cdots, i, \cdots, j, \cdots, |N|\}$；

有效运输路段集合 $A, (i,j) \in A$；

危险品运输任务起点：危险品运输任务 w 的起点为 $o_w, w \in W, o_w \in N$；

危险品运输任务终点：危险品运输任务 w 的终点为 $d_w, w \in W, d_w \in N$；

运输方式 $L = \{1, 2, 3, 4\}$，其中 1—公路、2—铁路、3—海运、4—空运；

有效转运集合 $G, (m,l) \in G$，其中 $m \neq l, m \in L, l \in L$。

C_{ijl}^w 为危险品运输任务 w 在运输路段 (i,j) 间以运输方式 l 方式运输的运输成本；

C_{iml}^w 为危险品运输任务 w 在运输站点 i 处由运输方式 m 转为 l 的转运成本；

T_{ijl}^w 为危险品运输任务 w 在运输路段 (i,j) 间的运输时间；

T_{iml}^w 为危险品运输任务 w 在运输站点 i 处由运输方式 m 转为 l 的转运时间；

$T_{\max}^w$ 为危险品运输任务 w 多式联运的最大联运时间期限；

P_{ijl}^w 为危险品运输任务 w 在运输弧段 (i,j) 间以 l 方式运输的事故发生概率；

P_{iml}^w 为危险品运输任务 w 在运输站点 i 处由运输方式 m 转为 l 的事故发生概率；

E_{ij} 为运输路段 (i,j) 间的人口暴露数；

E_i 为运输站点 i 处的人口暴露数；

RTV_{ij} 为运输路段 (i,j) 间的风险阈值；

RTV_i 为运输站点 i 处的风险阈值。

决策变量为

x_{ijl}^w：危险品运输任务 w 在运输路段 (i,j) 之间运输且使用的运输方式为 l 时则为 1，否则为 0；

y_{iml}^w：危险品运输任务 w 在运输站点 i 处由运输方式 m 转为 l 时则为 1，否则为 0。

多任务的危险品多式联运路径优化问题可建成以下多目标整数规划问题模型：

问题 $\mathbf{P}^W$：

$$\min f_1^W = \sum_{w \in W} \sum_{l \in L} \sum_{(i,j) \in A} C_{ijl}^w x_{ijl}^w + \sum_{w \in W} \sum_{(m,l) \in G} \sum_{i \in N} C_{iml}^w y_{iml}^w \tag{9-8}$$

$$\min f_2^W = \sum_{w \in W} \sum_{l \in L} \sum_{(i,j) \in A} P_{ijl}^w E_{ij} x_{ijl}^w + \sum_{w \in W} \sum_{(m,l) \in G} \sum_{i \in N} P_{iml}^w E_i y_{iml}^w \tag{9-9}$$

$$\text{s.t.} \quad \sum_{l \in L} \sum_{(o_w,i) \in A} x_{o_w il}^w = 1, \, w \in W \tag{9-10}$$

$$\sum_{l \in L} \sum_{(j,d_w) \in A} x_{jd_w l}^w = 1, \, w \in W \tag{9-11}$$

$$\sum_{l \in L} \sum_{(i,o_w) \in A} x_{io_w l}^w = 0, \, w \in W \tag{9-12}$$

$$\sum_{l \in L} \sum_{(d_w,j) \in A} x_{d_w jl}^w = 0, \, w \in W \tag{9-13}$$

$$\sum_{(m,l) \in G} y_{iml}^w \leqslant 1, \, w \in W, \, i \in N \setminus \{O,D\} \tag{9-14}$$

$$\sum_{l \in L} \sum_{(i,j) \in A} T_{ijl}^w x_{ijl}^w + \sum_{(m,l) \in G} \sum_{i \in N} T_{iml}^w y_{iml}^w \leqslant T_{\max}^w \tag{9-15}$$

$$\sum_{w \in W} \sum_{l \in L} P_{ijl}^w E_{ij} x_{ijl}^w \leqslant \text{RTV}_{ij}, \, (i,j) \in A \tag{9-16}$$

$$\sum_{w \in W} \sum_{(m,l) \in G} P_{iml}^w E_i y_{iml}^w \leqslant \text{RTV}_i, \, i \in N \tag{9-17}$$

对于相邻的三个运输站点 i,j,k，$w \in W$，有

$$\sum_{l \in L} \sum_{(i,j) \in A} x_{ijl}^w = \sum_{m \in L} \sum_{(j,k) \in A} x_{jkm}^w, \, j \in N \setminus \{O,D\} \tag{9-18}$$

$$\sum_{l \in L} \sum_{(i,j) \in A} x_{ijl}^w \leqslant 1, \, \forall (i,j) \in A, j \in N \setminus \{O,D\}, m,l \in L \text{且} m \neq l \tag{9-19}$$

$$x_{ijm}^w + x_{jkl}^w \leqslant y_{jml}^w + 1, \, \forall (i,j),(j,k) \in A, j \in N \setminus \{O,D\}, m,l \in L \text{且} m \neq l \tag{9-20}$$

$$x_{ijl}^w \in \{0,1\}, \, l \in L, (i,j) \in A \tag{9-21}$$

$$y_{iml}^w \in \{0,1\}, \, i \in N, (m,l) \in G \tag{9-22}$$

目标函数（9-8）表示最小化整个多式联运方案的成本，包含运输成本和转运成本。目标函数（9-9）表示最小化整个多式联运方案的风险，包含运输风险和转运风险。

约束（9-10）和约束（9-12）表示有且仅有一条路径从起点 o_w 出发，没有运输路段到达起点 o_w。约束（9-11）和约束（9-13）表示有且仅有一条路径到达目的地 d_w，没有运输路段从目的地 d_w 出发。约束（9-14）表示在危险品运输任务 w 的多式联运方案中，中间运输站点 $i(i \neq o_w, d_w)$ 至多发生一次转运。约束（9-15）表示完成危险品运输任务 w 的多式联运总时间不得超过其最大联运时间期限。约束（9-16）和约束（9-17）保证多式联运网络中每个危险品运输路段和每个危险品运输站点的总风险不得超过自身的风险阈值。约束（9-18）保证了在一次完整的运输任务 w 中，运输站点 $j(j \neq o_w, d_w)$ 处的流平衡。约束（9-19）保证了在一次完整的运输任务 w 中，每个运输站点至多经过一次，防止出现带有闭环的多式联运路径。约束（9-20）保证了多式联运方案发生转运时的内部一致性，即当危险品运输任务 w 的多式联运路径通过三个运输站点 i,j,k 时，如果运输路段 (i,j) 的运输方式与运输路段 (j,k) 的运输方式不同，那么在运输站点 j 处一定会发生转运。约

束（9-21）和约束（9-22）是决策变量 x,y 的 0-1 整数约束。

9.5　问题求解

本章研究了多任务危险品多式联运路径优化问题，根据前文建立的数学模型可以看出这是一个多目标整数规划模型。本章同样采用 ε 约束法将多目标问题转化为一系列单目标 ε 问题，并运用优化软件包 CPLEX 求解 ε 问题，得到多任务危险品多式联运路径优化问题的帕累托最优解。

9.5.1　模型单目标化

如前文所述，多任务危险品多式联运路径优化问题的数学模型包含两个目标函数 f_1^W 和 f_2^W。目标函数 $\min f_1^W$ 表示最小化所有危险品运输任务 W 的多式联运成本，目标函数 $\min f_2^W$ 表示最小化所有危险品运输任务 W 的多式联运风险。需要指出的是，通过对两个目标函数的对比可以发现，目标函数 f_1^W 只需要模拟一套参数（成本参数），而目标函数 f_2^W 需要模拟两套参数（事故发生概率以及人口暴露数）并做乘积处理，基于 ε 约束法的基本原理易知，选择较为简单的目标函数化为约束会使得求解问题复杂度相对小，因此与上一章不同，本章将目标函数 f_2^W 作为主目标函数。多任务危险品多式联运路径优化问题的多目标整数规划模型可转化为以下单目标问题的优化模型：

问题 $\mathbf{P}^W(\varepsilon)$：

$$\min f_2^W = \sum_{w\in W}\sum_{l\in L}\sum_{(i,j)\in A} P_{ijl}^w E_{ij} x_{ijl}^w + \sum_{w\in W}\sum_{(m,l)\in G}\sum_{i\in N} P_{iml}^w E_i y_{iml}^w$$

$$\text{s.t.}\begin{cases} \sum_{w\in W}\sum_{l\in L}\sum_{(i,j)\in A} C_{ijl}^w x_{ijl}^w + \sum_{w\in W}\sum_{(m,l)\in G}\sum_{i\in N} C_{iml}^w y_{iml}^w \leqslant \varepsilon \\ \sum_{l\in L}\sum_{(o_w,i)\in A} x_{o_wil}^w = 1,\ w\in W \\ \sum_{l\in L}\sum_{(j,d_w)\in A} x_{jd_wl}^w = 1,\ w\in W \\ \sum_{l\in L}\sum_{(i,o_w)\in A} x_{io_wl}^w = 0,\ w\in W \\ \sum_{l\in L}\sum_{(d_w,j)\in A} x_{d_wjl}^w = 0,\ w\in W \\ \sum_{(m,l)\in G} y_{iml}^w \leqslant 1,\ w\in W, i\in N\setminus\{O,D\} \\ \sum_{l\in L}\sum_{(i,j)\in A} T_{ijl}^w x_{ijl}^w + \sum_{(m,l)\in G}\sum_{i\in N} T_{iml}^w y_{iml}^w \leqslant T_{\max}^w \end{cases} \quad (9\text{-}23)$$

$$\text{s.t.}\begin{cases} \sum_{w\in W}\sum_{l\in L}P_{ijl}^{w}E_{ij}x_{ijl}^{w}\leqslant \text{RTV}_{ij},\ (i,j)\in A \\ \sum_{w\in W}\sum_{(m,l)\in G}P_{iml}^{w}E_{i}y_{iml}^{w}\leqslant \text{RTV}_{i},\ i\in N \\ \sum_{l\in L}\sum_{(i,j)\in A}x_{ijl}^{w}=\sum_{m\in L}\sum_{(j,k)\in A}x_{jkm}^{w},\ j\in N\setminus\{O,D\} \\ \sum_{l\in L}\sum_{(i,j)\in A}x_{ijl}^{w}\leqslant 1,\ \forall(i,j)\in A,j\in N\setminus\{O,D\},m,l\in L\text{且}m\neq l \\ x_{ijm}^{w}+x_{jkl}^{w}\leqslant y_{jml}^{w}+1,\ \forall(i,j),(j,k)\in A,j\in N\setminus\{O,D\},m,l\in L\text{且}m\neq l \\ x_{ijl}^{w}\in\{0,1\},l\in L,(i,j)\in A \\ y_{iml}^{w}\in\{0,1\},i\in N,(m,l)\in G \end{cases}$$

式中，ε 为目标函数 f_1^w 的一个上界。

为了求解问题 $\mathbf{P}^w(\varepsilon)$，首先应当确定 ε 的值，它的值与问题 $\mathbf{P}^w$ 的目标函数 f_1^w 和 f_2^w 的函数值所构成的向量空间中的 Ideal 点目标向量和 Nadir 点目标向量有关，其求解方法与上一章类似，此处不再赘述，直接给出相应的构造函数以及目标值。

9.5.2　求解 Ideal 点目标向量

设问题 $\mathbf{P}^w$ 目标函数 f_1^w 和 f_2^w 的下界为 $f_1^{w\text{LB}}$ 和 $f_2^{w\text{LB}}$，可通过构建以下单目标问题 $\mathbf{P}_1^w$ 和 $\mathbf{P}_2^w$ 获得。

问题 $\mathbf{P}_1^w$：

$$\min f_1^W=\sum_{w\in W}\sum_{l\in L}\sum_{(i,j)\in A}C_{ijl}^{w}x_{ijl}^{w}+\sum_{w\in W}\sum_{(m,l)\in G}\sum_{l\in N}C_{iml}^{w}y_{iml}^{w}$$

$$\text{s.t.}\begin{cases} \sum_{l\in L}\sum_{(o_w,j)\in A}x_{o_wjl}^{w}=1,\ w\in W \\ \sum_{l\in L}\sum_{(j,d_w)\in A}x_{jd_wl}^{w}=1,\ w\in W \\ \sum_{l\in L}\sum_{(i,o_w)\in A}x_{io_wl}^{w}=0,\ w\in W \\ \sum_{l\in L}\sum_{(d_w,j)\in A}x_{d_wjl}^{w}=0,\ w\in W \\ \sum_{(m,l)\in G}y_{iml}^{w}\leqslant 1,\ w\in W,i\in N\setminus\{O,D\} \\ \sum_{l\in L}\sum_{(i,j)\in A}T_{ijl}^{w}x_{ijl}^{w}+\sum_{(m,l)\in G}\sum_{l\in N}T_{iml}^{w}y_{iml}^{w}\leqslant T_{\max}^{w} \\ \sum_{w\in W}\sum_{l\in L}P_{ijl}^{w}E_{ij}x_{ijl}^{w}\leqslant \text{RTV}_{ij},\ (i,j)\in A \\ \sum_{w\in W}\sum_{(m,l)\in G}P_{iml}^{w}E_{i}y_{iml}^{w}\leqslant \text{RTV}_{i},i\in N \\ \sum_{l\in L}\sum_{(i,j)\in A}x_{ijl}^{w}=\sum_{m\in L}\sum_{(j,k)\in A}x_{jkm}^{w},\ j\in N\setminus\{O,D\} \\ \sum_{l\in L}\sum_{(i,j)\in A}x_{ijl}^{w}\leqslant 1,\ \forall(i,j)\in A,j\in N\setminus\{O,D\},m,l\in L\text{且}m\neq l \end{cases}$$

$$\begin{cases} x_{ijm}^w + x_{jkl}^w \leqslant y_{jml}^w + 1, \ \forall (i,j),(j,k) \in A, j \in N \setminus \{O,D\}, m,l \in L \text{且} m \neq l \\ x_{ijl}^w \in \{0,1\}, l \in L,(i,j) \in A \\ y_{iml}^w \in \{0,1\}, i \in N,(m,l) \in G \end{cases}$$

易知 $f_1^{W\mathrm{LB}} = [f_1^W]_{\min} = [f_2^W]_{\mathrm{P}_1^W}$ 。

问题 $\mathbf{P}_2^W$:

$$\min f_2^W = \sum_{w \in W} \sum_{l \in L} \sum_{(i,j) \in A} P_{ijl}^w E_{ij} x_{ijl}^w + \sum_{w \in W} \sum_{(m,l) \in G} \sum_{i \in N} P_{iml}^w E_i y_{iml}^w$$

$$\text{s.t.} \begin{cases} \sum_{l \in L} \sum_{(o_w,j) \in A} x_{o_w jl}^w = 1, \ w \in W \\ \sum_{l \in L} \sum_{(j,d_w) \in A} x_{jd_w l}^w = 1, \ w \in W \\ \sum_{l \in L} \sum_{(i,o_w) \in A} x_{io_w l}^w = 0, \ w \in W \\ \sum_{l \in L} \sum_{(d_w,j) \in A} x_{d_w jl}^w = 0, \ w \in W \\ \sum_{(m,l) \in G} y_{iml}^w \leqslant 1, \ w \in W, i \in N \setminus \{O,D\} \\ \sum_{l \in L} \sum_{(i,j) \in A} T_{ijl}^w x_{ijl}^w + \sum_{(m,l) \in G} \sum_{i \in N} T_{iml}^w y_{iml}^w \leqslant T_{\max}^w \\ \sum_{w \in W} \sum_{l \in L} P_{ijl}^w E_{ij} x_{ijl}^w \leqslant \mathrm{RTV}_{ij}, (i,j) \in A \\ \sum_{w \in W} \sum_{(m,l) \in G} P_{iml}^w E_i y_{iml}^w \leqslant \mathrm{RTV}_i, i \in N \\ \sum_{l \in L} \sum_{(i,j) \in A} x_{ijl}^w = \sum_{m \in L} \sum_{(j,k) \in A} x_{jkm}^w, j \in N \setminus \{O,D\} \\ \sum_{l \in L} \sum_{(i,j) \in A} x_{ijl}^w \leqslant 1, \ \forall (i,j) \in A, j \in N \setminus \{O,D\}, m,l \in L \text{且} m \neq l \\ x_{ijm}^w + x_{jkl}^w \leqslant y_{jml}^w + 1, \ \forall (i,j),(j,k) \in A, j \in N \setminus \{O,D\}, m,l \in L \text{且} m \neq l \\ x_{ijl}^w \in \{0,1\}, l \in L,(i,j) \in A \\ y_{iml}^w \in \{0,1\}, i \in N,(m,l) \in G \end{cases}$$

类似地，$f_2^{W\mathrm{LB}} = [f_2^W]_{\min} = [f_2^W]_{\mathrm{P}_2^W}$ 。

易得 Ideal 点目标向量为 $(f_1^{W\mathrm{LB}}, f_2^{W\mathrm{LB}})$ 。

9.5.3　求解 Nadir 点目标向量

目标函数 f_1^W 和 f_2^W 的上界的求解方法如下。

设问题 $\mathbf{P}^W$ 的目标函数 f_1^W 和 f_2^W 的上界为 $f_1^{W\mathrm{UB}}$ 和 $f_2^{W\mathrm{UB}}$ ，其可通过构建以下单目标问题 $\mathbf{P}_3^W$ 和 $\mathbf{P}_4^W$ 获得。

问题 $\mathbf{P}_3^W$:

$$\min f_1^W = \sum_{l \in L} \sum_{(i,j) \in A} C_{ij}^l x_{ij}^l + \sum_{(m,l) \in G} \sum_{i \in N} C_i^{ml} y_i^{ml}$$

$$\text{s.t.} \begin{cases} \sum\limits_{w\in W}\sum\limits_{l\in L}\sum\limits_{(i,j)\in A} P_{ijl}^w E_{ij} x_{ijl}^w + \sum\limits_{w\in W}\sum\limits_{(m,l)\in G}\sum\limits_{i\in N} P_{iml}^w E_i y_{iml}^w = f_2^{W\text{LB}} \\[6pt] \sum\limits_{l\in L}\sum\limits_{(o_w,i)\in A} x_{o_w,il}^w = 1,\ w\in W \\[6pt] \sum\limits_{l\in L}\sum\limits_{(j,d_w)\in A} x_{jd_w,l}^w = 1,\ w\in W \\[6pt] \sum\limits_{l\in L}\sum\limits_{(i,o_w)\in A} x_{io_w,l}^w = 0,\ w\in W \\[6pt] \sum\limits_{l\in L}\sum\limits_{(d_w,j)\in A} x_{d_w,jl}^w = 0,\ w\in W \\[6pt] \sum\limits_{(m,l)\in G} y_{iml}^w \leqslant 1,\ w\in W, i\in N\setminus\{O,D\} \\[6pt] \sum\limits_{l\in L}\sum\limits_{(i,j)\in A} T_{ijl}^w x_{ijl}^w + \sum\limits_{(m,l)\in G}\sum\limits_{i\in N} T_{iml}^w y_{iml}^w \leqslant T_{\max}^w \\[6pt] \sum\limits_{w\in W}\sum\limits_{l\in L} P_{ijl}^w E_{ij} x_{ijl}^w \leqslant \text{RTV}_{ij},\ (i,j)\in A \\[6pt] \sum\limits_{w\in W}\sum\limits_{(m,l)\in G} P_{iml}^w E_i y_{iml}^w \leqslant \text{RTV}_i,\ i\in N \\[6pt] \sum\limits_{l\in L}\sum\limits_{(i,j)\in A} x_{ijl}^w = \sum\limits_{m\in L}\sum\limits_{(j,k)\in A} x_{jkm}^w,\ j\in N\setminus\{O,D\} \\[6pt] \sum\limits_{l\in L}\sum\limits_{(i,j)\in A} x_{ijl}^w \leqslant 1,\ \forall (i,j)\in A, j\in N\setminus\{O,D\}, m,l\in L \text{且} m\neq l \\[6pt] x_{ijm}^w + x_{jkl}^w \leqslant y_{jml}^w + 1,\ \forall (i,j),(j,k)\in A, j\in N\setminus\{O,D\}, m,l\in L \text{且} m\neq l \\[6pt] x_{ijl}^w \in \{0,1\}, l\in L,(i,j)\in A \\[6pt] y_{iml}^w \in \{0,1\}, i\in N,(m,l)\in G \end{cases} \quad (9\text{-}24)$$

问题 P_3^W 中，通过令 $f_2^W = f_2^{W\text{LB}}$，生成新的约束（9-24），则 $f_1^{W\text{UB}} = [f_1^W]_{P_3^W}$。

问题 P_4^W：

$$\min f_2^W = \sum\limits_{w\in W}\sum\limits_{l\in L}\sum\limits_{(i,j)\in A} P_{ijl}^w E_{ij} x_{ijl}^w + \sum\limits_{w\in W}\sum\limits_{(m,l)\in G}\sum\limits_{i\in N} P_{iml}^w E_i y_{iml}^w$$

$$\text{s.t.} \begin{cases} \sum\limits_{w\in W}\sum\limits_{l\in L}\sum\limits_{(i,j)\in A} C_{ijl}^w x_{ijl}^w + \sum\limits_{w\in W}\sum\limits_{(m,l)\in G}\sum\limits_{i\in N} C_{iml}^w y_{iml}^w = f_1^{W\text{LB}} \\[6pt] \sum\limits_{l\in L}\sum\limits_{(o_w,i)\in A} x_{o_w,il}^w = 1,\ w\in W \\[6pt] \sum\limits_{l\in L}\sum\limits_{(j,d_w)\in A} x_{jd_w,l}^w = 1,\ w\in W \\[6pt] \sum\limits_{l\in L}\sum\limits_{(i,o_w)\in A} x_{io_w,l}^w = 0,\ w\in W \\[6pt] \sum\limits_{l\in L}\sum\limits_{(d_w,j)\in A} x_{d_w,jl}^w = 0,\ w\in W \\[6pt] \sum\limits_{(m,l)\in G} y_{iml}^w \leqslant 1,\ w\in W, i\in N\setminus\{O,D\} \\[6pt] \sum\limits_{l\in L}\sum\limits_{(i,j)\in A} T_{ijl}^w x_{ijl}^w + \sum\limits_{(m,l)\in G}\sum\limits_{i\in N} T_{iml}^w y_{iml}^w \leqslant T_{\max}^w \\[6pt] \sum\limits_{w\in W}\sum\limits_{l\in L} P_{ijl}^w E_{ij} x_{ijl}^w \leqslant \text{RTV}_{ij},\ (i,j)\in A \\[6pt] \sum\limits_{w\in W}\sum\limits_{(m,l)\in G} P_{iml}^w E_i y_{iml}^w \leqslant \text{RTV}_i,\ i\in N \\[6pt] \sum\limits_{l\in L}\sum\limits_{(i,j)\in A} x_{ijl}^w = \sum\limits_{m\in L}\sum\limits_{(j,k)\in A} x_{jkm}^w,\ j\in N\setminus\{O,D\} \\[6pt] \sum\limits_{l\in L}\sum\limits_{(i,j)\in A} x_{ijl}^w \leqslant 1,\ \forall (i,j)\in A, j\in N\setminus\{O,D\}, m,l\in L \text{且} m\neq l \\[6pt] x_{ijm}^w + x_{jkl}^w \leqslant y_{jml}^w + 1,\ \forall (i,j),(j,k)\in A, j\in N\setminus\{O,D\}, m,l\in L \text{且} m\neq l \\[6pt] x_{ijl}^w \in \{0,1\}, l\in L,(i,j)\in A \\[6pt] y_{iml}^w \in \{0,1\}, i\in N,(m,l)\in G \end{cases} \quad (9\text{-}25)$$

问题 P_4^W 中，通过令 $f_1^W = f_1^{W\text{LB}}$，生成新的约束（9-25）。类似地，$f_2^{W\text{UB}} = [f_2^W]_{P_4^W}$。

易得 Nadir 点目标向量为 $(f_1^{W\mathrm{UB}}, f_2^{W\mathrm{UB}})$。

9.5.4　获取 ε 值的方法

本章通过以下方法来获取 ε 的值，首先确定目标函数 f_2^W 的取值范围。由前文易知目标函数 f_2^W 已经定界为

$$f_2^W \in [f_2^{W\mathrm{LB}}, f_2^{W\mathrm{UB}}] \tag{9-26}$$

令

$$\mathrm{range}f_2^W = f_2^{W\mathrm{UB}} - f_2^{W\mathrm{LB}} \tag{9-27}$$

式中，$\mathrm{range}f_2^W$ 表示目标函数 f_2^W 的取值范围。

利用 $S+1$ 个点（这些点被称为等距格点），将 $\mathrm{range}f_2^W$ 等分成 S 段长度相等的区间，根据这些等距格点，问题 $\mathbf{P}^W(\varepsilon)$ 的约束（9-23）中的 ε 可以通过以下公式确定：

$$\varepsilon^s = f_2^{W\mathrm{UB}} - \frac{\mathrm{range}f_2^W}{S} \times s \tag{9-28}$$

式中，s 的取值依次为 $0,1,2,\cdots,S$。

将 ε 的不同取值依次代入问题 $\mathbf{P}^W(\varepsilon)$，更新约束（9-23），形成问题 $\mathbf{P}^W(\varepsilon^s)$。即

问题 $\mathbf{P}^W(\varepsilon^s)$：

$$\min f_2^W = \sum_{w\in W}\sum_{l\in L}\sum_{(i,j)\in A} P_{ijl}^w E_{ij} x_{ijl}^w + \sum_{w\in W}\sum_{(m,l)\in G}\sum_{i\in N} P_{iml}^w E_i y_{iml}^w$$

$$\mathrm{s.t.}\begin{cases}
\sum_{w\in W}\sum_{l\in L}\sum_{(i,j)\in A} C_{ijl}^w x_{ijl}^w + \sum_{w\in W}\sum_{(m,l)\in G}\sum_{i\in N} C_{iml}^w y_{iml}^w \leqslant \varepsilon^s \\
\sum_{l\in L}\sum_{(o_w,i)\in A} x_{o_w il}^w = 1, \ w\in W \\
\sum_{l\in L}\sum_{(j,d_w)\in A} x_{jd_w l}^w = 1, \ w\in W \\
\sum_{l\in L}\sum_{(i,o_w)\in A} x_{io_w l}^w = 0, \ w\in W \\
\sum_{l\in L}\sum_{(d_w,j)\in A} x_{d_w jl}^w = 0, \ w\in W \\
\sum_{(m,l)\in G} y_{iml}^w \leqslant 1, \ w\in W, i\in N\setminus\{O,D\} \\
\sum_{l\in L}\sum_{(i,j)} T_{ijl}^w x_{ijl}^w + \sum_{(m,l)\in G}\sum_{i\in N} T_{iml}^w y_{iml}^w \leqslant T_{\max}^w \\
\sum_{w\in W}\sum_{l\in L} P_{ijl}^w E_{ij} x_{ijl}^w \leqslant \mathrm{RTV}_{ij}, \ (i,j)\in A \\
\sum_{w\in W}\sum_{(m,l)\in G} P_{iml}^w E_i y_{iml}^w \leqslant \mathrm{RTV}_i, \ i\in N \\
\sum_{l\in L}\sum_{(i,j)\in A} x_{ijl}^w = \sum_{m\in L}\sum_{(j,k)\in A} x_{jkm}^w, \ j\in N\setminus\{O,D\} \\
\sum_{l\in L}\sum_{(i,j)\in A} x_{ijl}^w \leqslant 1, \ \forall (i,j)\in A, j\in N\setminus\{O,D\}, m,l\in L \text{且} m\neq l \\
x_{ijm}^w + x_{jkl}^w \leqslant y_{jml}^w + 1, \ \forall (i,j),(j,k)\in A, j\in N\setminus\{O,D\}, m,l\in L \text{且} m\neq l \\
x_{ijl}^w \in \{0,1\}, l\in L, (i,j)\in A \\
y_{iml}^w \in \{0,1\}, i\in N, (m,l)\in G
\end{cases} \tag{9-29}$$

式中，ε^s 为将 s 代入公式（9-29）中获得的，$s = 0, 1, 2, \cdots, S$。

对问题 $\mathbf{P}^W(\varepsilon^s)$ 进行求解，获得帕累托最优解。通过上述有限次数的循环迭代获得问题 $\mathbf{P}^W$ 的帕累托最优解，由定义 **2-3** 易知，所有问题 $\mathrm{P}(\varepsilon^s)$ 获得的帕累托最优解组成的集合构成问题 $\mathbf{P}^W$ 的帕累托前沿。

9.5.5　算法流程

本章采用的 ε 约束法的基本流程如图 9-1 所示。

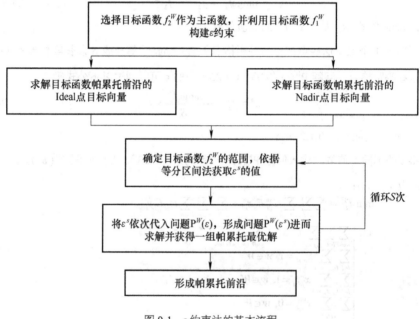

图 9-1　ε 约束法的基本流程

9.6　算法验证

本章通过基于真实网络拓扑的 400 个（40 组×10 个/组）随机算例来评价所提出的算法性能，并在 Microsoft Visual Studio 2010 编程环境下调用 CPLEX 来求解单目标整数规划模型。CPLEX 在默认的参数设置条件下运行。

计算环境同第 8 章随机算例按照下面的方式生成。整个多式联运网络 $G = (N, A)$ 根据由 Waxman 提出的随机网络拓扑生成器进行构建。在随机算例中，多式联运网络

的节点在平面 $\Omega=[0,100]\times[0,100]$ 上随机生成，且在平面 Ω 上均匀分布；多式联运网络的路段根据下式生成：

$$p_{(i,j)}=\beta\exp\frac{-d(i,j)}{\alpha L} \tag{9-30}$$

式中，$d(i,j)$ 表示节点 i 和节点 j 之间的欧几里得距离；L 表示网络的最大欧几里得距离；α 和 β 表示调整参数，$\alpha\in(0,1]$，$\beta\in(0,1]$。

运输任务的起点和终点从所生成的网络节点中随机产生。图 9-2 所示是本模型生成参数过程中模拟的一个多式联运网络。

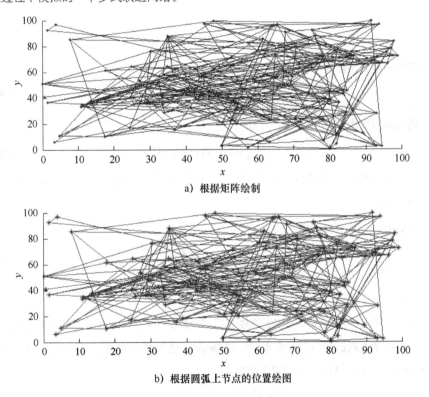

a) 根据矩阵绘制

b) 根据圆弧上节点的位置绘图

图 9-2 一个多式联运网络示例

本章根据网络节点间的欧几里得距离来生成所需的各项参数，为方便叙述，令 $U(a,b)$ 表示参数 a 和 b 之间的均匀分布。令 $\chi(i,j)=d(i,j),\lambda(m,l)$ 表示转运矩阵，$\mathrm{dis}(o_w,d_w)$ 表示运输任务 w 在多式联运网络中从 o_w 到 d_w 的最短联运时间。则时间参数为

运输时间：

$$T_{ijl}^w=\chi(i,j)\times U(0.2,0.5) \tag{9-31}$$

转运时间：

$$T_{iml}^w = \lambda(m,l) \times (0.1, 0.3) \tag{9-32}$$

最大联运时间期限：

$$T_{max}^w = dis(o_w, d_w) \times U(1, \sqrt{3}) \tag{9-33}$$

运输成本：

$$C_{ijl}^w = \chi(i,j) \times U(1,3) \tag{9-34}$$

转运成本：

$$C_{iml}^w = \lambda(m,l) \times (0.8, 2) \tag{9-35}$$

运输事故发生概率（其量纲为 10^{-8}）：

$$P_{ijl}^w = \chi(i,j) \times U(1,3) \tag{9-36}$$

转运事故发生概率（其量纲为 10^{-8}）：

$$T_{iml}^w = \lambda(m,l) \times (0.1, 0.15) \tag{9-37}$$

节点人口暴露数 E_i 由 $U(2,5)$ 生成，其量纲为 10^3；路段人口暴露数 E_{ij} 由 $U(20,70)$ 生成，其量纲为 10^4。

网络 G 的节点平均度被定义为

$$Deg = \frac{2|A|}{|N|} \tag{9-38}$$

式中，$|A|$ 和 $|N|$ 分别是 G 的路段的个数和节点数。

节点平均度表示与该节点相邻连接的弧的个数的平均数，它能侧面反映网络的密度。本章在模拟多式联运网络时设节点平均度 Deg=3，选取两种交通运输方式进行多式联运。表 9-1 给出了 Deg = 3 时的随机算例结果。

表 9-1　Deg = 3 时的随机算例结果

$|W|$	组　序	$|N|$	帕累托最优解个数	计算时间/s
5	1	20	4.1	9.157
	2	30	5.7	12.994
	3	40	6.9	18.584
	4	50	4.7	23.493
	5	60	8.8	86.221

（续）

$|W|$	组　序	$|N|$	帕累托最优解个数	计算时间/s
10	6	30	6.5	24.897
	7	40	15.3	50.817
	8	50	9.6	45.590
	9	60	12.4	72.134
	10	70	10.1	185.198
15	11	50	14.4	85.644
	12	60	21.5	109.200
	13	70	45	132.069
	14	80	36.1	244.861
	15	90	40.9	490.166
20	16	60	41.6	168.605
	17	70	21.7	219.102
	18	80	29.1	228.493
	19	90	36.8	714.254
	20	100	49.6	1356.267
	21	110	43.3	1318.763
	22	120	58.5	1133.073
	23	130	49	2571.337
	24	140	67.3	2369.109
	25	150	88.5	7415.529
25	26	110	43.5	2420.653
	27	120	39	1577.892
	28	130	53.7	2941.753
	29	140	70.4	5088.264
	30	150	63.6	14926.747
30	31	110	93.5	9549.586
	32	120	66.9	10655.706
	33	130	49.6	23457.896
	34	140	55.7	40874.353
	35	150	62.4	31470.806
40	36	110	38.8	20771.700
	37	120	81	25356.126
	38	130	58.7	38257.339
	39	140	65.2	53114.658
	40	150	73	52355.090

随着随机算例运算规模的增大，可行方案的增多，求解时相应地调整了等距格点的数量（$S+1$），以尽可能获得完备的帕累托最优解。表 9-1 显示了求解得到的帕累托最优解的个数整体呈现出增长的态势。从随机算例的计算时间可以看出，给定网络节点平均度，随着网络节点以及运输任务的增加，算例的计算时间平稳地增长。给定运输任务数，随着网络节点的增多，计算时间越来越长。图 9-3 是根据第 16～25 组算例绘制的折线图，在 $|W|$ = 20 时，随着网络节点数由 60 增加到 150，计算时间逐渐增大，且在折线图的后半部分呈现快速增长的趋势。很明显地，第 21～25 组的计算时间比第 16～20 组的长很多。这表明随着网络规模的增大，模型的求解难度也在增大。

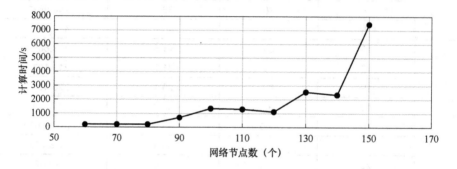

图 9-3　运输任务确定（$|W|$ =20）时网络节点数与计算时间关系图

在网络节点平均度和网络节点确定的情况下，随着运输任务数的增多，模型的复杂度越大，计算时间越长。表 9-1 中第 40 组算例（150 个网络节点，40 个运输任务），是本章所建模型及硬件环境下 CPLEX 所能求解的最大算例之一。

9.7　本章小结

本章研究了多任务危险品多式联运路径优化问题，是上一章研究问题的扩展。本章首先给出了多任务危险品多式联运路径优化问题的新特征，即兼顾多式联运网络的联运风险空间分布的均衡性，并在多任务的风险评价中引入了风险阈值约束。然后依据多任务危险品多式联运路径优化的特点描述相关的假设条件，构建了其多目标整数规划模型。本章运用 ε 约束法并使用优化软件包 CPLEX 求解模型。由于本章所研究的问题相关的文献很少，采用 Waxman 提出的随机网络拓扑生成器来模拟生成多式联运网络，并通过 400 个随机算例对模型进行验证。

第 10 章

考虑定额碳税政策的危险品多式联运路径优化模型与方法

10.1 引言

"双碳"目标，即碳达峰与碳中和。近年来国家积极推行双碳工作，党中央、国务院相继印发相关意见[147]，将"双碳"纳入国家经济社会总体发展战略规划之中。各行业积极响应号召，拟定出台政策以推动落实节能减排措施。交通运输业是全球碳排放量最高的行业之一，其二氧化碳排放量约占全球总排放量的 18%[148]。危险品运输是特种运输的一种，较普通货物运输而言，危险品运输会经过加压、冷却等过程，且需要采取必要的保护措施或专业设施，通常会导致产生更多的碳排放。因此，危险品运输业有必要采取具体措施来减少碳排放量。

碳排放政策是国家根据控制温室气体排放目标的具体要求而采取的一系列应对措施。目前在全球范围内所施行的碳排放政策主要是通过经济手段来遏制二氧化碳的排放，主要形式包括征收碳税、碳交易等。当碳排放企业进行二氧化碳排放时，由于碳排放会引起碳排放成本的增加，因而企业会寻求更加环保的方式，从而达到减排的目的。不同政策下的碳排放成本计算存在显著差异。危险品多式联运路径优化通常以总风险和总成本作为目标函数，而碳排放政策通过碳排放成本的方式对总成本产生影响，进而影响危险品多式联运路径优化结果。

部分国家地区为促进碳减排，已出台相关政策措施，如瑞典、芬兰等针对碳排放量按定额税的方式征收碳税，以此来促使运输企业选择更加环保的运输方式，从而达到减排的目的。本书主要考虑定额碳税政策下的危险品多式联运路径优化模型与方法。

10.2 问题概述

多式联运网络中，一批一定量的危险品需要从起点 O 运往终点 D。在定额碳税的碳排放政策下，考虑到联运时间期限、路段运输风险阈值限制、转运节点数量阈值约束，最小化运输及转运过程的总成本和总风险，对该单任务所途径路段、路段运输方式及节点中转方案进行规划，确保运输及转运过程的连续性。

最优的多式联运路径优化结果需要根据决策者目标需求确定，考虑到本章所研究问题的实际决策场景，决策方通常包括政府监管部门和危险品运输企业，两方共同参与决策但又相对独立。政府监管部门并不参与实际的运输任务，但更多地从监管角度考虑运输安全，并将危险品运输对公众与环境的潜在影响尽可能降到最低；危险品运输企业组织进行运输，在满足必要的危险品运输要求下，尽可能谋求更高的利润，降低运输成本。因此，从目标角度来看双方是相互矛盾的，为平衡危险品运输的风险与经济效益，本问题将通过双层规划结构对决策双方目标需求进行协调处理，如图 10-1 所示。

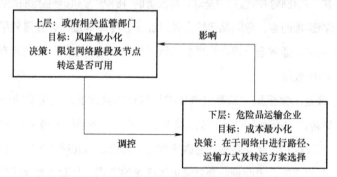

图 10-1 双层规划结构示意图

上层决策者需要对多式联运网络路段以及节点转运进行开放决策，考虑到路段风险阈值、转运节点数量阈值约束，追求最小化总风险；下层决策者在子网络中做出运输路径、运输方式及转运方案的选择，考虑到联运时间期限、流量平衡、节点转运与前后运输方式保持一致等约束，最小化总成本。考虑定额碳税政策问题的上层、下层模型的目标可分解，如图 10-2 所示。

本问题考虑了定额碳税政策，碳排放政策直接影响碳排放成本计算，对下层目标函数值产生影响，进而影响路径优化的结果。定额碳税政策前面已介绍，在此不再赘述，其对目标函数影响机制如图 10-3 所示。此外，本问题根据实际运输常受到天气、环境等外部因素的影响，充分考虑了运输风险不确定性，将运输事故发生概率设置为取值不确定的参数。

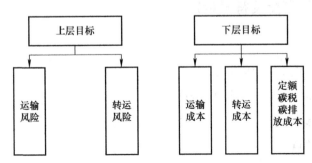

图 10-2 考虑定额碳税政策的双层目标示意图

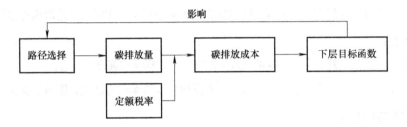

图 10-3 定额碳税影响目标函数机制示意图

10.3 问题建模

10.3.1 问题假设

考虑到危险品多式联运实际场景，便于问题数学模型的建立，提出如下基本假设：

1）多式联运网络中，该单一运输任务具有唯一起讫点，其余节点均为中间节点，转运仅发生在中间节点。

2）运输载具有足够的运输承载能力，货物视为一个整体不可分割，禁止将货物按量拆分运输。

3）相同运输方式单位距离的运输成本一致，相同的运输方式转换对应的转运成本一致，如水路转换到公路与公路转换到水路的单位转运成本相同，不考虑运输方式切换的先后顺序。

4）运输成本同运输距离、运输量线性相关。

5）危险品事故发生概率为不确定参数且其取值在有界闭区间内，但其概率分布未知。

10.3.2 参数变量及符号设定

1. 集合

$N = \{1, 2, \cdots, |N|\}$：节点的集合；

$K = \{1, 2, \cdots, |K|\}$：运输方式的集合；

$O = \{1\}$：起点；

$D = \{n\}$：终点。

2. 参数

$\tilde{p}_{ij}^k$：从节点 i 到节点 j 采取运输方式 k 发生事故概率的实际值，是取值在区间的不确定参数；

p_{ij}^k：从节点 i 到节点 j 采取运输方式 k 发生事故概率的理论标准值；

$\hat{p}_{ij}^k$：从节点 i 到节点 j 采取运输方式 k 发生事故概率的变动值，即事故发生概率实际值与理论标准值的差值；

p_i^{kl}：在节点 i 从运输方式 k 转换成 l 发生事故的概率；

pop_{ij}^k：从节点 i 到节点 j 采取运输方式 k 的人口暴露数；

pop_i^{kl}：在节点 i 从运输方式 k 转换成 l 的人口暴露数；

c^k：运输方式 k 的单位运输成本；

c^{kl}：从运输方式 k 转换成 l 的单位转运成本；

d_{ij}^k：从节点 i 到节点 j 采取运输方式 k 的运输距离；

t_{ij}^k：从节点 i 到节点 j 采取运输方式 k 的运输时间；

t_i^{kl}：在节点 i 从运输方式 k 转换成 l 的转运时间；

g^k：运输方式 k 的单位碳排放系数；

g^{kl}：运输方式 k 转换成 l 的单位碳排放系数；

t_m：运输任务联运时间期限；

UL：路段风险阈值；

UL_2：转运节点数量阈值；

q：任务运输货物量；

α：定额税率。

3. 决策变量

y_{ij}^k：上层决策变量，0-1 变量，当从节点 i 到节点 j 以运输方式 k 进行运输任务时取 1，否则取 0；

y_i：上层决策变量，0-1 变量，当节点 i 发生转运时取 1，否则取 0；

x_{ij}^k：下层决策变量，0-1 变量，当运输企业从节点 i 到节点 j 以运输方式 k 进行运输任务时取 1，否则取 0；

x_i^{kl}：下层决策变量，0-1 变量，当运输企业在节点 i 从运输方式 k 转换成 l 时取 1，否则取 0。

10.3.3　模型构建

1. 上层模型

上层模型的决策主体为政府监管部门，通过路段或转运节点的风险阈值约束，限定多式联运网络中运输路段及转运节点的开放。

最小化包括路段运输风险以及节点转运风险在内的总风险为

$$\min F_1 = \sum_{k \in K} \sum_{i \in N} \sum_{j \in N} \tilde{p}_{ij}^k pop_{ij}^k x_{ij}^k + \sum_{i \in N} \sum_{k \in K} \sum_{l \in K} p_i^{kl} pop_i^{kl} x_i^{kl} \qquad (10\text{-}1)$$

式（10-1）表示上层目标函数。

政府监管部门允许开放路段的风险应小于路段风险阈值，以保证多式联运风险均衡和区域风险分布公平，即

$$p_{ij}^k pop_{ij}^k y_{ij}^k \leqslant UL, \ \forall i, j \in N, k \in K \qquad (10\text{-}2)$$

政府监管部门开放的转运节点数量应小于数量阈值，即

$$\sum_{i \in N} y_i \leqslant UL_2, \ \forall i \in N \qquad (10\text{-}3)$$

政府监管部门不允许起点和终点发生运输方式的转换，即

$$y_i = 0, \ i \in O, D \qquad (10\text{-}4)$$

上层决策变量的约束条件为

$$y_i, y_{ij}^k \in \{0,1\}, \ \forall i, j \in N, k \in K \qquad (10\text{-}5)$$

其中，x_{ij}^k 和 x_i^{kl} 是来自下层模型的解。

式（10-1）～式（10-5）组成了上层模型。

2. 下层模型

下层模型的决策主体为危险品运输企业，决策内容为在上层规划的网络中，根据下层目标函数确定运输路径及其对应的运输方式。考虑到碳排放政策，下层决策者应将碳排放成本作为下层目标函数的一部分。

最小化，包括路段运输成本、节点转运成本以及定额碳税政策下的碳排放成本在内的总成本为

$$\min F_2 = \sum_{k \in K} \sum_{i \in N} \sum_{j \in N} qc^k d_{ij}^k x_{ij}^k + \sum_{i \in N} \sum_{k \in K} \sum_{l \in K} qc^{kl} x_i^{kl} + P\alpha$$
$$= \sum_{k \in K} \sum_{i \in N} \sum_{j \in N} qc^k d_{ij}^k x_{ij}^k + \sum_{i \in N} \sum_{k \in K} \sum_{l \in K} qc^{kl} x_i^{kl} + \left(\sum_{i \in N} \sum_{j \in N} \sum_{k \in K} g_k d_{ij}^k x_{ij}^k + \sum_{i \in N} \sum_{k \in K} \sum_{l \in K} qg^{kl} x_i^{kl} \right) \cdot \alpha$$

（10-6）

式（10-6）为下层目标函数。

路段之间若可直达，则此路段至少存在一种运输方式，若路段存在两种及以上运输方式时，由于运输对象的不可分割性质，能且只能选择其中一种运输方式，即

$$\sum_{k \in K} x_{ij}^k \leqslant 1, \ \forall i,j \in N$$

（10-7）

每个中转点最多进行一次运输方式的转换，即

$$\sum_{k \in K} \sum_{l \in K} x_i^{kl} \leqslant 1, \ \forall i \in N$$

（10-8）

起点、终点以及中间节点的流量平衡约束分别为

$$\sum_{j \in N} \sum_{k \in K} x_{ij}^k - \sum_{j \in N} \sum_{k \in K} x_{ji}^k = 1, \ i \in O$$

（10-9）

$$\sum_{j \in N} \sum_{k \in K} x_{ij}^k - \sum_{j \in N} \sum_{k \in K} x_{ji}^k = -1, \ i \in D$$

（10-10）

$$\sum_{j \in N} \sum_{k \in K} x_{ij}^k - \sum_{j \in N} \sum_{k \in K} x_{ji}^k = 0, \ i \in N 且 i \notin O,D$$

（10-11）

节点处的运输方式转换应与节点前后路段采用的运输方式一致，例如，节点 i 发生运输方式 k 向 $l(k \neq l)$ 的转换，则驶入节点 i 前采用的运输方式应为 k，离开节点 i 后采用的运输方式应为 l。其具体表达式为

$$x_{bi}^k + x_{ij}^l \leqslant x_i^{kl} + 1, \ \forall b,i,j \in N, k,l \in K, k \neq l$$

（10-12）

运输任务联运总时间小于时间期限，即

$$\sum_{k \in K} \sum_{i \in N} \sum_{j \in N} t_{ij}^k x_{ij}^k + \sum_{i \in N} \sum_{k \in K} \sum_{l \in K} t_i^{kl} x_i^{kl} \leqslant t_m, \ \forall i,j \in N, k,l \in K$$

（10-13）

运输任务仅能在上层开放转运的节点安排转运，即

$$x_i^{kl} \leqslant y_i, \ \forall i \in N, k,l \in K, k \neq l$$

（10-14）

运输任务仅能在上层开放运输的路段安排运输，即

$$x_{ij}^k \leqslant y_{ij}^k, \ \forall i,j \in N, k \in K$$

（10-15）

下层模型决策变量约束为

$$x_{ij}^k, x_i^{kl} \in \{0,1\}, \ \forall i, j \in N, k, l \in K \tag{10-16}$$

式（10-6）～式（10-16）组成了下层模型。

3. 双层模型

综上所述，定额碳税政策下危险品多式联运路径优化双层模型可表示如下：

上层模型：

$$\min F_1 = \sum_{k \in K} \sum_{i \in N} \sum_{j \in N} \tilde{p}_{ij}^k pop_{ij}^k x_{ij}^k + \sum_{i \in N} \sum_{k \in K} \sum_{l \in K} p_i^{kl} pop_i^{kl} x_i^{kl}$$

$$\text{s.t.} \begin{cases} p_{ij}^k pop_{ij}^k y_{ij}^k \leqslant UL, \ \forall i, j \in N, k \in K \\ \sum_{i \in N} y_i \leqslant UL_2, \ \forall i \in N \\ y_i = 0, \ i \in O, D \\ y_i, y_{ij}^k \in \{0,1\}, \ \forall i, j \in N, k \in K \end{cases}$$

下层模型：

$$\min F_2 = \sum_{k \in K} \sum_{i \in N} \sum_{j \in N} qc^k d_{ij}^k x_{ij}^k + \sum_{i \in N} \sum_{k \in K} \sum_{l \in K} qc^{kl} x_i^{kl} + \left(\sum_{i \in N} \sum_{j \in N} \sum_{k} g_k d_{ij}^k x_{ij}^k + \sum_{i \in N} \sum_{k \in K} \sum_{l \in K} qg^{kl} x_i^{kl} \right) \cdot \alpha$$

$$\text{s.t.} \begin{cases} \sum_{k \in K} x_{ij}^k \leqslant 1, \ \forall i, j \in N \\ \sum_{k \in K} \sum_{l \in K} x_i^{kl} \leqslant 1, \ \forall i \in N \\ \sum_{j \in N} \sum_{k \in K} x_{ij}^k - \sum_{j \in N} \sum_{k \in K} x_{ji}^k = 1, \ i \in O \\ \sum_{j \in N} \sum_{k \in K} x_{ij}^k - \sum_{j \in N} \sum_{k \in K} x_{ji}^k = -1, \ i \in D \\ \sum_{j \in N} \sum_{k \in K} x_{ij}^k - \sum_{j \in N} \sum_{k \in K} x_{ji}^k = 0, \ i \in N \text{且} i \notin O, D \\ x_{bi}^k + x_{ij}^l \leqslant x_i^{kl} + 1, \ \forall b, i, j \in N, k, l \in K, k \neq l \\ \sum_{k \in K} \sum_{i \in N} \sum_{j \in N} t_{ij}^k x_{ij}^k + \sum_{i \in N} \sum_{k \in K} \sum_{l \in K} t_i^{kl} x_i^{kl} \leqslant t_m, \ \forall i, j \in N, k, l \in K \\ x_i^{kl} \leqslant y_i, \ \forall i \in N, k, l \in K, k \neq l \\ x_{ij}^k \leqslant y_{ij}^k, \ \forall i, j \in N, k \in K \\ x_{ij}^k, x_i^{kl} \in \{0,1\}, \ \forall i, j \in N, k, l \in K \end{cases}$$

10.3.4　含不确定参数的双层模型转化

前文已构建了定额碳税政策下危险品多式联运路径优化问题的双层规划模型，其上层模型目标函数、约束条件均相同且存在不确定参数，需要对其进行处理，并将模型转化为确定性模型，方便后续求解。第 2.6 节已经就含不确定参数的模型求解给出了求解思路，包括不确定参数集合的刻画以及鲁棒对等转换理论的应用，以下将给出含不确定参数上层模型的转化过程。

上层模型的不确定参数为路段事故发生概率 $\tilde{p}_{ij}^{k}$，其数值及概率分布未知，假定已知该参数的上下界。本章基于 Bertismas 等人所提出的鲁棒优化方法[143,149]，利用盒式不确定集合对模型中的不确定参数进行处理，并建立对应的鲁棒优化模型。

针对问题中的不确定参数，即路段事故发生概率，假设其取值在有界闭区间内，但其概率分布未知，通过盒式不确定集合可以对此不确定参数 $\tilde{p}_{ij}^{k}$ 进行如下刻画：

$$\tilde{p}_{ij}^{k} \in \left[p_{ij}^{k} - u_{ij}^{k}\hat{p}_{ij}^{k}, p_{ij}^{k} + u_{ij}^{k}\hat{p}_{ij}^{k} \right], \forall i,j \in N, k \in K \tag{10-17}$$

式中，p_{ij}^{k} 为路段事故发生概率的理论标准值；$\hat{p}_{ij}^{k}$ 为路段事故发生概率的扰动值，扰动比例 $u_{ij}^{k} = \hat{p}_{ij}^{k} / p_{ij}^{k}$。$u_{ij}^{k}$ 为取值在区间[0,1]上且分布未知的随机变量，属于不确定集合 U，可表示为

$$U = \left\{ u_{ij}^{k} \left| \frac{\sum_{k \in K} u_{ij}^{k}}{|K|} \leqslant \Gamma_{ij}, \forall i,j \in N, u_{ij}^{k} \in [0,1] \right. \right\} \tag{10-18}$$

式中，K 表示运输方式的集合；$|K|$ 表示集合内运输方式的数量；Γ_{ij} 表示控制模型保守度的参数，反映了集合的不确定水平，其取值取决于决策者的偏好：如果该参数值较大，模型就更保守，鲁棒性也更好，在最坏的情形下也能求得较满意的结果；反之，如果该参数值较小，鲁棒性就较差，但在理想条件下能求得更优的结果。不同的决策者从自身偏好出发，可以不断调整参数值，通过比对不同参数水平下的方案求解，以实现最佳的决策效果，最终达到最优性和鲁棒性的平衡。

本章所建立的双层规划上层模型中，不确定参数 $\tilde{p}_{ij}^{k}$ 存在于目标函数。因此，在构建鲁棒优化模型时，上层模型的约束条件保持不变，仅对含不确定参数的目标函数进行处理，将含不确定参数的目标函数（10-1）转化为

$$\min F_1 = \max_{u_{ij}^{k} \in U} \left\{ \sum_{k \in K} \sum_{i \in N} \sum_{j \in N} \left(p_{ij}^{k} + \hat{p}_{ij}^{k} u_{ij}^{k} \right) pop_{ij}^{k} x_{ij}^{k} \right\} + \sum_{i \in N} \sum_{k \in K} \sum_{l \in K} p_i^{kl} pop_i^{kl} x_i^{kl}$$

$$= \sum_{k \in K} \sum_{i \in N} \sum_{j \in N} p_{ij}^{k} pop_{ij}^{k} x_{ij}^{k} + \max_{u_{ij}^{k} \in U} \left\{ \sum_{k \in K} \sum_{i \in N} \sum_{j \in N} \hat{p}_{ij}^{k} u_{ij}^{k} pop_{ij}^{k} x_{ij}^{k} \right\} + \sum_{i \in N} \sum_{k \in K} \sum_{l \in K} p_i^{kl} pop_i^{kl} x_i^{kl} \tag{10-19}$$

其中，将式（10-19）中的子项记作

$$\max_{u_{ij}^{k} \in U} \sum_{k \in K} \sum_{i \in N} \sum_{j \in N} \hat{p}_{ij}^{k} u_{ij}^{k} pop_{ij}^{k} x_{ij}^{k} \tag{10-20}$$

性质 10-1 最大化子项（10-20）与式（10-24）～式（10-26）等价。

证明：根据 u_{ij}^{k} 所属不确定集合 U 的定义，最大化子项（10-20）可以表示为如下最大化线性规划问题，即

$$\max_{u_{ij}^{k} \in U} \sum_{k \in K} \sum_{i \in N} \sum_{j \in N} \hat{p}_{ij}^{k} u_{ij}^{k} pop_{ij}^{k} x_{ij}^{k} \tag{10-21}$$

$$\text{s.t.}\begin{cases}\sum_{k\in K}u_{ij}^{k}\leqslant|K|\Gamma_{ij},\ \forall i,j\in N & (10\text{-}22)\\ 0\leqslant u_{ij}^{k}\leqslant1,\ \forall i,j\in N,k\in K & (10\text{-}23)\end{cases}$$

依据强对偶定理，式（10-21）~式（10-23）可以转换为式（10-24）~式（10-26），其中 v_{ij},v_{ij}^{k} 是通过对偶性质将最大化子项等价转化过程中产生的对偶变量，为转化后上层模型的决策变量：

$$\min\left\{\sum_{k\in K}\sum_{i\in N}\sum_{j\in N}v_{ij}^{k}+\sum_{i\in N}\sum_{j\in N}v_{ij}\Gamma_{ij}|K|\right\} \tag{10-24}$$

$$\text{s.t.}\begin{cases}v_{ij}+v_{ij}^{k}\geqslant\hat{p}_{ij}^{k}pop_{ij}^{k}x_{ij}^{k},\ \forall i,j\in N,k\in K & (10\text{-}25)\\ v_{ij},v_{ij}^{k}\geqslant0,\ \forall i,j\in N,k\in K & (10\text{-}26)\end{cases}$$

最大化子项（10-20）便可通过上述过程转化为式（10-24）~式（10-26），**性质 10-1** 得证。

通过**性质 10-1**，可以将含最大化子项的上层目标函数（10-19）等价转化为

$$\min F_{1}=\sum_{k\in K}\sum_{i\in N}\sum_{j\in N}p_{ij}^{k}pop_{ij}^{k}x_{ij}^{k}+\sum_{i\in N}\sum_{k\in K}\sum_{l\in K}p_{i}^{kl}pop_{i}^{kl}x_{i}^{kl}+\sum_{k\in K}\sum_{i\in N}\sum_{j\in N}v_{ij}^{k}+\sum_{i\in N}\sum_{j\in N}v_{ij}\Gamma_{ij}|K| \tag{10-27}$$

因此，经过鲁棒对等转换后所得的上层模型为

$$\min F_{1}=\sum_{k\in K}\sum_{i\in N}\sum_{j\in N}p_{ij}^{k}pop_{ij}^{k}x_{ij}^{k}+\sum_{i\in N}\sum_{k\in K}\sum_{l\in K}p_{i}^{kl}pop_{i}^{kl}x_{i}^{kl}+\sum_{k\in K}\sum_{i\in N}\sum_{j\in N}v_{ij}^{k}+\sum_{i\in N}\sum_{j\in N}v_{ij}\Gamma_{ij}|K|$$

$$\text{s.t.}\begin{cases}v_{ij}+v_{ij}^{k}\geqslant\hat{p}_{ij}^{k}pop_{ij}^{k}x_{ij}^{k},\ \forall i,j\in N,k\in K\\ v_{ij},v_{ij}^{k}\geqslant0,\ \forall i,j\in N,k\in K\\ p_{ij}^{k}pop_{ij}^{k}y_{ij}^{k}\leqslant UL,\ \forall i,j\in N,k\in K\\ \sum_{i\in N}y_{i}\leqslant UL_{2},\ \forall i\in N\\ y_{i}=0,\ i\in O,D\\ y_{i},y_{ij}^{k}\in\{0,1\},\ \forall i,j\in N,k\in K\end{cases}$$

10.4　问题求解

上一节分别对定额碳税下危险品多式联运路径优化问题进行了详细描述，给出问题的假设、参数及决策变量的定义，并根据不同决策主体的目标需求，建立了问题的双层规划模型。在此基础上，根据所研究问题的对偶性质，将定额碳税政策下含不确定参数的上层模型转化为含确定参数的模型。本节将针对转化后的双层模型，基于问题特性设计两种求解算法，最后，通过随机生成算例对算法的有效性进行验证。

10.4.1 基于 KKT 条件的精确算法

1. 算法思路及流程

精确算法的主要思想是通过对双层规划模型进行特殊处理，将其转化为等价的更简单易解的单层规划模型，当前使用最广泛的方法是 KKT 条件，其具体应用步骤详见 2.5.2 小节。通过 KKT 条件，双层模型中的下层模型可以转化成一系列符合下层模型最优性的约束条件，从而将双层规划模型的求解转化为求解与原模型等价的单层规划模型。而通常情况下，下层模型对应的最优性约束条件存在非线性约束，为了后续求解方便，这些非线性约束需要进行线性化处理。该精确算法的求解流程如图 10-4 所示。

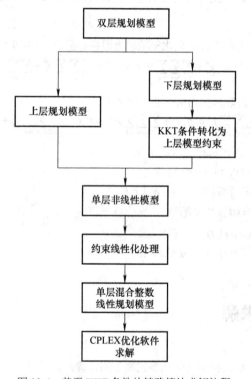

图 10-4 基于 KKT 条件的精确算法求解流程

2. KKT 条件求解过程

本小节针对转化后确定性的定额碳税政策下危险品多式联运路径优化问题的双层模型，给出如下基于 KKT 条件和约束线性化方法的精确算法的具体求解过程。

（1）根据下层目标函数及约束条件，构造对应拉格朗日函数定额碳税下的下层模型目标函数为式（10-6），约束条件为式（10-7）～式（10-16）。根据下层模型的目标函数以及约束条件，构造其对应的拉格朗日函数如下：

$$
\begin{aligned}
\mathrm{Lar} = F_2 &+ \sum_{i\in N}\sum_{j\in N}\lambda_{ij}^1\left(\sum_{k\in K}x_{ij}^k-1\right)+\sum_{i\in N}\lambda_i^2\left(\sum_{k\in K}\sum_{l\in K}x_i^{kl}-1\right)+\sum_{i\in N}\lambda_i^3\left(\sum_{j\in N}\sum_{k\in K}x_{ij}^k-\sum_{j\in N}\sum_{k\in K}x_{ji}^k\right)+\\
&\sum_{b\in N}\sum_{i\in N}\sum_{j\in N}\sum_{k\in K}\sum_{l\in K}\lambda_{bijkl}^4(x_{bi}^k+x_{ij}^l-x_i^{kl}-1)+\lambda^5\left(\sum_{k\in K}\sum_{i\in N}\sum_{j\in N}t_{ij}^k x_{ij}^k+\sum_{i\in N}\sum_{k\in K}\sum_{l\in K}t_i^{kl}x_i^{kl}-t_m\right)+\\
&\sum_{i\in N}\sum_{k\in K}\sum_{l\in K}\lambda_{ikl}^6(x_i^{kl}-y_i)+\sum_{i\in N}\sum_{j\in N}\sum_{k\in K}\lambda_{ijk}^7(x_{ij}^k-y_{ij}^k)-\sum_{i\in N}\sum_{j\in N}\sum_{k\in K}\lambda_{ijk}^8 x_{ij}^k-\sum_{i\in N}\sum_{k\in K}\sum_{l\in K}\lambda_{ikl}^9 x_i^{kl} \quad\text{（10-28）}
\end{aligned}
$$

（2）下层模型中，决策变量的拉格朗日函数的梯度为 0

下层决策变量 x_{ij}^k 和 x_i^{kl} 的拉格朗日函数梯度为 0，分别表示为

$$
qc^k d_{ij}^k+\alpha g_k d_{ij}^k+\lambda_{ij}^1+\lambda_i^3-\lambda_j^3+\sum_{b\in N}\sum_{l\in K}\lambda_{bijkl}^4+\lambda^5 t_{ij}^k+\lambda_{ijk}^7-\lambda_{ijk}^8=0,\ \forall i,j\in N,k\in K \quad\text{（10-29）}
$$

$$
qc^{kl}+qg_{kl}+\lambda_i^2-\sum_{b\in N}\sum_{j\in N}\lambda_{bijkl}^4+\lambda^5 t_i^{kl}+\lambda_{ikl}^6-\lambda_{ikl}^9=0,\ \forall i\in N,k,l\in K \quad\text{（10-30）}
$$

（3）下层模型中，拉格朗日乘子和对应的不等式约束的乘积为 0

下层模型的不等式约束为式（10-7）、式（10-8）、式（10-12）～式（10-15），与其对应拉格朗日乘子的乘积应等于 0，可得

$$
\lambda_{ij}^1\left(\sum_{k\in K}x_{ij}^k-1\right)=0,\ \forall i,j\in N \quad\text{（10-31）}
$$

$$
\lambda_i^2\left(\sum_{k\in K}\sum_{l\in K}x_i^{kl}-1\right)=0,\ \forall i\in N \quad\text{（10-32）}
$$

$$
\lambda_{bijkl}^4(x_{bi}^k+x_{ij}^l-x_i^{kl}-1)=0,\ \forall b,i,j\in N,k,l\in K \quad\text{（10-33）}
$$

$$
\lambda^5\left(\sum_{k\in K}\sum_{i\in N}\sum_{j\in N}t_{ij}^k x_{ij}^k+\sum_{i\in N}\sum_{k\in K}\sum_{l\in K}t_i^{kl}x_i^{kl}-t_m\right)=0 \quad\text{（10-34）}
$$

$$
\lambda_{ikl}^6(x_i^{kl}-y_i)=0,\ \forall i\in N,k,l\in K \quad\text{（10-35）}
$$

$$
\lambda_{ijk}^7(x_{ij}^k-y_{ij}^k)=0,\ \forall i,j\in N,k\in K \quad\text{（10-36）}
$$

（4）下层模型中，不等式约束对应的拉格朗日乘子非负

在下层模型中，不等式约束对应的拉格朗日乘子非负，表示如下：

$$
\lambda_{ij}^1,\lambda_i^2,\lambda_{bijkl}^4,\lambda^5,\lambda_{ikl}^6,\lambda_{ijk}^7\geqslant 0,\ \forall b,i,j\in N,k,l\in K \quad\text{（10-37）}
$$

（5）非线性约束线性化处理

此前步骤所得的式（10-31）～式（10-36）是非线性约束，为了便于求解，提出**性质 10-2**，实现非线性约束的线性转化。

性质 10-2　引入 0-1 变量 A_{ij}^1，$\forall i,j\in N$，非线性约束（10-31）与下列线性约束等价：

$$
\lambda_{ij}^1\leqslant M\cdot A_{ij}^1,\ \forall i,j\in N \quad\text{（10-38）}
$$

$$
\sum_{k\in K}x_{ij}^k-1\leqslant M\cdot(1-A_{ij}^1),\ \forall i,j\in N \quad\text{（10-39）}
$$

$$
A_{ij}^1\in\{0,1\},\ \forall i,j\in N \quad\text{（10-40）}
$$

式中，M 为一个极大的正数。

证明：对于 $\forall i,j\in N$，当 $A_{ij}^1=0$ 时，即 $\lambda_{ij}^1=0$，$0\leqslant\sum\limits_{k\in K}x_{ij}^k-1\leqslant M$，此时式（10-31）成立；当 $A_{ij}^1=1$ 时，即 $\sum\limits_{k\in K}x_{ij}^k-1=0$，$0\leqslant\lambda_{ij}^k\leqslant M$，此时式（10-31）同样成立。

综上，**性质 10-2** 得证，非线性约束（10-31）与线性约束（10-38）～线性约束（10-40）等价，从而实现非线性约束向线性约束的转化。类似地，根据**性质 10-2**，步骤（3）中的非线性约束（10-32）～非线性约束（10-36）可以等价转化为

$$\lambda_i^2\leqslant M\cdot A_i^2,\ \forall i\in N \tag{10-41}$$

$$\sum_{k\in K}\sum_{l\in K}x_i^{kl}-1\leqslant M\cdot(1-A_i^2),\ \forall i\in N \tag{10-42}$$

$$A_i^2\in\{0,1\},\ \forall i\in N \tag{10-43}$$

$$\lambda_{bijkl}^4\leqslant M\cdot A_{bijkl}^4,\ \forall b,i,j\in N,k,l\in K \tag{10-44}$$

$$x_{bi}^k+x_{ij}^l-x_i^{kl}-1\leqslant M\cdot(1-A_{bijkl}^4),\ \forall b,i,j\in N,k,l\in K \tag{10-45}$$

$$A_{bijkl}^4\geqslant 0,\ \forall b,i,j\in N,k,l\in K \tag{10-46}$$

$$\lambda^5\leqslant M\cdot A^5 \tag{10-47}$$

$$\sum_{k\in K}\sum_{i\in N}\sum_{j\in N}t_{ij}^k x_{ij}^k+\sum_{i\in N}\sum_{k\in K}\sum_{l\in K}t_i^{kl}x_i^{kl}-t_m\leqslant M\cdot(1-A^5) \tag{10-48}$$

$$A^5\in\{0,1\} \tag{10-49}$$

$$\lambda_{ikl}^6\leqslant M\cdot A_{ikl}^6,\ \forall i\in N,k,l\in K \tag{10-50}$$

$$x_i^{kl}-y_i\leqslant M\cdot(1-A_{ikl}^6),\ \forall i\in N,k,l\in K \tag{10-51}$$

$$A_{ikl}^6\in\{0,1\},\ \forall i\in N,k,l\in K \tag{10-52}$$

$$\lambda_{ijk}^7\leqslant M\cdot A_{ijk}^7,\ \forall i,j\in N,k\in K \tag{10-53}$$

$$x_{ij}^k-y_{ij}^k\leqslant M\cdot(1-A_{ijk}^7),\ \forall i,j\in N,k\in K \tag{10-54}$$

$$A_{ijk}^7\in\{0,1\},\ \forall i,j\in N,k\in K \tag{10-55}$$

（6）添加最优性约束到上层模型中

最后，原下层模型的约束条件、**KKT** 条件转化中步骤（2）、步骤（4）、步骤（5）所产生的约束和变量就可以作为下层模型的最优性约束，并作为上层模型的新约束及变量，从而转化为单层模型。定额碳税政策下的双层模型通过上述步骤转化后的单层模型可以表示为

$$\min F_1=\sum_{k\in K}\sum_{i\in N}\sum_{j\in N}p_{ij}^k pop_{ij}^k x_{ij}^k+\sum_{i\in N}\sum_{k\in K}\sum_{l\in K}p_i^{kl}pop_i^{kl}x_i^{kl}+\sum_{k\in K}\sum_{i\in N}\sum_{j\in N}v_{ij}^k+\sum_{i\in N}\sum_{j\in N}v_{ij}\Gamma_{ij}|K|$$

s.t.

$$p_{ij}^k pop_{ij}^k y_{ij}^k \leqslant UL, \ \forall i,j \in N, k \in K$$

$$\sum_{i \in N} y_i \leqslant UL_2, \ \forall i \in N$$

$$y_i = 0, \ i \in O, D$$

$$y_i, y_{ij}^k \in \{0,1\}, \ \forall i,j \in N, k \in K$$

$$v_{ij} + v_{ij}^k \geqslant \hat{p}_{ij}^k pop_{ij}^k x_{ij}^k, \ \forall i,j \in N, k \in K$$

$$v_{ij}, v_{ij}^k \geqslant 0, \ \forall i,j \in N, k \in K$$

$$\sum_{k \in K} x_{ij}^k \leqslant 1, \ \forall i,j \in N$$

$$\sum_{k \in K} \sum_{l \in K} x_i^{kl} \leqslant 1, \ \forall i \in N$$

$$\sum_{j \in N} \sum_{k \in K} x_{ij}^k - \sum_{j \in N} \sum_{k \in K} x_{ji}^k = 1, \ i \in O$$

$$\sum_{j \in N} \sum_{k \in K} x_{ij}^k - \sum_{j \in N} \sum_{k \in K} x_{ji}^k = -1, \ i \in D$$

$$\sum_{j \in N} \sum_{k \in K} x_{ij}^k - \sum_{j \in N} \sum_{k \in K} x_{ji}^k = 0, \ i \in N \text{且} i \notin O, D$$

$$x_{bi}^k + x_{ij}^l \leqslant x_i^{kl} + 1, \ \forall b, i, j \in N, k, l \in K, k \neq l$$

$$\sum_{k \in K} \sum_{i \in N} \sum_{j \in N} t_{ij}^k x_{ij}^k + \sum_{i \in N} \sum_{k \in K} \sum_{l \in K} t_i^{kl} x_i^{kl} \leqslant t_m, \ \forall i,j \in N, k, l \in K$$

$$x_i^{kl} \leqslant y_i, \ \forall i \in N, k, l \in K, k \neq l$$

$$x_{ij}^k \leqslant y_{ij}^k, \ \forall i,j \in N, k \in K$$

$$x_{ij}^k, x_i^{kl} \in \{0,1\}, \ \forall i,j \in N, k, l \in K$$

$$qc^k d_{ij}^k + \alpha g_k d_{ij}^k + \lambda_{ij}^1 + \lambda_i^3 - \lambda_j^3 + \sum_{b \in N} \sum_{l \in K} \lambda_{bijkl}^4 + \lambda^5 t_{ij}^k + \lambda_{ijk}^7 - \lambda_{ijk}^8 = 0, \ \forall i,j \in N, k \in K$$

$$qc^{kl} + qg_{kl} + \lambda_i^2 - \sum_{b \in N} \sum_{j \in N} \lambda_{bijkl}^4 + \lambda^5 t_i^{kl} + \lambda_{ikl}^6 - \lambda_{ikl}^9 = 0, \ \forall i \in N, k, l \in K$$

$$\lambda_{ij}^1, \lambda_i^2, \lambda_{bijkl}^4, \lambda^5, \lambda_{ikl}^6, \lambda_{ijk}^7 \geqslant 0, \ \forall b, i, j \in N, k, l \in K$$

$$\lambda_{ij}^1 \leqslant M \cdot A_{ij}^1, \ \forall i,j \in N$$

$$\sum_{k \in K} x_{ij}^k - 1 \leqslant M \cdot (1 - A_{ij}^1), \ \forall i,j \in N$$

$$A_{ij}^1 \in \{0,1\}, \ \forall i,j \in N$$

$$\lambda_i^2 \leqslant M \cdot A_i^2, \ \forall i \in N$$

$$\sum_{k \in K} \sum_{l \in K} x_i^{kl} - 1 \leqslant M \cdot (1 - A_i^2), \ \forall i \in N$$

$$A_i^2 \in \{0,1\}, \ \forall i \in N$$

$$\lambda_{bijkl}^4 \leqslant M \cdot A_{bijkl}^4, \ \forall b, i, j \in N, k, l \in K$$

$$x_{bi}^k + x_{ij}^l - x_i^{kl} - 1 \leqslant M \cdot (1 - A_{bijkl}^4), \ \forall b, i, j \in N, k, l \in K$$

$$A_{bijkl}^4 \geqslant 0, \ \forall b, i, j \in N, k, l \in K$$

$$\lambda^5 \leqslant M \cdot A^5$$

$$\text{s.t.} \begin{cases} \sum_{k \in K} \sum_{i \in N} \sum_{j \in N} t_{ij}^k x_{ij}^k + \sum_{i \in N} \sum_{k \in K} \sum_{l \in K} t_i^{kl} x_i^{kl} - t_m \leq M \cdot (1 - A^5) \\ A^5 \in \{0,1\} \\ \lambda_{ikl}^6 \leq M \cdot A_{ikl}^6, \ \forall i \in N, k, l \in K \\ x_i^{kl} - y_i \leq M \cdot (1 - A_{ikl}^6), \ \forall i \in N, k, l \in K \\ A_{ikl}^6 \in \{0,1\}, \ \forall i \in N, k, l \in K \\ \lambda_{ijk}^7 \leq M \cdot A_{ijk}^7, \ \forall i, j \in N, k \in K \\ x_{ij}^k - y_{ij}^k \leq M \cdot (1 - A_{ijk}^7), \ \forall i, j \in N, k \in K \\ A_{ijk}^7 \in \{0,1\}, \ \forall i, j \in N, k \in K \end{cases}$$

以上模型为混合整数线性规划模型，可直接通过 CPLEX 求解。

10.4.2 改进粒子群–遗传混合算法

上一小节主要介绍了基于 KKT 条件的精确算法求解所研究问题的双层模型。随着问题规模的扩大，求解过程中会新增很多约束及变量，因此，该算法难以适用于大规模问题的求解。本节提出改进的粒子群–遗传混合算法（以下简称改进 PSO-GA 算法）用于求解双层规划。

1. 上层模型改进的粒子群算法

针对上层模型，改进了传统粒子群算法的惯性权重变化策略，随着迭代次数的增加，全局搜索能力会逐渐降低，而局部搜索能力逐渐加强。

（1）粒子编码规则

上层模型决策变量包括 y_i，y_{ij}^k，v_{ij} 和 v_{ij}^k，其中 y_i，y_{ij}^k 为 0-1 变量，v_{ij} 和 v_{ij}^k 分别为二维和三维的连续变量。针对一维变量 y_i，其粒子编码如图 10-5 所示，粒子位置的每一个维度表示一个变量，因此粒子位置的总维度等于该上层决策变量的个数，即多式联运网络节点总数。

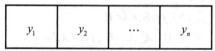

y_1	y_2	...	y_n

图 10-5　上层 0-1 变量粒子编码示意图

对于变量 v_{ij}，v_{ij}^k，y_{ij}^k，通过矩阵编码来进行实现。二维变量 v_{ij} 可以通过一个 $N \times N$ 矩阵进行粒子编码，而三维变量 v_{ij}^k，y_{ij}^k 分别需要 k 个 $N \times N$ 矩阵进行粒子编码，则上层变量总共需要 $(2k+1)$ 个 $N \times N$ 矩阵来进行粒子编码，如图 10-6 所示。

i	j			
	$j=1$	$j=2$	$\cdots$	$j=n$
$i=1$	$v_{11}^{(k)}$	$v_{12}^{(k)}$	$\cdots$	$v_{1n}^{(k)}$
$i=2$	$v_{21}^{(k)}$	$v_{22}^{(k)}$	$\cdots$	$v_{2n}^{(k)}$
$\vdots$	$\vdots$	$\vdots$		$\vdots$
$i=n$	$v_{n1}^{(k)}$	$v_{n2}^{(k)}$	$\cdots$	$v_{nn}^{(k)}$

图 10-6　上层变量粒子编码示意图

（2）初始粒子位置及速度生成

上层连续变量 v_{ij} 和 v_{ij}^k 编码的粒子在其可行解空间内随机初始化位置，上层 0-1 离散变量 y_i，y_{ij}^k，根据路段风险阈值约束和转运节点数量阈值约束，在其可行解空间内随机初始化位置，粒子位置和速度的初始化公式分别为

$$X_{id} = X_{id}^{\min} + \text{rand}() \cdot (X_{id}^{\max} - X_{id}^{\min}) \qquad (10\text{-}56)$$

式中，X_{id} 为粒子 i 第 d 维初始位置；$X_{id}^{\min}$ 为粒子 i 第 d 维位置下界；$X_{id}^{\max}$ 为粒子 i 第 d 维位置上界；rand() 为取值在闭区间[0,1]上的随机数。

$$V_{id} = V_{id}^{\min} + \text{rand}() \cdot (V_{id}^{\max} - V_{id}^{\min}) \qquad (10\text{-}57)$$

式中，V_{id} 为粒子 i 第 d 维的速度；$V_{id}^{\min}$ 为粒子 i 第 d 维速度下界；$V_{id}^{\max}$ 为粒子 i 第 d 维速度上界；rand() 为取值在闭区间[0,1]上的随机数。

（3）连续变量粒子位置及速度更新

算法迭代进程中，粒子按照自身最优位置，结合通过共享信息所得的全局最优位置调整当前自身速度，第 t 代粒子 i 的速度 V 更新公式为：

$$V_{id}^t = \omega V_{id}^{t-1} + C_1 R_1 (\text{pbest}_{id} - X_{id}^{t-1}) + C_2 R_2 (\text{gbest}_d - X_{id}^{t-1}) \qquad (10\text{-}58)$$

式中，d 表示粒子维度，即变量的个数；t 表示当前迭代次数；ω 为惯性权重，算法的全局搜索能力会随着它的值增加而变强，局部搜索能力会随着它的值增加而变弱；C_1 和 C_2 为学习因子参数；R_1 和 R_2 为取值在[0,1]上的随机数，提高搜索过程的随机程度；pbest_{id} 表示粒子 i 第 d 维的个体极值；gbest_d 表示第 d 维的全局最优值。

粒子位置更新公式为

$$X_{id}^t = X_{id}^{t-1} + V_{id}^{t-1} \qquad (10\text{-}59)$$

（4）离散变量粒子位置及速度更新

离散变量编码的粒子速度更新同式（10-58），而位置更新存在差异。离散二进制变量取值为 0 或 1，其位置更新结合 sigmoid 函数，将值通过函数转化到区间[0,1]内，并作为

粒子位置下一步取值为 1 的概率，可表示为

$$S(V_{id}^t) = \frac{1}{1 + e^{(-V_{id}^{t-1})}} \tag{10-60}$$

式中，$S(V_{id}^t)$ 表示粒子当前位置等于 1 的概率；$(1-S(V_{id}^t))$ 表示粒子当前位置等于 0 的概率。

离散变量的位置更新公式可表示为

$$X_{id}^t = \begin{cases} 1, & \text{rand}() \leqslant S(V_{id}^t) \\ 0, & \text{其他} \end{cases} \tag{10-61}$$

式中，rand() 为取值在区间[0,1]上的随机数。

（5）粒子位置及速度边界处理

粒子在迭代过程中会持续对位置及速度进行更新，迭代过程中若出现超出位置边界或速度边界的情况，即超出了可行范围，则对粒子采取如表 10-1 所示的边界处理操作。

表 10-1 粒子位置及速度边界处理

If $X_{id}^t < X_{id}^{\min}$:	
	$X_{id}^t = X_{id}^{\min}$
If $X_{id}^t > X_{id}^{\max}$:	
	$X_{id}^t = X_{id}^{\max}$
If $V_{id}^t < V_{id}^{\min}$:	
	$V_{id}^t = V_{id}^{\min}$
If $V_{id}^t > V_{id}^{\max}$:	
	$V_{id}^t = V_{id}^{\max}$

（6）惯性权重线性递减策略

惯性权重 ω 表示粒子保持前一时刻运动状态的能力，它的取值显著影响算法的搜索能力，随着惯性权重的改变，算法在全局以及局部的搜索能力会发生改变。本算法采用线性递减策略，即惯性权重随迭代次数的增加而降低，改变不同时期算法对于搜索能力的需求，惯性权重改变公式如下：

$$\omega = \omega_{\max} - (\omega_{\max} - \omega_{\min}) \cdot \frac{t}{t_{\max}} \tag{10-62}$$

式中，t 表示目前的迭代次数；$t_{\max}$ 表示迭代次数的最大限制；$\omega_{\max}$ 和 $\omega_{\min}$ 分别表示 ω 取值的上、下界。

由式（10-62）可以看出，ω 的值是随迭代次数增加而线性递减的，迭代初期全局搜索能力强，可以使目标快速收敛，而在搜索后期需要更好地搜索最优解，则需要较强的局部搜索能力。

2．下层模型改进的遗传算法

本小节基于遗传算法框架设计了下层模型的求解算法。先根据所研究问题的特点改进了初始解生成方式，针对遗传算法在进化过程中易丢失优秀父代个体的不足加入精英保留策略，并通过引入小规模邻域扰动策略，使算法不易陷入局部最优。

（1）染色体编码

多式联运决策变量包括路段和运输方式的选择，对决策变量进行二进制编码会出现大量不可行解。本章将采取两段式编码，分别对多式联运网络的节点以及运输方式进行染色体编码。染色体由两段构成，前段染色体由多式联运网络中的所有节点构成，染色体长度为节点总数，节点所处染色体位置对应节点编号，染色体由 0 和 1 进行编码，1表示运输路径经过该节点，0 表示不经过该节点；后段染色体为运输方式编码，由数字 1，2，3 等进行编码，每个数字分别对应一种运输方式。前段染色体长度为网络节点总数，后段染色体长度为网络节点总数减 1。染色体编码示意图如图 10-7 所示。

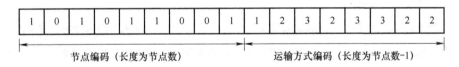

图 10-7　染色体编码示意图

（2）初始种群生成

确定染色体编码方式后，根据表 10-2 的策略生成初始路径。当初始可行解个数达到种群规模时停止生成，获得初始种群。

表 10-2　初始种群生成策略

输入网络节点数 N，种群规模 NP，设定 $j=0$
While　$j < NP$：
$y[] = \{2,3,1,\cdots,3\}$　　　%按设置概率生成运输方式染色体数组，长度 $N-1$ 由整数 1，2，3 构成
$Node = 1$　　　　　　　　%当前编号为 1，表示从路径起点开始
$Route = [Node]$　　　　　　%添加起点到可行路径数组中
For　i　in　$2:N$：
$d_i = d(Node,:,y[i-1])$　　　%获取与当前节点连通且运输方式为 $y[i-1]$ 的所有路段

（续）

```
    id = find(d_i > 0 & d_i ≠ M)              %获取可行路段的连通节点索引
If      Node == N :
        Break
Else：
    id[ismember(Route,id)] = []               %去除获取连通节点中与已有节点重合的节点
    If      ismember(N,id) :                   %当连通节点存在终点
        Node = N                              %更新当前节点为终点
    Else：
        Node = id(randi(length(id)))          %随机选取一个连通点作为当前节点
    End    If
            Route = [Route Node]              %将当前节点更新添加到可行路径数组中
    End    If
End    For
记录当前可行路径
j = j +1
End While
```

按以上策略生成直至满足规模的初始种群。由于初始解的质量关系到整体寻优效率，更优的初始解有助于算法更快地收敛。基于贪心的思想，初始解应在目标上更优，即初始解的风险和成本更小。

考虑到问题的特性，公路运输的风险以及成本较铁路运输和水路运输高，若初始路径中过多采用公路运输方式将不利于目标函数的优化，在初始路径生成时更少采用公路运输方式，有利于高质量初始解生成。因此，生成初始解的运输方式时，应降低公路运输方式的概率，相应提高铁路或水路运输方式的概率。

（3）适应度值计算

适应度值可以用于衡量个体优劣，高的适应度值代表着种群中的优良个体。本章目标函数为最小化，其函数值越小，对应的解则越好，因此可以通过构造目标函数的倒数作为个体适应度函数，具体计算公式为

$$f_i = \frac{1}{Z_i} \tag{10-63}$$

式中，Z_i 表示个体 i 的目标函数值；f_i 表示个体 i 的适应度值。

（4）选择

选择操作通过一定策略筛选种群中的个体，只有通过筛选的个体才能进行后续的交叉、变异等遗传进化的操作。本算法通过轮盘赌策略，个体被选择的概率将与个体的适

应度值大小直接相关。根据所有个体适应度值大小制作轮盘，每个个体对应一个轮盘上的特定方格，个体适应度值越大，则该个体对应的方格也就越大。通过随机转轮盘的方式来确定父代个体，其中适应度值越高，则对应的方格越大，从而使得其被选择概率也越大。个体被选择概率计算公式为

$$P(i) = \frac{f_i}{\sum_{i=1}^{NP} f_i} \tag{10-64}$$

式中，NP 为种群规模；f_i 表示个体 i 的适应度值；$P(i)$ 表示个体 i 被选中的概率。轮盘赌策略中，将个体被选择的概率与适应度值相联系，并且呈正相关关系，确保了优良个体有遗传进化的机会，符合自然选择的规律；此外，该策略保留了普通个体在一定理论上被选中的概率，给予了普通个体遗传进化的机会。通过使用轮盘赌策略，进化迭代初期，个别染色体的子代过多，进而控制选择过程的趋势；进化迭代后期，当种群已大部分收敛时，会进行随机搜索，更好地搜索最优解。

（5）交叉

父代个体间的基因编码进行相互的交换、重组，进而产生新个体的操作就是交叉。本算法通过单点交叉，以一定交叉概率 p_c 随机选择交叉点，然后将交叉点及之后的基因片段与另一条染色体同位置交叉点及之后的基因片段进行交换，以此得到新的子代染色体。由于染色体是分两段进行编码，则应分别对两段染色体进行交叉。染色体前段为路径节点编码，进行交叉的片段起点为随机选择的交叉点，终点为染色体前段最后一个节点；后段为运输方式编码，交叉的片段起点为后段随机选择的交叉点，终点为后段最后一个节点。图 10-8 所示为染色体交叉示意图。

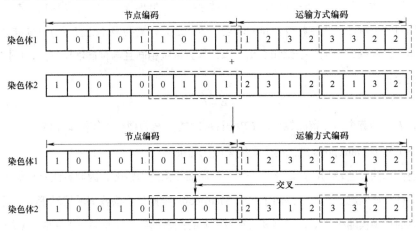

图 10-8　染色体交叉示意图

（6）变异

变异是根据自然界的基因突变行为，改变染色体上某部分基因编码，通常用于辅助产生新个体。本算法采取单点变异，通过一定变异概率 p_m 随机选择变异点，改变基因编码，以此来达到模拟基因突变的目的。变异作为交叉的补充手段，其概率取值应较小。由于染色体采取两段式编码，在进行变异操作时，不仅需要对前段节点编码的染色体进行单点变异，还需要对后段运输方式编码的染色体进行单点变异，节点编码染色体的首位、末位不受变异影响。染色体变异示意图如图 10-9 所示。

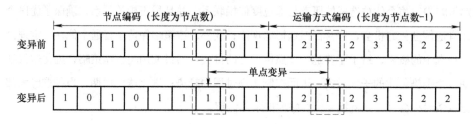

图 10-9　染色体变异示意图

（7）精英保留策略

在遗传进化中，适应度值最高的部分个体被称为精英个体，它们具有优良的结构及性质。算法在经过遗传进化的操作之后，并非总能获取更优个体，反而容易造成当前种群中的精英个体发生丢失或破坏的情况。精英个体的丢失会频繁出现在遗传进化过程中，并显著影响遗传算法的全局收敛速度与效果。

为防止种群优良个体在进化过程中被破坏，算法引入了精英保留策略，直接将每一代的精英个体复制添加到子代中，但这样做会导致种群规模增加，为了保持种群规模恒定，同时需要淘汰子代中相同数量的较差个体。因此，需要根据适应度值对种群个体进行排序，以此来确定精英个体和淘汰个体，其数量应相同且与种群规模有关，可按照下式来确定：

$$E = NP \cdot P_e \tag{10-65}$$

式中，E 为精英个体保留的数量；NP 为种群规模；P_e 为精英个体保留比例。

（8）基于 Metropolis 准则的小规模邻域扰动策略

遗传算法有着较强的全局搜索能力，但局部搜索能力较弱，因此算法容易陷入局部最优。针对该问题，本算法提出了基于 Metropolis 准则的小规模邻域扰动策略，通过子代种群的小规模随机扰动，使得算法有着更多的搜索机会，从而加强了局部搜索能力。

其基本思想是对子代种群的个体以一定概率进行随机扰动，按 Metropolis 准则判断是否接受该扰动。Metropolis 判断准则为：若随机扰动后所得解比原解更优，则接受扰动；若随机扰动后所得解比原解差，以一定概率决定是否接受扰动。该准则对于随机扰动后变差的解并未完全拒绝，通过扰动来搜索更多的解空间，提高了算法的局部搜索能力，避免陷入局部最优。该策略实现步骤见表 10-3。

表 10-3　基于 Metropolis 准则的小规模邻域扰动策略

NP 为种群数量，i 为个体，Pt 为小规模扰动比例，T 为温度参数

For i in NP :
　If $rand() > Pt$:
　　break
　Else:
　　$f(i)$　　　　　　　　　%计算当前个体适应度值
　　$i_{new} = getnew(i)$　　　　　　　%个体 i 随机扰动产生新个体
　　$f(i_{new})$　　　　　　　%计算新个体适应度值
　　$dc = f(i_{new}) - f(i)$　　　　　　%计算新旧个体适应度差值
　　If $dc > 0$:
　　　$i = i_{new}$　　　　　%接受扰动后的个体
　　　$f(i) = f(i_{new})$　　　　　　%接受扰动后个体的适应度值
　　Elseif $exp(-dc/T) \geq rand()$:
　　　$i = i_{new}$
　　　$f(i) = f(i_{new})$
　　Else：
　　　$i = i$　　　　　%不接受扰动，添加原个体到子代种群中
　　　$f(i) = f(i)$　　　　　　%不接受扰动，添加原个体适应度值
　　End If
　End If
End For

表 10-3 对基于 Metropolis 准则的小规模邻域扰动策略进行了介绍，其中 T 为温度参数值，与迭代次数有关，其设置如下：

$$T = T_0 \cdot q^t \tag{10-66}$$

式中，T_0 为温度参数初始值；q 为温度下降速率，取值为 $(0,1)$；t 为当前迭代次数。

3. 算法总体思路及流程

本章所提出的改进 PSO-GA 算法是在上层问题的粒子群算法中嵌套一个求解下层问

题的遗传算法，其中，上层模型算法中改进了粒子群算法的惯性权重策略，加强了前期的全局搜索能力和后期的局部搜索能力；下层模型算法根据问题特性改进了初始解生成策略，引入精英保留策略保留种群精英个体，设计小规模邻域扰动策略加强算法局部搜索能力。双层模型间存在的交互关系体现在上层变量限制下层变量取值，下层变量对上层目标值产生影响。因此，本章所提出的混合算法的求解思路可阐述为：上层模型确定初始路段及转运节点方案，下层模型在该限定的网络进行多式联运路径优化求解，并将求解结果反馈给上层目标，获得上层目标值 F_1 的初始解，并将上层目标值 F_1 作为整体迭代目标进行计算，直到满足终止条件。

基于以上分析，本章所设计的 PSO-GA 算法的具体流程步骤如下：

步骤 1　设定算法参数及最大迭代次数，设置当前迭代次数 $gen=1$，初始化上层粒子位置 X 及速度 V。

步骤 2　计算上层粒子适应度值，更新粒子当前最优位置为个体最优解，更新所有粒子的最优位置为全局最优解。

步骤 3　根据上层解获取路段及节点开放状态，传入下层模型并作为下层初始可行路径生成的约束，按初始路径生成策略生成初始种群，直到满足种群规模。

步骤 4

1）计算下层个体适应度值并排序，按精英保留比例复制排序靠前的个体。

2）根据轮盘赌策略进行选择，按设定概率参数执行交叉以及变异操作。

3）通过基于 Metropolis 准则的小规模邻域扰动策略对 2）中所得种群进行扰动。

4）计算个体适应度值并排序，将按精英保留比例复制排序靠前的个体粘贴到子代种群中，同时将子代中排序靠后的相同数量个体删除。

步骤 5

1）传入下层最优解 Y，代入上层粒子位置 X 到上层模型适应度函数中，即上层目标函数 F_1，进行适应度 $F_1(X,Y)$ 的计算。

2）根据粒子的适应度值更新粒子历史最优位置 pbest。

3）根据所有粒子适应度值更新粒子全局最优位置 gbest。

4）通过线性递减策略对惯性权重 ω 进行更新。

5）根据拟定策略对粒子的速度 V 以及位置 X 进行更新。

步骤 6　对当前迭代次数是否已超过限制进行判断，若已超过最大迭代次数限制，则转至步骤 7；否则 $gen=gen+1$，并转至步骤 4。

步骤 7　输出粒子最优位置及适应度值作为整体迭代目标 F_1 的最优解。

以上流程如图 10-10 所示。

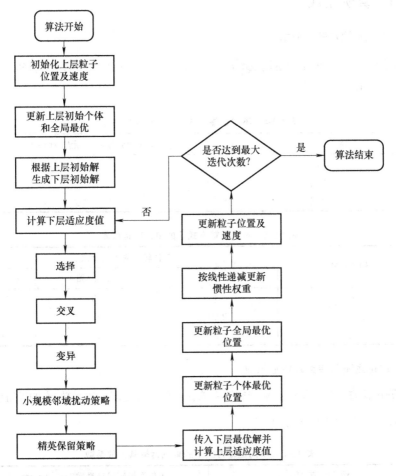

图 10-10　改进 PSO-GA 算法求解双层模型流程示意图

10.5　算例验证

本节通过 13 组随机生成算例进行测试,精确算法通过 MATLAB R2021b 调用 CPLEX 进行编程求解,改进 PSO-GA 算法通过 MATLAB R2021b 进行编程求解。所有算例测试均在个人计算机上进行,计算机操作系统为 Windows 11 64 位,处理器为 12 核 AMD Ryzen

7 6800H，主频为 3.20GHz，内存为 16GB。

10.5.1 算例生成

1. 单位运输及转运成本

不同运输方式下的单位运输成本 c^k、单位转运成本 c^{kl} 的设置参考文献[150]，分别见表 10-4 和表 10-5。

表 10-4 不同运输方式下的单位运输成本

运 输 方 式	单位运输成本/（元/（km·t））
公路	0.4
铁路	0.3
水路	0.15

表 10-5 不同运输方式下的单位转运成本

运 输 方 式	单位转运成本/（元/t）		
	公　　路	铁　　路	水　　路
公路	0	3.09	5.23
铁路	3.09	0	26.62
水路	5.23	26.62	0

2. 单位运输及转运碳排放系数

不同运输方式下的单位运输碳排放系数 g_k、单位转运碳排放系数 g^{kl} 的设置参考文献[151]，分别见表 10-6 和表 10-7。

表 10-6 不同运输方式下的单位运输碳排放系数

运 输 方 式	单位运输碳排放系数(kg/（t·km）)
公路	0.057
铁路	0.010
水路	0.015

表 10-7 不同运输方式下的单位转运碳排放系数

运 输 方 式	单位转运碳排放系数（kg/t）		
	公　　路	铁　　路	水　　路
公路	0	1.56	3.12
铁路	1.56	0	6
水路	3.12	6	0

3. 事故发生概率及事故后果

危险品运输事故发生概率与很多因素有关，包括：相关人员的专业素养、技术水平以及应急反应能力等人为因素；天气原因引起的降水、结冰、低能见度以及自然灾害等环境因素；运输对象自身的特性；消防、交通管理以及医疗设施等应急救援因素等。以上因素常用于对危险品事故发生概率的定性分析上，而本书需要定量数据进行计算分析，拟通过数理统计的方法获得其数值概率。文献[152-153]针对国内外相关文献，对公路、铁路以及水路运输交通事故数据进行了统计，获得不同运输方式下每公里事故发生概率的数据，见表 10-8。

表 10-8　不同运输方式下每公里事故发生概率的数据

运　输　方　式	每公里事故发生概率
公路	3.89×10^{-7}
铁路	1.73×10^{-7}
水路	1.53×10^{-7}

事故发生概率理论标准值 p_{ij}^k 和 p_i^{kl} 参考表 10-8，事故发生概率的变动值 $\hat{p}_{ij}^k$ 取值为 $\mathrm{rand}() \cdot p_{ij}^k$，其中 $\mathrm{rand}()$ 取值为 $[0, 0.5]$。

本章以受到危险品运输事故影响的人口数（即人口暴露数）作为事故后果，并取决于发生事故所波及危险范围大小以及该范围内的人口密度[31]。目前学者一般假设在运输过程中将危险运输对象视为一个点的风险源。由于矩形模型的估算误差相对于其他几何形状要小[152]，本章采取矩形来估算危险品事故影响区域范围。

由矩形面积的计算公式可以获得人口暴露数的计算公式如下：

$$C_{ij}^k = pop_{ij}^k = 4\eta^2 \rho_{ij}^k \tag{10-67}$$

式中，pop_{ij}^k 为采用运输方式 k 在路段 (i, j) 上进行运输的人口暴露数；η 为影响区域半径；ρ_{ij}^k 为采用运输方式 k 在路段 (i, j) 上进行运输的人口密度。

类似地，基于人口暴露数来衡量转运过程造成的事故后果，即按照节点的人口密度以及影响范围大小进行计算。转运节点 i 的事故后果计算可以分别表示如下：

$$C_i^{kl} = pop_i^{kl} = 4\eta^2 \rho_i^{kl} \tag{10-68}$$

式中，pop_i^{kl} 为转运节点 i 从运输方式 k 转换成 l 的人口暴露数；η 为影响区域半径；ρ_i^{kl} 为转运节点 i 从运输方式 k 转换成 l 的人口密度。

算例生成时，pop_{ij}^k 和 pop_i^{kl} 计算参考式（10-67）和式（10-68），其中事故影响范围半径 $\eta = 0.8 \mathrm{km}$，节点的人口密度在闭区间 $[100, 1500]$ 上生成，路段的人口密度等于路段两端节点人口密度的平均值。

4. 碳排放政策相关参数

碳排放政策相关参数参考文献[154-156]进行设置。定额碳税下的碳税税率 $\alpha = 0.2$ 元/kg。

5. 时间参数设置

路段运输时间 t_{ij}^k 等于路段长度 d_{ij}^k 除以第 k 种运输方式的速度，其中公路、铁路和水路运输的速度分别为 80km/h、70km/h、40km/h；转运时间 t_i^{kl} 设置为公–水/铁 1h，水–铁 1.5h。

6. 其他参数设置

运输任务联运时间期限 t_m 根据算例规模设定为（算例编号+1）×24h，转运节点开放数量阈值 UL_2 根据算例规模设定为（算例编号+1）×2，路段风险阈值 UL 设定为 5，货物量 q 设定为 100t，模型保守度参数 Γ 取 0。

7. 算法参数设置

算法最大迭代次数设定为 200。上层种群规模设定为 200，初始惯性权重 $\omega_{max} = 0.9$，$\omega_{min} = 0.4$，学习因子 $C_1 = C_2 = 2$；下层种群规模设定为 100，交叉概率 $P_c = 0.9$，变异概率 $P_m = 0.1$，精英保留比例 $P_e = 0.1$，小规模邻域扰动概率为 0.1，初始温度为 $T_0 = 1000$，温度下降率为 0.98。

10.5.2 算法测试

本小节基于 13 组随机生成算例数据，分别应用基于 KKT 条件的精确算法和改进 PSO-GA 算法，对 10.3.4 小节转化后的含确定参数双层模型进行求解，以定额碳税政策下的双层模型为例，对算法的有效性进行验证。

1. 精确算法与改进 PSO-GA 算法性能测试

针对转化后的定额碳税政策下的双层模型，分别通过精确算法以及改进 PSO-GA 算法求解，统计运行时间在 3600s 内的结果，两种算法求解所得最优上层目标值、下层目标值以及计算时间结果见表 10-9。为方便对比分析两种算法的求解结果，表中给出的 *gap*1 为两种算法所获得最好的上层目标值之间的百分比差距，*gap*2 为两种算法所获得最好的下层目标值之间的百分比差距，其中 *gap*1 和 *gap*2 的计算式为

$$gap = \frac{改进PSO\text{-}GA算法最优目标值 - 精确算法最优目标值}{精确算法最优目标值} \times 100\% \qquad （10\text{-}69）$$

由于上下层目标函数均为最小化，当 gap 为正值表明精确算法优于改进 PSO-GA 算法，负值则相反。

表 10-9　精确算法与改进 PSO-GA 算法求解对比

算例	节点数量	精确算法			改进 PSO-GA 算法			gap1	gap2
		F1	F2	运行时间/s	F1	F2	运行时间/s		
1	7	3.07	23676	0.02	3.07	23676	4.55	0	0
2	11	2.89	39262	0.09	2.89	39262	8.62	0	0
3	15	9.89	75636	0.14	10.21	70328	14.88	3.23%	−7.02%
4	25	5.69	88236	1.17	5.81	74786	38.22	2.18%	−15.24%
5	35	10.03	73006	5.01	10.19	63219	70.12	1.62%	−13.41%
6	48	7.81	69264	32.45	7.93	62768	132.92	1.54%	−9.38%
7	60	11.76	120441	167.62	11.81	114453	207.14	0.43%	−4.97%
8	75	10.88	133968	840.20	10.88	133968	321.25	0	0
9	90	—	—	—	26.4	167255	465.50		
10	102	—	—	—	22.77	184462	741.61		
11	135	—	—	—	42.24	509634	1293.42		
12	168	—	—	—	42.78	485509	2239.25		
13	205	—	—	—	73.52	855232	2748.20		

表 10-9 给出了精确算法和改进 PSO-GA 算法求解所有算例的上层、下层目标值以及计算时间，其中"—"表示无数据。从表 10-9 可知，精确算法可在较短时间内求解算例 1～算例 8，但无法在可行时间内求得大规模算例的最优解；改进 PSO-GA 算法能在合理的时间内求得所有算例的可行解。在计算时间上，精确算法在求解算例 1～算例 7 所花费时间更少，而改进 PSO-GA 算法在求解大规模算例 8～算例 13 上花费时间更少。精确算法通过 CPLEX 求解经过 KKT 条件和线性化处理后的混合整数线性规划模型，其计算时间与算例规模有关。当算例规模较小时，通过 KKT 条件及线性化处理所增加的变量及约束条件较少，但随着算例规模增大，这些新增的变量及约束条件呈指数级增加，从而导致计算时间剧增。同样地，随着算例规模增大，改进 PSO-GA 算法的计算时间也有所增加，但其计算时间增加的幅度远小于精确算法。对于大规模算例，该算法能在合理的时间内求得满意解，但由于算法迭代次数、种群规模等因素限制，在求解小规模算例时，改进 PSO-GA 算法无法实现精确算法在更短时间内的求解。

在求解模型上层、下层目标最优值上，除算例9～算例13因精确算法未求得最优解导致无法比较外，两种算法在算例1、算例2、算例8上获得了相同的最优解，算例3～算例7的解存在不同程度的差异。从gap1来看，两种算法在各算例上获得最优上层目标值的百分比差距最多为3.23%；从gap2来看，两种算法在各算例上获得最优下层目标值的百分比差距最多为15.24%。综上，两种算法求解质量差异较小，因此，也进一步对两种算法的有效性进行了验证。

2. 改进PSO-GA算法与标准PSO-GA算法性能测试

基于标准的遗传算法和粒子群算法框架，以及所研究问题的特征，针对标准PSO-GA算法的不足，设计相应的改进策略而形成了改进PSO-GA算法。为验证改进策略的有效性，分析比较了改进PSO-GA算法和标准PSO-GA算法的求解结果。计算时间上限设置为3600s，比较通过两种算法分别进行求解所得上层模型目标平均值、下层模型目标平均值以及求解时间平均值，并根据下式

$$gap = \frac{\text{改进PSO-GA算法目标平均值} - \text{标准PSO-GA算法目标平均值}}{\text{标准PSO-GA算法目标平均值}} \times 100\% \quad (10\text{-}70)$$

分别计算两种算法所获得上层模型目标平均值之间的百分比差距gap1，上层模型目标平均值之间的百分比差距gap2以及运行时间平均值之间的百分比差距gap3，详见表10-10。

表10-10 改进PSO-GA算法和标准PSO-GA算法的求解结果对比

算例	节点数量	改进PSO-GA算法			标准PSO-GA算法			gap1	gap2	gap3
		F1	F2	计算时间/s	F1	F2	计算时间/s			
1	7	3.07	23676	4.62	3.07	23676	4.51	0	0	2.44%
2	11	2.89	39262	8.84	2.89	39262	8.71	0	0	1.49%
3	15	10.86	71215	14.95	11.68	75942	14.85	-7.02%	-6.22%	0.67%
4	25	6.31	77342	39.61	6.23	79862	38.59	1.28%	-3.16%	2.64%
5	35	10.91	63219	70.21	11.22	67655	70.32	-2.76%	-6.56%	-0.16%
6	48	8.28	64979	133.96	8.35	66940	132.92	-0.89%	-2.93%	0.78%
7	60	18.67	137654	208.65	20.92	154728	206.41	-10.7%	-11.03%	1.09%
8	75	17.11	132402	323.55	18.40	138228	321.25	-7.01%	-4.21%	0.72%
9	90	26.69	173380	468.25	27.26	189109	465.52	-2.06%	-8.32%	0.59%
10	102	23.73	192809	743.85	25.62	209502	740.65	-7.41%	-7.97%	0.43%
11	135	47.12	537127	1295.35	49.59	569577	1289.63	-4.98%	-5.70%	0.44%
12	168	44.99	511784	2245.89	47.57	530553	2241.01	-5.42%	-3.54%	0.22%
13	205	75.66	873048	2754.77	79.93	908679	2749.32	-5.34%	-3.92%	0.20%

表 10-10 给出了改进 PSO-GA 算法和标准 PSO-GA 算法 10 次求解算例 1～算例 13 所得上层模型目标值、下层模型目标值以及计算时间的平均值，计算结果表明两种算法均可在较短时间内对所有算例进行求解。从算法计算时间来看，除了算例 5 外，标准 PSO-GA 算法的平均计算时间要小于改进 PSO-GA 算法的平均计算时间，主要由于改进 PSO-GA 算法在标准算法基础上加入了精英保留策略、小规模邻域扰动策略等。但从所有算例的 *gap*3 来看，改进 PSO-GA 算法与标准 PSO-GA 算法计算时间差别不大。

从算法求解结果来看，两种算法获得了相同的算例 1 和算例 2 的上层、下层模型目标最优值，且与表 10-10 中精确算法所求最优值相同，表明多次实验在算例 1 和算例 2 上均能获得最优值。从算例 3～算例 13 的求解结果来看，除了算例 4 的 *gap*1 为正值外，其他 *gap*1 均为负值，*gap*2 全为负值，这表明改进 PSO-GA 算法求解质量在上层、下层最优值整体上要高于标准 PSO-GA 算法求解质量。综上所述，两种算法的计算运行时间无明显差异，但是改进 PSO-GA 算法在求解质量及稳定性上较标准 PSO-GA 算法更具优势。

以算例 7 为例，分别通过两种算法进行求解，所得模型的目标函数值迭代示意图如图 10-11 所示。从上层模型目标值及下层模型目标值迭代来看，改进 PSO-GA 算法收敛速度更快，且最终迭代获得的最优解优于标准 PSO-GA 算法，同时也进一步验证了改进 PSO-GA 算法改进策略的有效性。

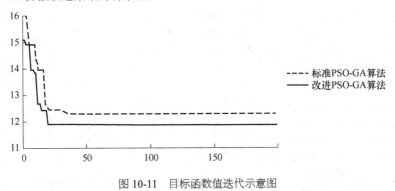

图 10-11　目标函数值迭代示意图

10.5.3　算法分析

1. 求解结果分析

本小节将以定额碳税政策下问题模型为例对算例 1～算例 13 的求解结果进行分析。因精确算法无法实现较大算例的求解，本小节采用改进 PSO-GA 算法进行求解，其求解结果见表 10-11。

表 10-11 算例求解结果

算 例	路径途径节点	路径运输方式	转 运 节 点	F1	F2
1	O-2-5-D	水-水-铁	T_5	3.07	23676
2	O-2-4-7-D	铁-铁-铁-铁	—	2.89	39262
3	O-2-5-9-11-13-D	水-水-铁-铁-水-铁	T_5,T_{11},T_{13}	10.21	70328
4	O-2-8-11-15-14-19-22-D	铁-铁-铁-铁-水-水-水-水	T_{15}	5.81	74786
5	O-3-4-11-15-20-26-27-D	水-水-水-水-水-水-水-水	—	10.19	63219
6	O-2-6-13-18-22-26-31-38-40-42-43-45-D	铁-水-水-水-水-水-水-水-水-水-水-铁	T_2,T_{45}	7.93	62768
7	O-1-4-7-11-15-20-24-28-33-38-43-45-51-55-47-54-58-D	铁-水-水-水-水-水-水-公-水-水-水-公-水-水-铁-铁	T_1,T_{24},T_{28} T_{45},T_{51},T_{54}	11.81	114453
8	O-1-4-7-12-16-21-28-33-38-43-45-52-59-66-71-D	公-水-水-水-铁-水-水-水-水-水-铁-水-铁-铁	T_1,T_{12},T_{16} T_{45},T_{52},T_{66}	10.88	133968
9	O-1-4-8-5-9-13-10-14-20-24-27-22-26-31-38-43-45-52-59-66-75-79-83-84-85-86-87-D	公-水-公-铁-铁-铁	T_1,T_{84},T_{85}	26.4	167255
10	O-1-5-9-12-16-21-28-33-38-43-44-50-57-62-71-78-81-83-89-94-97-99-D	铁-铁-水-水-水-水-水-水-水-水-水-水-水-铁-水-水-水-水-水-公	T_5,T_{62},T_{71},T_{99}	22.77	184462
11	O-1-4-8-12-15-22-28-37-39-40-44-50-55-66-73-79-82-85-88-92-95-101-103-107-110-113-120-127-128-132-D	铁-铁-铁-铁-铁-铁-铁-铁-铁-铁-铁-铁-铁-铁-铁-铁-铁-铁-水-水-铁-铁-铁-铁-公-水-水	$T_{101},T_{107},T_{127},$ T_{12}	42.24	509634
12	O-1-4-7-12-16-21-28-35-39-42-45-46-47-49-53-61-68-76-71-67-73-78-85-91-94-100-111-120-129-136-125-135-142-149-156-158-161-163-165-D	水-水-水-水-水-铁-铁-水-水-铁-铁-水-水-铁-水-铁-铁-铁-铁-铁-铁-铁-铁-水-水-水-水	$T_{16},T_{35},T_{42},$ T_{47},T_{76},T_{156}	42.78	485509
13	O-2-6-10-14-19-23-18-22-27-32-37-39-42-43-45-47-49-53-55-62-68-76-83-87-90-92-95-102-112-104-111-120-129-136-141-147-154-158-161-163-165-171-173-175-177-181-184-186-188-190-193-195-198-200-201-202-D	铁-公-水-水-水-水-铁-铁-铁-铁-铁-铁-水-铁-铁-铁-铁-铁-铁-水-铁-铁-铁-铁-铁-铁-铁-铁-水-水-水-公-水-公-铁-铁-铁	$T_2,T_6,T_{18},T_{45},$ $T_{49},T_{184},T_{190},$ T_{193},T_{195},T_{198}	73.52	855232

表 10-11 给出了各算例的最优路径、运输方式和转运方案及其对应的风险和成本值。从求解结果可以看出，各算例最优路径相对应的运输方式主要由铁路和水路运输组成，但部分算例，如算例 7 中出现了"水-公-水"，这种情况下采取了公路运输，可能由于此节点间不存在除了公路运输外的其他运输方式，也可能是采用其他运输方式的运输距离过大，导致通过转运并采用公路运输的结果。但算例求解结果仍表明，较于单一运输方式，以铁路和水路的联运，在降低风险和成本上具有显著优势。它能结合不同运输方式的优势，符合不同目标需求的多式联运方案，具有高度的灵活性，从而提高了整体运输效率。

如前所述，危险品运输中公路运输占比超过了 70%，其他运输方式占比不到 30%。而算例实验结果表明，多式联运是一种改善运输结构的良好措施。但考虑到实际运输情况，多式联运在实施上仍存在一定局限性，造成实际运输条件的缺乏：一方面由于自然条件限制，如缺乏水文运输条件、道路修建力度不足等；另一方面由于基础设施不完善，如转运设施及流程不完善等。因此，在实际运输中，选择联运方案会相应偏少。

2. 定额碳税政策分析

下文将对定额碳税政策进行对比分析。基于 10.5.1 小节设置的碳排放政策参数，通过改进 PSO-GA 算法对定额碳税政策下问题的双层模型进行求解。前文问题描述中介绍了定额碳税政策对下层目标的影响机制，且不会涉及上层目标，因此这里仅分析碳排放成本及下层总成本的变化，并对定额碳税政策做出评价。

图 10-12 所示为定额碳税政策下问题各算例的碳排放成本及其与总成本占比图。由图 10-12 可知，定额碳税政策下问题各算例的碳排放成本随算例规模的增大而增加，算例 1～算例 10 的碳排放成本保持在 4000 元以下，算例 11、算例 12 的碳排放成本达到了 9000 元左右，而算例 13 的规模最大，其碳排放成本高达 15000 元。从碳排放成本与总成本占比来看，定额碳税政策下问题各算例的碳排放成本占总成本的比例基本保持在 1%～2% 之间。

综上，针对定额碳税政策，做出以下评价：定额碳税政策容易理解，碳排放成本计算最简便，占总成本比例较稳定。但定额碳税税率的确定是一个难题。若定额碳税税率设置得过高，会相应提高总成本，增加危险品运输企业成本负担，打击其运输经营积极性；若定额碳税税率设置得过低，容易使危险品运输企业忽视碳排放政策，导致碳排放政策失效。此外，若按统一税率计征定额碳税，会使得碳排放成本占总成本比例较稳定，无法体现碳排放规模大小之间的税负差异。

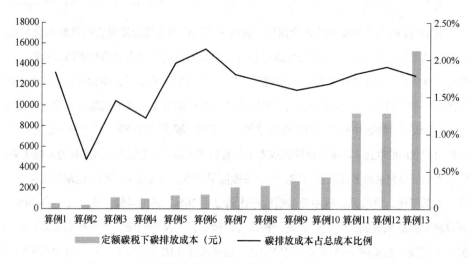

图 10-12　定额碳税政策下问题的碳排放成本及其与总成本占比

3. 灵敏度分析

下文将针对模型中的关键参数进行灵敏度分析，探索关键参数变化对最优解以及目标值的影响。

（1）联运时间期限 t_m

联运时间期限 t_m 对危险品运输任务的运输及转运总时间进行约束。基于定额碳税政策下问题的双层模型，以算例 6 为例对联运时间期限 t_m 进行灵敏度分析，取 6 个不同参数，分别为 48h、72h、96h、120h、144h、168h,该参数的灵敏度分析结果如图 10-13 所示。

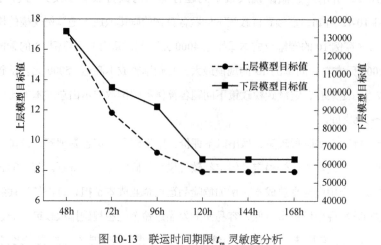

图 10-13　联运时间期限 t_m 灵敏度分析

联运时间期限 t_m 灵敏度分析所对应的求解结果见表 10-12。

表 10-12 联运时间期限灵敏度分析求解结果

t_m/h	最 优 路 径	路段运输方式	转 运 节 点	F1	F2
48	O-2-6-13-18-23-29-35-38-40-42-43-45-D	公-公-公-公-公-铁-铁-铁-公-公-公-铁	T_{23},T_{40},T_{45}	17.18	132801
72	O-2-6-10-14-20-23-29-35-30-36-39-41-42-43-45-D	铁-铁-铁-铁-铁-水-水-水-水-水-水-铁-铁-铁-铁	T_{23},T_{41}	11.78	102235
96	O-3-8-14-20-23-29-35-30-36-39-42-43-45-D	铁-水-水-水-水-水-水-水-水-铁-铁-铁-铁	T_3,T_{39}	9.17	91969
120	O-2-6-13-18-22-26-31-38-40-42-43-45-D	铁-水-水-水-水-水-水-水-水-水-水-铁	T_2,T_{45}	7.93	62768
144	O-2-6-13-18-22-26-31-38-40-42-43-45-D	铁-水-水-水-水-水-水-水-水-水-水-铁	T_2,T_{45}	7.93	62768
168	O-2-6-13-18-22-26-31-38-40-42-43-45-D	铁-水-水-水-水-水-水-水-水-水-水-铁	T_2,T_{45}	7.93	62768

由表 10-12 可知，随着联运时间期限提高，上层模型目标风险值和下层模型目标成本值均持续降低，在达到 120h 后，最优路径及运输方式保持不变。随着 t_m 提高，运输方式从以公路和铁路的组合运输转向了以水路和铁路的组合运输，进一步证明了多式联运在降低运输风险和成本上的优势，同时也反映了公路运输具有速度快的优势。若任务的运输时效要求高，在多式联运中应选择使用公路等速度较快的运输方式；反之，则可以在组合运输中采用水路和铁路运输。

（2）模型保守度参数 Γ

Γ 为控制模型保守度的参数，表示路段事故发生概率产生变动的路段数占总路段数的比值，可以通过改变此参数来调节模型的不确定程度。同样地，以算例 6 为例对模型保守度参数 Γ 进行灵敏度分析。这里将 Γ 分别设置为 0、1/3、2/3、1，其灵敏度分析结果如图 10-14 所示。

图 10-14 给出了模型保守度参数 Γ 取值为 0、1/3、2/3 和 1 时的上层、下层模型目标值。随着模型保守度的提高，上层模型目标值逐渐增大，而下层模型目标值没有变化，主要是此参数的变化并未引起路径及运输方式的改变，即最优解没有发生改变。模型保守度提高，表明事故发生概率产生变动的路段数变多，当这些路段处于最优路径上时，引起此路段事故发生概率的提高，从而导致上层模型目标发生改变。虽然随着模型保守度提高，算例的最优解并未发生改变，但事实上存在最优解发生变化的可能性。此时，决策者也可以根据风险偏好来做出选择。

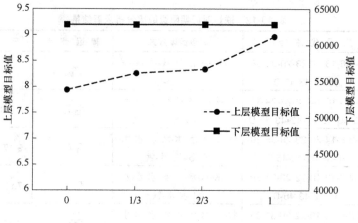

图 10-14 模型保守度参数 Γ 的灵敏度分析

10.6 本章小结

本章在定额碳税政策问题的下双层规划模型建立和转化的基础上，首先，提出了两种基于问题特性的求解算法：基于 KKT 条件和约束线性化的精确算法及改进粒子群-遗传混合算法。其次，通过 13 组随机生成算例分别对两种算法的有效性进行了验证。再次，通过对算例求解结果进行分析，进一步验证了多式联运在降低风险和成本上的显著优势。再次，通过对不同算例进行求解，对定额碳税政策做出合理评价。最后，通过灵敏度分析，揭示了参数变化对最优解及目标值的影响。

第 11 章

总结与展望

本书主要对危险品运输路径优化问题进行了深入的研究，开发了求解问题的算法，并通过计算实验对所提出算法的有效性进行了验证。以下对本书的研究工作进行总结，并结合危险品运输问题的研究趋势，对下一步的研究方向进行展望。

11.1 主要工作与创新点

本书研究了运输网络中非时变和时变风险条件下危险品运输专用道优化问题、考虑环境风险的危险品运输路径多目标优化问题、单/多任务危险品多式联运路径多目标优化问题和考虑定额碳税政策的危险品多式联运路径双层优化问题。

本书的主要工作总结如下：

第一，研究了非时变风险条件下危险品运输专用道优化问题，为该问题建立了多目标整数规划模型。在现有的运输网络中最优地选择在哪些路段上设置专用道，并分别为每一个危险品运输任务设计满足时间和安全要求的专用道路径，以达到最小化专用道设置所造成的交通影响和最小化运输风险的目的。应用 ε 约束法将该多目标整数规划问题转化为一系列单目标整数规划 ε 问题，利用优化软件包 CPLEX 来求解 ε 问题，获得了原问题的帕累托最优解。采用模糊隶属度法帮助决策者从多个帕累托最优解中选择出一个首选解。基于实际网络拓扑的基准算例和随机算例的实验结果表明，ε 约束法可以在合理的计算时间内有效地求解该多目标问题；同时，验证了专用道设置策略可以大幅度减少运输风险。

第二，针对非时变风险条件下危险品运输专用道优化问题，开发了一种分割求解法和割平面相结合的算法来求解 ε 问题。根据该问题的特征，研究了预处理技术以减小其解空间；采用分割求解法求解 ε 问题，获得了其最优解；利用割平面法寻找 ε 问题的有效不等式,加快了分割求解法的收敛。随机算例实验表明,本书所提出的分割求解法和割平面相结合的算法更有效。

第三,研究了时变风险条件下危险品运输专用道优化问题,为该问题建立了多目标混合整数规划模型。在该问题中,人口暴露数被假定随时间变化而变化的参数。根据该问题的特征,研究了预处理技术以减少解空间。并在此基础上,应用 ε 约束法将该多目标混合整数规划问题转化为一系列单目标混合整数规划 ε 问题,提出了改进的分割求解法求解该 ε 问题。不同于第 4 章中的分割求解法,该改进的分割求解法采用了部分整数松弛策略和一个新的分割面生成技术。计算结果表明,对于 ε 问题,本书所提出的改进的分割求解法更有效。对于不同规模的算例,其平均计算时间约是基于 CPLEX 的混合整数规划法的 43.23%。

第四,深入分析了环境污染风险的特征,提出了考虑环境污染风险的危险品运输风险评价方法,建立了考虑环境风险的危险品运输路径多目标优化问题的数学模型,开发了基于问题运输时间约束特性的预处理技术以缩小解空间。在此基础上,提出快速的分割求解法求解该问题,通过以实际网络拓扑为基础生成的算例和大量随机生成算例来验证模型和算法的有效性。

第五,研究了单/多任务危险品多式联运路径多目标优化问题。该问题旨在给定的时间内,为单/多个危险品运输任务确定由多种运输方式组合的运输方案,以最小化运输风险和最小化运输成本。①针对单任务危险品多式联运路径多目标优化问题,在对单任务危险品多式联运风险进行评价的基础上,以最小化多式联运风险和最小化多式联运成本为目标函数,建立了该问题的多目标整数规划模型。②针对多任务危险品多式联运路径多目标优化问题,为了规避多任务问题可能造成的风险分布不均匀的情况,引入了运输路段和运输站点的风险阈值来兼顾多任务联运风险空间分布的均衡性,构建了多任务危险品多式联运路径多目标优化问题的数学模型,提出了改进的 ε 约束法,分别将以上两个多目标优化问题转换为一系列的单目标问题,利用优化软件包 CPLEX 求得问题所有的帕累托最优解。通过文献中多式联运基准算例和大量随机生成算例验证了所建立的模型和算法的有效性,并获得了其多式联运方案的帕累托前沿。

第六,研究了考虑定额碳税政策的危险品多式联运路径双层优化问题。该问题考虑到政府监管部门和危险品运输企业之间的不同目标需求,构建了定额碳税政策下的危险品多式联运双层规划模型。此外,考虑到危险品多式联运事故发生概率的不确定性,将事故发生概率设置为不确定参数,通过不确定集合对其进行刻画,结合鲁棒优化理论,实现含不确定参数的双层模型向确定性双层模型的转化。基于转化后模型的特性，提出了两种不同的求解算法：一种是精确算法，利用 KKT 条件和约束线性化方法将双层规划模型转化为单层混合整数线性规划模型，再通过 CPLEX 求解；另一种是改进粒子群-遗传混合算法，其中，针对上层模型设计了考虑改进惯性权重变化策略的粒子群算法，针对下层模型设计了带精英保留策略和小规模邻域扰动策略的遗传算法。最后，分别通过两种算法进行随机算例实验，验证了改进粒子群-遗传混合算法的有效性。

11.2　未来工作展望

尽管本书研究对危险品运输问题的理论和方法做了一些贡献，具有一定的理论意义和实践价值，但由于此类问题本身具有 NP 难问题的特性，在实践应用中还存在许多不足和欠缺；另外，由于时间仓促和知识水平有限，本书研究仍存在一些不足之处。未来的研究工作可以概括为以下几点：

（1）本书中危险品运输风险和专用道设置所引起的负面影响都被假设为已知的参数。一方面，评估每一种危险品事故发生概率可能需要许多历史数据以及特殊技术，如逻辑图表法；人口暴露数的确定不仅取决于危险品物质的物理性质或化学性质，还取决于受影响区域的地理特性。另一方面，评价专用道设置所引起的负面影响是一个复杂的问题，它与运输网络中的车辆类型、大小以及交通流等都有关。一般来说，在衡量运输风险和专用道设置影响时，往往需要给定一些假设。如果不考虑这些假设的条件，衡量运输风险和专用道设置影响仍是一个具有挑战性的课题方向。

（2）对现有问题进行进一步扩展，是未来的研究方向之一。比如，可考虑多式联运方式运输危险品情况下，只考虑公路运输路段的专用道优化决策；可考虑应急情况下，专用道设置与优化问题；可允许时变风险条件下危险品运输车辆在运输任务中停止等待，以错开交通高峰期。

（3）本书所涉及的定额碳税政策在国内并未广泛施行，关键参数的设置参考了相关文献或国外已施行的政策。后续研究可考虑结合国内实际，对累进碳税、碳交易等其他碳税政策及其关键参数或参数组合进行研究。

（4）本书考虑了实际运输事故发生概率的不确定性，并通过盒式不确定集对该参数进行了刻画，利用鲁棒优化理论实现了模型转化。但使用盒式不确定集容易导致模型过度保守，可能与实际偏差较大，因此，可考虑对不确定参数采取更加精细的不确定集合进行刻画。

（5）尽管本书所提出的算法能够在合理的时间内解决所研究的问题，但是所提出的 ε 约束法只能求得问题部分弱帕累托最优解，未来的研究方向之一是如何改进 ε 约束法以获得问题所有的强帕累托最优解；受双层规划模型凹凸性的影响，通常会导致 KKT 条件使用受限，虽然本书所提出的改进 PSO-GA 算法较标准 PSO-GA 算法有所改进，但可能存在其他更优秀的算法框架，这是未来的研究方向之一；对于大规模问题，仍然需要耗费大量的计算时间，为了减少计算时间，研究问题的数学模型性质以减小解的搜索空间是有效的方法之一。

参 考 文 献

[1] GHAZINOORY S, KHEIRKHAH A S. Transportation of hazardous materials in Iran: A strategic approach for decreasing accidents [J]. Transport, 2008, 23(2): 104-111.

[2] 胡燕倩. 我国危化品物流发展的现状、原因及策略分析——基于发达国家危险品运输管理经验的借鉴[J]. 对外经贸实务, 2013, 5: 90-92.

[3] 国家重点科技项目攻关计划《工业危险品公路运输安全管理系统技术研究》. 工业危险品公路运输风险分析方法研究[R]. 北京：国家安全生产监督管理局安全科学技术研究中心, 2003.

[4] 周良. 危险品运输实时调度占线优化研究[D]. 北京：北京化工大学, 2012.

[5] 王楠. 山区高速公路危险品运输风险评价与安全保障系统[D]. 重庆：重庆交通大学, 2010.

[6] ERKUT E, TJANDRA S A, VERTER V. Hazardous materials transportation [R]. Amsterdam: Elsevier, 2007: 539-621.

[7] 殷国强. 危险品运输网络优化与路段分类管理研究[D]. 哈尔滨：哈尔滨工业大学, 2011.

[8] PESATORI A C, CONSONNI D, RUBAGOTTI M, et al. Cancer incidence in the population exposed to dioxin after the "Seveso accident": Twenty years of follow-up [J]. Environmental Health, 2009, 8(39): 39-49.

[9] ALLABY P, HELLINGA B, BULLOCK M. Variable speed limits: Safety and operational impacts of a candidate control strategy for freeway applications [J]. IEEE Transactions Intelligent Transportation Systems, 2007, 8(4): 671-680.

[10] WANG J, ZHU S, GONG Y. Driving safety monitoring using semisupervised learning on time series data [J]. IEEE Transactions Intelligent Transportation Systems, 2010, 11(3): 728-737.

[11] WANG F. Parallel control and management for intelligent transportation systems: Concepts, architectures, and applications [J]. IEEE Transactions Intelligent Transportation Systems, 2010, 11(3): 630-638.

[12] VILCHEZ J A, SEVILLA S H, MONTIEL H, et al. Historical analysis of accidents in chemical plants and in the transportation of hazardous materials [J]. Journal of Loss Prevention in the Process Industries, 1995, 8(2): 87-96.

[13] LEONELLI P, BONVICINI S, SPADONI G. New detailed numerical procedures for calculating risk measures in hazardous materials transportation [J]. Journal of Loss Prevention in the Process Industries, 1999, 12(6): 507-515.

[14] 郭冬梅. 欧洲危险品运输管理经验借鉴[J]. 运输经理世界, 2009, 5: 48-49.

[15] 《运筹学》教材编写组. 运筹学[M]. 3 版. 北京：清华大学出版社, 2005.

[16] 高随祥. 图论与网络流理论[M]. 北京：高等教育出版社，2009.

[17] 杨帆，张昊，郭肖晋，等. 基于有向赋权图的 RGV 动态调度策略研究[J]. 理论数学，2019(2): 195-203.

[18] BOLLOBAS B. 现代图论[M]. 北京：世界图书出版社，2020.

[19] CLIMER S, ZHANG W. Cut-and-solve: an iterative search strategy for combinatorial optimization problems [J]. Artificial Intelligence, 2006, 170(8-9): 714-738.

[20] 肖晓伟，肖迪，林锦国，等. 多目标优化问题的研究概述[J]. 计算机应用研究，2011, 28(3): 805-808.

[21] COELLO C A, LAMONT G B, VELDHUIZEN D A. Evolutionary Algorithms for Solving Multi-Objective Problems [M]. Berlin: Springer Science+Business Media, 2007.

[22] KINDT V T, BILLAUT J C. Multicriteria scheduling problem: a survey [J]. RAIRO Operations Research, 2001, 35(2): 143-163.

[23] GEOFFRION A. Proper efficiency and theory of vector maximization [J]. Journal of Mathematical Analysis and Applications, 1968, 22(3): 618-630.

[24] HAIMES Y Y, LASDON L S, WISMER D A. On a bicriterion formulation of the problems of integrated system identification and system optimization [J]. IEEE Transactions on Systems Man and Cybernetics, 1971, SMC-1(3): 296-297.

[25] MIETTINEN K. Nonlinear multiobjective optimization [M]. Boston: Kluwer Academic Publishers, 1999.

[26] ALP E. Risk-based transportation planning practice overall methodology and a case example [J]. INFOR, 1995, 33(1): 4-19.

[27] 尚鸿雁，董千里，王旭坪，等. 基于 Fuzzy AHP 的危险货物运输风险评估与预警[J]. 长安大学学报（社会科学版），2009, 11(1): 21-26.

[28] 高清平. 基于粗糙集理论的危险货物运输风险分析[J]. 中国安全科学学报，2011, 21(11): 103-108.

[29] 柴勤芳，陈先桥，刘克中. 基于危险度分析的危险品运输三维仿真方法研究[J]. 武汉理工大学学报（交通科学与工程版），2011, 35(3): 603-606.

[30] 张建莉，何效平，林彩霞. 基于灰色评价理论的危险品运输企业安全管理评价方法 [J]. 交通标准化，2007, 9: 184-186.

[31] ERKUT E, VERTER V. Modeling of transport risk for hazardous materials [J]. Operations research, 1998, 46(5): 625-642.

[32] MUMPOWER J L. An analysis of the de minimis strategy for risk management [J]. Risk Analysis, 1986, 6: 437-446.

[33] GLICKMAN T S. An expeditious risk assessment of the highway transportation of flammable liquids in bulk [J]. Transportation Science, 1991, 25(2):115-123.

[34] PET-ARMACOST J J, SEPULVEDA J, SAKUDE M. Monte Carlo sensitivity analysis of unknown parameters in hazardous materials transportation risk assessment [J]. Risk Analysis, 1999, 19(6): 1173-1184.

[35] VERTER V, KARA B Y. A GIS-based framework for hazardous materials transport risk assessment [J].

Risk Analysis, 2001, 21(6):1109-1120.

[36] HANNA S R, CHANG J C, STRIMAITIS D G. Hazardous gas model evaluation with field observations [J]. Atmospheric Environment, 1993, 27A(15): 2265-2285.

[37] LIU X, SAAT M R, BARKAN C P L. Probability analysis of multiple-tank-car release incidents in railway hazardous materials transportation [J]. Journal of Hazardous Materials, 2014, 276: 442-451.

[38] SIDDIQUI A, VERMA M. An expected consequence approach to route choice in the maritime transportation of crude oil[J]. Risk analysis, 2013: 33(11) : 2041-2055.

[39] SAAT M R, WERTH C J, SCHAEFFER D, et al. Environmental risk analysis of hazardous material rail transportation [J]. Journal of Hazardous Materials, 2014, 264: 560-569.

[40] 陈开朝. 危险品运输风险综合评价模型[J]. 物流技术，2007, 26(6): 68-70.

[41] 郭晓林，李军，贺盛瑜，等. 考虑决策者风险态度的有害物品运输风险度量模型 [J]. 系统工程，2007, 25(6): 31-34.

[42] 李继兵，李军. 基于风险的有害物品运输的线路选择分析[J]. 中国安全科学学报，2006,16(9): 84-88.

[43] 杨秀妍. 高速公路危险品运输环境风险评价及应急对策[J]. 山东交通科技，2009, 2: 8-14.

[44] 魏航，李军. 时变条件下的有害物品运输的人口风险分析[J]. 中国安全科学学报，2004, 14(10): 95-98.

[45] 贺政纲，宋金玉. 时变条件下危险废弃物运输居民风险分析[J]. 中国安全科学学报，2014, 24(8): 79-84.

[46] IAKOVOU E T. An interactive multi-objective model for the strategic maritime transportation of petroleum products: risk analysis and routing [J]. Safety Science, 2001, 39(1-2): 19-29.

[47] KARA B Y, ERKUT E, VERTER V. Accurate calculation of hazardous materials transport risks [J]. Operations Research Letters, 2003, 31(4): 285-292.

[48] BELL M G H, TROZZI V, HOSSEINLOO S H, et al. Time-dependent hyperstar algorithm for robust vehicle navigation [J]. Transportation Research Part A: Policy and Practice, 2012, 46(5): 790-800.

[49] KESSLER D. Establishing hazardous materials trucks routes for shipments through the dallas-fort worth area [J]. Recent Advances in Hazardous Materials Transportation Research, 1986(3): 79-90.

[50] BATTA R, CHIU S S. Optimal obnoxious paths on a network: Transportation of hazardous materials [J]. Operations Research, 1988, 36(1): 84-92.

[51] KANG Y, BATTA R, KWON C. Value-at-Risk model for hazardous material transportation[J]. Annals of Operations Research, 2014, 222(1):361-387.

[52] KANG Y, BATTA R, KWON C. Generalized route planning model for hazardous material Transportation with VaR and Equity Considerations [J]. Computers and Operations Research, 2014, 43: 237-247.

[53] 毛华，刘辉，史田敏. 危险品配送的最小风险最低费用算法[J]. 首都师范大学学报（自然科学版），2014(4): 1-5.

[54] 刘兰芬，杨信丰，何瑞春，等. 基于路段风险度的城市危险品运输路径优化选择[J]. 兰州交通大学

学报，2013, 32(6): 129-133.

[55] ROBBINS J C. Routing hazardous materials shipments[D]. Bloomington: Indiana University, 1981.

[56] HUANG B, LONG C R, LIEW Y S. GIS-AHP model for HAZMAT routing with security considerations [C]// IEEE 6th Int'l Conf. on ITS (ITSC2003), 2003.

[57] VERMA M. A cost and expected consequence approach to planning and managing railroad transportation of hazardous materials [J]. Transportation Research Part D: Transport and Environment, 2009, 14(5): 300-308.

[58] VERMA M, VERTER V, ZUFFEREY N. A bi-objective model for planning and managing rail-truck intermodal transportation of hazardous materials [J]. Transportation Research Part E: Logistics and Transportation Review, 2012, 48(1):132-149.

[59] NEMA A K, GUPTA S K. Optimization of regional hazardous waste management systems: an improved formulation [J]. Waste Management, 1999, 19(7-8): 441-451.

[60] 种鹏云, 帅斌, 尹惠, 等. 基于连通可靠性的危险品运输路径选择问题[J]. 中国安全科学学报, 2014, 24(5): 92-97.

[61] 姬利娟, 帅斌, 种鹏云. 级联失效特性下的危险品运输路径选择研究[J]. 中国安全科学学报, 2012, 22(7): 77-81.

[62] 黄丽霞, 帅斌. 危险货物多式联运路径优化问题的多目标优化算法[J]. 中国安全生产科学技术, 2014, 10(9): 10-16.

[63] NOZICK L K, LIST G F, TURNQUIST M A. Integrated routing and scheduling in hazardous materials transportation [J]. Transportation Science, 1997, 31(3): 200-215.

[64] JIA H, ZHANG L, DUAN M, et al. A time-dependent flow model for hazmat transportation routing [C]// IEEE International Conference on Industrial Engineering and Engineering Management, 2010: 1553-1557.

[65] ZILIASKOPOULOS A, MAHMASSANI H. Time-dependent, shortest-path algorithm for real-time intelligent vehicle highway system applications [J]. Transportation Research Record, 1993, 1408: 94-100.

[66] ERHAN E, OSMAN A. Integrated routing and scheduling of hazmat trucks with stops en route [J]. Transportation Science, 2007, 41(1):107-122.

[67] MENG Q, LEE D H, CHEU R L. Multiobjective vehicle routing and scheduling problem with time window constraints in hazardous material transportation [J]. Journal of Transportation Engineering, 2005, 131(9): 699-707.

[68] CHANG T S, NOZICK L K, TURNQUIST M A. Multiobjective Path Finding inStochastic Dynamic Networks, with Application to Routing Hazardous Materials Shipments [J]. Transportation Science, 2005, 39(3): 383-399.

[69] MAHMOUDABADI A, SEYEDHOSSEINI S M. Solving Hazmat Routing Problem in chaotic damage severity network under emergency environment [J]. Transport Policy, 2014, 36: 34-45.

[70] MORIOK E K, SCHFER J L. Development and applieation of a Highway Network Design Model [R]. Washington D. C.: Environmental Planning Branch, Federal Highway Administration, U. S. Department of Transportation, 1973.

[71] KARA B Y, VERTER V. Designing a road network for hazardous materials transportation [J]. Transportation Science, 38 (2):188-196, 2004.

[72] BIANCO L, CARAMIA M, GIORDANI S. A bilevel flow model for hazmat transportation network design [J]. Transportation Research Part C: Emerging Technologies, 2009, 17(2):175-196.

[73] ERKUT E, GZARA F. A bi-level programming application to hazardous material transportation network design [R]. Edmonton: University of Alberta School of Business. Department of Finance and Management Science, 2005.

[74] ERKUT E, ALP O. Designing a road network for dangerous goods shipments [J]. Computers and Operations Research, 2007, 34 (5): 1389-1405.

[75] VERTER V, KARA B Y. A path-based approach for the hazardous network design problem[D]. Montreal: McGill University, 2005.

[76] 储庆中, 刘玉兵, 吴国君. 基于遗传算法求解的危险品道路运输线路优化双层规划模型[J]. 交通信息与安全, 2011, 29(2): 95-99.

[77] 宋杰珍, 丁以中, 孟林丽. 基于双层规划的危险品运输网络设计[J]. 上海海事大学学报, 2006, 27(2): 56-59.

[78] 王刊良, 徐寅峰. 有害危险品运输网络中的检查站选址问题[J]. 管理工程学报, 1999（增刊）: 17-20.

[79] 开妍霞, 王海燕. 危险品运输网络中运输方式和路径优化研究[J]. 中国安全生产科学技术, 2009, 5(1): 37-41.

[80] CURRENT J, RATICK S. A model to assess risk, equity and efficiency in facility location and transportation of hazardous materials [J]. Location Science, 1995, 3(3): 187-201.

[81] LIST G, MIRCHANDANI P. An integrated network planar multiobjective model for routing and siting for hazardous materials and wastes [J]. Transportation Science, 1991, 25(2): 146-156.

[82] SHOBRYS D. A model for the selection of shipping routes and storage locations for a hazardous substance [D]. Baltimore: Johns Hopkins University, 1981.

[83] ALUMUR S, KARA B Y. A new model for the hazardous waste location-routing problem [J]. Computers and Operations Research, 2007, 34 (5):1406-1423.

[84] REVELLE C, COHON J, SHOBRYS D. Simultaneous siting and routing in the disposal of hazardous-waste [J]. Transportation Science, 1991, 25(2): 138-145.

[85] GIANNIKOS I. A multiobjective programming model for locating treatment sites and routing hazardous wastes [J]. European Journal of Operations Research, 1998, 104(2): 333-342.

[86] JACOBS T L, WARMERDAM J M. Simultaneous routing and siting for hazardous-waste operations [J]. Journal of Urban Planning and Development, 1994, 120(3): 115-131.

[87] ARDJMAND E, WECKMAN G, PARK N, et al. Applying genetic algorithm to a new location and routing model of hazardous materials [J]. International Journal of Production Research, 2015, 53(3): 916-928.

[88] WEI M Y, YU L, LI X. Credibilistic Location-Routing Model for Hazardous Materials Transportation [J]. Inetrnational Journal of Intelligent System, 2015, 30(1): 23-29.

[89] BERGLUND P G, KWON C. Robust Facility Location Problem for Hazardous Waste Transportation [J]. Networks Spatial Economics, 2014,14(1):91-116.

[90] DADKAR Y, JONES D, NOZICK L. Identifying geographically diverse routes for the transportation of hazardous materials [J]. Transportation Research Part E: Logistics and Transportation Review, 2008, 44(3): 333-349.

[91] ANDROUTSOPOULOS K N, ZOGRAFOS K G. A bi-objective time-dependent vehicle routing and scheduling problem for hazardous materials distribution [J]. EURO Journal on Transportation and Logistics, 2012, 1(1-2): 157-183.

[92] ZOGRAFOS K G, ANDROUTSOPOULOS K N. A heuristic algorithm for solving hazardous materials distribution problems [J]. European Journal of Operational Research, 2004, 152(2):507-519.

[93] PRADHANANGA R, HANAOKA S, SATTAYAPRASERT W. Optimisation model for hazardous material transport routing in Thailand [J]. International Journal of Logistics Systems and Management, 2011, 9(1): 22-42.

[94] GHATEE M, HASHEMI S M, ZAREPISHEH M, et al. Preemptive priority-based algorithms for fuzzy minimal cost flow problem: An application in hazardous materials transportation [J]. Computers and Industrial Engineering, 2009, 57 (1): 341-354.

[95] ZOGRAFOS K G, DAVIS C F. Multi-objective programming approach for routing hazardous materials[J]. Journal of Transportation Engineering, 1989, 115(6):661-673X.

[96] LIU M R, SAAT C P, ARKAN B L, et al. Integrated risk reduction framework to improve railway hazardous materials transportation safety [J]. Journal of Hazardous Materials, 2013, 260: 131-140.

[97] 帅斌，黄丽霞. 危险货物运输风险评估研究动态[J]. 中国安全科学学报，2014, 24(7): 50-56.

[98] YU C, SUN D. Major measures of modern urban traffic management [J]. Urban Public Transport, 1997, 3:12-15.

[99] CHOI D, CHOI W. Effects of an Exclusive Bus Lane for the Oversaturated Freeway in Korea [C]// Denver, Colorado, USA: Institute of Transportation Engineers 65th Annual Meeting, 1995.

[100] MACHEMEHL R B, RIOUX T W, TSYGANOV A, et al. Freeway operational flexibility concepts [R]. Austin: Center for Transportation Research, University of Texas at Austin, 2001.

[101] TURNBULL K F. HOV and HOT lanes in the United States [C]// Proceedings of European Transport Conference, France: Association for European Transport, 2005: 1-10.

[102] MACLENNAN C. Priority for public transport and other high occupancy vehicles on urban roads [J].

Routes/Roads, Special II(10.07 A) , 1995: 5-38.

[103] SCHIJNS S, ENG P. Brisbane. Australia-HOV metropolis? [C]// 10th International Conference on High Occupancy Vehicle Systems: Compendium of Technical Papers. Dallas: [s.n.], 2000.

[104] 毕仁忠. 国外 HOV 专用车道的现状及发展趋势 [J]. 公路，1997(2): 16-18.

[105] 吴瀛峰. 基于专用道设置的交通规划问题的建模与求解[D]. 广州：广东工业大学，2012.

[106] BLACK J. Strategic transport planning, demand analysis of transport infrastructure and transport services for the 27th summer, olympiad held in Sydney, Australia, 2000 [J]. Journal of Transportation Systems Engineering and Information Technology, 2004, 2(2):14-30.

[107] ZAGORIANAKOS E. Athens 2004 olympic games' transportation plan: A missed opportunity for Strategic Environmental Assessment (SEA) integration [J]. Journal Transport Geography, 2004, 12(2): 115-125.

[108] WU Y, CHU C, CHU F, et al. Heuristic for lane reservation problem in time constrained transportation [C]// Bangalore: IEEE International Conference Automation Science and Engineering, 2009: 543-548.

[109] LI S, JU Y. Evaluation of bus-exclusive lanes [J]. IEEE Transactions on Intelligent Transportation Systems, 2009, 10(2): 236-245.

[110] CHEN X, YU L, ZHU L, et al. Microscopic traffic simulation approach to the capacity impact analysis of weaving sections for the exclusive bus lanes on an urban expressway [J]. Journal of Transportation Engineering, 2010, 136(10): 895-902.

[111] ARASAN V T, VEDAGIRI P. Micro simulation study of the effect of exclusive bus lanes on heterogeneous traffic flow [J]. Journal of Urban Planning and Development, 2010, 136(1): 50-58.

[112] YANG H, WANG W. An innovative dynamic bus lane system and its simulation-based performance investigation [C]// IEEE International Conference on Intelligent Vehicles Symposium. New York: IEEE, 2009: 105-110.

[113] MARTIN P, PERRIN J, LAMBERT R, et al. Evaluate effectiveness of high occupancy vehicle (HOV) lanes [R]. Salt Lake City: The University of Utah. Department of Civil and Environmental Engineering, 2002.

[114] CHEN Q, SHI F, YAO J, et al. Bi-Level programming model for urban bus lanes' layout [C]// International Conference on Transportation Engineering 2007 (ICTE 2007), 394-399.

[115] MESBAH M, SARVIA M, OUVEYSIB I, et al. Optimization of transit priority in the transportation network using a decomposition methodology [J]. Transportation Research Part C: Emerging Technologies, 2011, 19(2):363-373.

[116] MESBAH M, SARVIA M, CURRIEA G. Optimization of transit priority in the transportation network using a Genetic Algorithm [J]. IEEE Transactions Intelligent Transportation Systems, 2011, 18(3): 368-383.

[117] WU Z X, LAM H K. The high-occupancy vehicle lane design problem in a multi-modal transport network[C]// Hong Kong Society for Transportation Studies. Proceedings of the 8th Conference of Hong

Kong Society for Transportation Studies. Hong Kong: Hong Kong Society for Transportation Studies, 2003: 83-92.

[118] 吴鹏，车阿大，FENG C. 基于变长度染色体混沌遗传算法的专用道优化[J]. 运筹与管理，2013, 1:15-22.

[119] FANG Y, CHU F, MAMMAR S, et al. An optimal algorithm for automated truck freight transportation via lane reservation strategy [J]. Transportation Research Part C: Emerging Technologies, 2013, 26: 170-183.

[120] FANG Y, CHU F, MAMMAR S, et al. Optimal lane reservation problem in transportation network [J]. IEEE Transactions Intelligent Transportation Systems, 2012, 13(2): 482-491.

[121] FANG Y, CHU F, MAMMAR S, et al. A cut-and-solve based algorithm for optimal lane reservation problem with dynamic link travel times [J]. International Journal of Production Research, 2014, 52(4): 1003-1015.

[122] PRINCETON J, COHENS S. Impact of a dedicated lane on the capacity and the level of service of an urban motorway [J]. Procedia Social and Behavioral Sciences, 2011, 16:196-206.

[123] HWANG F K, RICHARDS D S, WINTER P. The Steiner tree problem [M]. Amsterdam: North Holland, 1992.

[124] KARP R M. Reducibility among combinatorial problems [M]. New York: Plenum Press, 1972.

[125] SHEN X, WANG F, CHENG C, et al. Application of clustering analysis to team management [J]. Acta Automatica Sinica, 2012, 38(4): 563-569.

[126] ABIDO M A. A niched Pareto genetic algorithm for multiobjective environmental/ economic dispatch [J]. International Journal of Electrical Power & Energy Systems, 2003, 25(2): 97-105.

[127] ESMAILI M, AMJADY N, SHAYANFAR H A. Multi-objective congestion management by modified augmented e-constraint method [J]. Applied Energy, 2011, 88(3): 755-756.

[128] WAXMAN B M. Routing of multipoint connections [J]. IEEE Journal on Selected Areas in Communications, 1988, 6(9): 1617-1622.

[129] QIAO Y, KEREN N, MANNAN M S. Utilization of accident databases and fuzzy sets to estimate frequency of HazMat transport accidents [J]. Journal of Hazardous Materials, 2009, 167(1-3): 374-382.

[130] LI J, CHU F, PRINS C. Lower and upper bounds for a capacitated plant location problem with multicommodity flow [J]. Computer and Operations Research, 2009, 36(11): 3019-3030.

[131] DIESTEL R. Graph Theory [M]. Berlin: Springer-Verlag, 2005.

[132] CROWDER H, JOHNSON E L, PADBERG M. Solving large-scale zero-one linear programming problems [J]. Operations Research, 1983, 31(5):803-834.

[133] KAPARIS K, LETCHFORD A N. Separation algorithms for 0-1 knapsack polytopes [J]. Mathematical Programming, 2010, 124(1): 69-91.

[134] KHOO H L, TEOH L E, MENG Q. A bi-objective optimization approach for exclusive bus lane selection

and scheduling design [J]. Engineering Optimization, 2014, 46(7): 987-1007.

[135] VERMA M, VERTER V. A lead-time based apporach for planning rail-truck intermodal transportation of dangerous goods [J]. European Journal of Operational Research, 2010, 202: 696-706.

[136] 魏航, 李军, 魏洁. 时变条件下多式联运有害物品的路径选择[J]. 系统管理学报, 2007, 16(6): 644-652.

[137] 辛春林, 冯倩茹, 张建文. 时变条件下多式联运危险品路径优化研究[J]. 中国安全科学学报, 2016, 26(6): 105-110.

[138] 付晓凤, 杨丽萍. 危险品多式联运方案优化的探讨[J]. 铁道货运, 2016, 34(3): 54-57.

[139] 王玉梅. 运筹学[M]. 北京: 经济科学出版社, 2017.

[140] BRACKEN J, MCGILL J T. Mathematical programs with optimization problems in the constraints[J]. Operations Research, 1973, 21(1): 37-44.

[141] 贾礼平. 几类双层多目标规划问题算法及应用研究[D]. 西安: 西安电子科技大学, 2014.

[142] HOLLAND J H. Adaption in natural and artificial system [M]. Michigan: Michigan University Press, 1975.

[143] BERTSIMAS D, SIM M. The price of robustness[J]. Operations research, 2004, 52(1): 35-53.

[144] 宗淑萍. 基于普赖斯定律和综合指数法的核心著者测评——以《中国科技期刊研究》为例[J]. 中国科技期刊研究, 2016, 27(12): 1310-1314.

[145] 李光龙, 陈燕. 我国义务教育财政研究演进的可视化分析——基于关键词共现和文献共被引知识图谱[J]. 华东经济管理, 2017, 31(10): 164-172.

[146] 许振亮, 郭晓川. 国际技术创新研究前沿领域的知识图谱分析——作者共被引网络与聚类分析视角[J]. 科学学研究, 2011, 29(11): 1625-1637.

[147] 中共中央, 国务院. 关于完整准确全面贯彻新发展理念做好碳达峰碳中和工作的意见[Z]. 2021.

[148] 葛显龙, 苗国庆, 谭柏川. 开放式污染路径问题优化建模与算法研究[J]. 工业工程与管理, 2015, 20(4): 46-53.

[149] BERTSIMAS D, BROWN D B, CARAMANIS C. Theory and applications of robust optimization[J]. SIAM review, 2011, 53(3): 464-501.

[150] 綦潘安, 计明军, 冯泽, 等. 考虑多任务集装箱多式联运路径优化方案研究[J]. 工业工程与管理, 2022, 27(3): 54-63.

[151] 刘倚玮, 赵章荣. 考虑碳排放的多目标绿色多式联运路径优化[J]. 计算机仿真, 2022, 39(5): 145-149.

[152] 李伟剑. 液态危险货物多式联运路径优化研究[D]. 北京: 中国矿业大学, 2016.

[153] 何灵. 长江危险货物运输风险评估研究[D]. 大连: 大连海事大学, 2015.

[154] 王丽芬. 不同碳税征收模式对多式联运减排的影响研究[D]. 哈尔滨: 哈尔滨工业大学, 2020.

[155] 崔娥英, 罗俊浩, 李建华. 考虑分段累进碳税的低碳物流网络优化问题研究[J]. 计算机应用研究, 2016, 33(7): 1978-1982.

[156] 程兴群, 金淳, 姚庆国, 等. 碳交易政策下多式联运路径选择问题的鲁棒优化研究[J]. 中国管理科学, 2021, 29(6): 82-90.